KB071312

하루 한 페이지
마음챙김

하루 한 페이지 마음챙김

주디스 올로프 지음 | 이은경 옮김

단단한 마음을 만드는
마법의 습관

갤리온
GALLEON

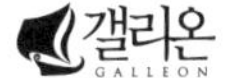

현재에 존재한다는 것보다 더 소중한 것은 없다.
늘 깨어 있고, 온전히 인지하며 살 수 있기를.

매일 조금씩 단단한 마음을 만드는 연습

나는 수년간 정신과 의사로 일하며 마음이 지친 이들을 만나왔다. 내가 진료실에서 만난 이들은 대부분 타인의 말 한 마디에도 쉽게 상처받고, 기분을 잘 표현하지 못했으며, 자신의 예민한 감각을 부정적으로 받아들이고 있었다. 이들은 또 하나의 공통점을 가지고 있었는데 바로 타인에게 과도하게 공감한다는 것이다. 이는 다른 사람의 이야기나 감정에 본인도 그렇다고 느끼며 상대를 지지해주는, 우리가 보통 '공감'이라 부르는 것과는 확연히 다르다. 왜냐하면 그들은 감정을 넘어서 타인의 스트레스와 고통까지도 마치 본인들 것처럼 느끼고 받아들이기 때문이다. 마치 모든 것을 빨아들이는 스펀지처럼 말이다. 나는 이런 문제로 찾아오는 이들에게 '마음챙김 연습'을 권한다. 그들이 쉽게 휩쓸리지 않는 단단한 마음을 가질 수 있도록 말이다.

그러면서 나 역시 매일같이 마음챙김을 연습해왔다. 나만의 마음챙김을 실천하며 마음의 평화를 얻었기에 이를 내 환자에게도 가르치고 있다. 이 연습은 내가 가지고 있는 나만의 장점과 직감을 깨달으면서, 쉽게 지치지 않는 단단한 마음을 만들 수 있게 해준다. 이처럼 마음챙김 연습은 특히 작은 일에도 스트레스를 받고 마음이 버거워지는 이들에게 꼭 필요하다. 조금씩이라도 매일 성실하게 실천해나간다면, 어느 순간 당신은 그 어느 때보다 마음이 편안해지고 자유로워진 기분을 느끼게 될 것이다.

이제부터 당신에게 매일 한 페이지씩 제안할 마음챙김 연습은 당신의 마음이 가진 장점을 보다 끌어올리면서 단점을 최대한 보완하는 데 도움이 될 것이다. 당신의 마음이 겪고 있는 불필요한 고통을 줄여줌으로써, 당신의 마음이 가진 아름다운 공감 능력이 더욱 단단히 뻗어나갈 수 있도록 만들 것이다. 모든 사람은 각자 인생이라는 여정에서 존엄성을 누릴 자격이 있다. 나는 이 책을 통해 당신이 타인에게 지나치게 의존하거나 자신을 희생하지 않고도 진정으로 자신과 타인을 사랑할 수 있다는 걸 부드럽게 상기시켜줄 것이다.

우리가 건강하고 행복하게 지내려면 먼저 마음의 스트레스를 해소할 준비가 되어 있어야 한다. 그 비결은 간단하다. 매일 조금씩 단단한 마음을 만들어 나를 힘들게 하는 것들이 더 이상 나를 삼킬 수 없게 하는 것이다. 내가 앞으로 당신에게 전할, 지금껏 내 삶을 구해준 전략과 태도는 당신이 순간 아주 큰 스트레스를 받거나, 감정적으로 자극을 받았을 때 빠르게 다시 중심을 잡을 수 있도록 도와줄 것이다. 마음챙김의 핵심은 내가 존재하는 현재에 집중하는 것이다. 이를 위해 우리는 '시간의 흐름'에 집중하는 연습을 할 것이다. 나에게 맞는 시간의 흐름을 찾고, 그 리듬에 집중하다 보면 '현재에 집중하는 것'이 무엇인지 확실히 깨달을 수 있다.

나만의 시간 프레임을 찾자

시간은 소중하다. 시간은 언제나 우리에게 성장할 기회를 준다. 그리고 시간을 잘 쓰는 것은 당신에게 달려 있다. 두려워하거나 무시하지 말고 시간의 흐름에 두 팔을 활짝 벌려보길 바란다. 늘 시간을 염두에 둔다면 일상의 크고 작은 변화에 대해서도 능동적으로 선택할 수 있게 되며, 그로 인해 시간을 다시 확보할 수 있다. 60세가 된 사람들은 22억 초의 세월을 살아온 셈이다. 우리에게 주어진 매 순간은 거룩하다. 그 순간들이 고통이든 행복이든 간에 당신이 살아 있음으로 인해 존재하는 모든 순간은 숭고하다. 그 점을 명심하고 자신만의 시간 프레임을 맞춰본다면 당신은 빨래를 개고 있든, 히말라야 꼭대기에서 명상을 하고 있든 언제나 삶의 경이로움을 경험할 수 있다. 또한 나만의 시간 프레임은 당신이 누구와 시간을 보내는지 알아차리게 해, 자신을 발전시킬 수 있는 관계를 선택할 수 있도록 도와준다.

고대 그리스인들은 크로노스Chronos와 카이로스Kairos라는 시간의 두 가지 개념을 가지고 있었다. 크로노스는 초, 분, 월, 년 단위로 측정이 가능한, 모두가 함께 공유하고 있는 시간 개념을 말한다. 이는 해야 할 일, 혹은 마감일이 있는 직장인을 비롯한 모든 이들에게 압도적으로 느껴질 수밖에 없는, 사회적 의미가 부여된 물리적 영역이다. 그러나 스케줄을 잘 관리해 시간에서 오는 스트레스를 관리하고 여유를 만든다면 크로노스는 놀라움과 아름다움 그리고 재미의 장소이기도 하다.

이와는 대조적으로 카이로스는 주관적 개념의 시간을 의미한다. 나만이 아는 비선형적 영역인 것이다. 그것은 무한한 영역이며, 모든 것이 완벽한 순서로 일어나는 신성한 타이밍의 영역이다. 당신은 직관, 명상, 침묵 그리고 내가 제시할 다른 수행들을 통해 이러한 상태에 도달할 수 있다. 카이로스는 시간의 한계와 자신 사이의 균형을 맞춰, 비로소 시간으로부터 자유로워지는 데 큰 도움이 될 것이다.

계절이 가지는 힘을 경험하자

매 순간을 최대한 활용하는 비결은 자연의 흐름을 느끼는 것이다. 사계절의 변화는 당신의 에너지를 샘솟게 하고, 생명의 맥박과 연결해줄 것이다. 계절은 우리 삶의 표시이자 그릇과도 같다. 날씨와 농작물뿐 아니라 당신의 기분과 활력에도 영향을 준다. 1년 중 어느 시기에 유독 다른 때보다 더 행복하고 활기찬 기분을 느껴본 적이 있을 것이다. 간혹 어떤 이들은 계절 변화에 따른 감정 변화가 심해 정서장애, 즉 빛의 감소와 관련된 우울증을 경험하기도 한다. 따라서 마음챙김 역시 계절에 따라 그 흐름을 바꿔줄 필요가 있다. 계절이 바뀌면서 내 몸과 마음이 어떻게 바뀌는지를 인식하면 나의 신체 리듬을 조절할 수 있다. 이 과정은 우리가 몸과 마음을 더 잘 이해하고 다룰 수 있도록 도와준다.

모든 계절은 저마다의 독특한 변화와 빛과 어둠의 패턴을 가지고 있다. 이 역시 때때로 당신의 몸에 영향을 미칠 것이다. 예를 들어 지구의 축이 태양으로부터 멀어지며 기울어지는 겨울에는 날씨는 더 어둡고 추워지며 사나워진다. 그래서 우리는 본능적으로 집과 내밀한 생활로 피신한다. 그러다 지구의 축이 태양을 향해 기울어지는 여름이 오면 길어진 낮과 따뜻한 날씨가 찾아온다. 그리고 우리는 좀 더 밖으로 나가게 된다.

이 책은 변하는 계절을 맞이하고 여기에 적응해나가는 마음을 사계절의 흐름에 따라 썼다. 한겨울인 1월 1일에서 시작해 봄, 여름, 가을을 거쳐 다시 겨울로 돌아오며 각 계절이 가지는 고유한 특성에 초점을 맞추고 있다.

- 겨울: 내면을 이해하는 시간
- 봄: 다시 성장하는 시간
- 여름: 열정적으로 뻗어가는 시간
- 가을: 필요한 것을 얻고, 또 놓아주는 시간

계절의 흐름을 따라가다 보면 놀라운 점은, 재탄생은 항상 가장 어두운 시기가 끝날 때 찾아온다는 점이다. 또한 사계절이 뚜렷하지 않은 지역이라 하더라도 낮과 밤의 빛의 양과 강도의 차이가 사람들의 기분, 에너지, 하루 일과에 영향을 줄 수 있다. 이 같은 계절의 변화를 인지하게 되면 매일을 수월하게 보내는 데 큰 도움이 될 것이다.

때때로 당신의 신체 리듬은 당신이 가지고 있는 계획이라는 현실과 충돌할 수도 있다. 예를 들어 겨우내 당신의 몸은 '속도를 낮춰 천천히'라고 말할 수 있지만, 연말연시에 잡힌 여러 약속은 당신의 활동량은 물론, 스트레스까지 증가시킨다. 그런 긴장감을 마주했을 때, 이 책에서 우리가 함께 연습한 '경계선 세우기'와 같은 방법들은 당신이 다시 재빠르게 본인의 리듬을 되찾을 수 있도록 도와줄 것이다.

이 책과 함께하는 법

『하루 한 페이지 마음챙김』에 적힌 내용들은 오늘부터라도 당장 시도해볼 수 있는 아주 실용적인 방법들이다. 이 글을 매일 읽으면서 당신이 마주한 오늘을 어떻게 보내면 좋을지, 긍정적이고 행복한 기운을 남기고 스트레스는 어떻게 해소해나갈 것인지 그려볼 수 있기를 바란다. 아무리 바쁜 날이어도, 나를 위해 집중하는 명상 시간을 단 1분이라도 갖는다면 당신의 하루는 어제와는 달라질 것이다. 비록 아주 짧은 명상일지라도 마음의 중심을 충분히 잡을 수 있다.

마음챙김은 한순간에 완성되는 것이 아니다. 매일, 조금씩, 천천히 그리고 꾸준히 이 책과 함께하다 보면 지친 일상에서 벗어나 지금 이 순간이 주는 위안과 행복에 집중할 수 있을 것이다. 다음의 방법과 함께 이 책을 읽어주기 바란다. 이 책과 함께 지금 이 순간에 집중할 수 있도록 '매일의 마음가짐'을 정하자.

1년 동안 순차적으로 읽어보자. 1년 동안 마음챙김을 꾸준히 실천하기 위해서 이 책을 손에 쥔 그날부터 시간순으로 읽기를 권한다. 매일 정해진 시간에 몇 분 동안 조용히 앉아, 그날의 글 속에 담긴 메시지를 되새겨보며 일기를 써보자.

마음이 힘들 땐 직관을 믿자. 마음이 유독 힘든 날이 있다. 그럴 때면 이 책 앞에 앉아 진정할 수 있도록 늘 심호흡을 해보자. 그리고 준비가 되면 임의로 한 페이지를 펼쳐보자. 이 책은 지금 이 순간, 당신에게 필요한 메시지를 전해줄 것이다. 또 "어떻게 하면 더 건강한 관계를 가질 수 있을까?"라는 구체적인 질문을 마음속으로 한다. 그런 다음 당신의 직관이 펼치는 페이지를 선택하고, 그 안에서 정답을 찾아 행동으로 옮겨보자.

마음챙김 일기를 써보자. 오늘의 내 기분과 깨달음을 기록하고, 무엇이 나를 움직이는지 적어보자. 또 오늘 이 책에서 읽은 내용들 중 내가 깨달은 것에 대해 기록해보자. 이는 마음챙김을 내 삶에 조금 더 적극적으로 적용시킬 수 있는 좋은 방법이다. 반드시 일기가 아니어도 좋다. 무엇이든 당신이 좋아하는 것을 활용해 당신의 경험을 기록해보자.

오늘부터 1년, 우리는 이 책과 함께 매일 마음챙김을 연습할 것이다. 책 안에서 당신이 배우게 될 마음챙김의 기술과 관점, 명상의 방법들은 타인의 감정에 쉽게 휩쓸리지 않는 단단한 마음을 만들어줄 것이다. 우리는 언제나 마음이 단단한 사람이 될 수 있으며, 각자 인생이라는 여정에서 존엄을 누릴 자격이 있다는 사실을 잊지 말자. 넘치는 감정이 나를 삼킬 것만 같을 때, 당신의 곁에 이 책이 있길 바란다. 오늘도 힘들었을 당신을 마음을 단단하게 만드는 여행으로 초대한다. 나는 이 책이 당신에게 속내를 털어놓을 수 있는 친절한 상담소이자, 매일 감정을 나누는 좋은 친구가 되기를 진심으로 바란다.

Thriving as an Empath

365

하루 한 페이지
마음챙김

내 감정을 소중히 여기는 연습

Jan. 01

당신은 오늘 마법 같은 스물네 시간을 만나게 될 것이다. 새해의 첫날은 몰랐던 나의 재능과 새로운 가능성을 발견하고, 가보지 않았던 길을 보여주는 열린 문과 같은 시간이기 때문이다. 차분하게 시간의 흐름을 느끼며 자신의 직감, 마음의 깊이, 창의성, 연민 그리고 더 나은 세상을 향한 열망 등 자신이 가지고 있는 감성에 집중해보자. 그리고 그 가치를 직접 경험해보자.
새해는 마음챙김을 시작하기에 더할 나위 없이 완벽한 시간이다. 자신에게 물어보라. "나의 감정을 더 잘 지켜내려면 어떤 생활 방식을 바꿔야 할까? 어떻게 하면 스스로 지치지 않고, 배려심이 많은 사람이 될 수 있을까? 나를 다시 채우기 위해서는 어떤 연습이 필요할까?" 목표를 명확히 하면 변화의 긍정적인 분위기가 조성된다.
나는 '초심자의 마음'이라는 선禪 개념을 좋아한다. 선은 낡은 생각이나 선입견이 아닌 새로운 눈으로 자신을 볼 수 있게 한다. 지금 이 순간부터 스스로의 섬세한 영혼과 사랑하는 마음의 힘을 소중히 여기는 것을 우선하자.

오늘을 시작으로 1년 동안 나의 감정을 받아들이는 연습을 꾸준히 해낼 것이다. 나는 내가 나인 것이 자랑스럽다. 가지고 있는 내면의 강점을 살려 공감 능력이 풍부한 사람이 되고자 노력할 것이다.

Jan. 02

'다름'이라는 재능

우리는 종종 이 세상과 내가 어울리지 않는다고 느끼곤 한다. 타인의 아픔에 누구보다 슬퍼하고, 세상에 홀로 남겨진 느낌이 들 때면 이런 내 감정에 공감해줄 비슷한 영혼을 찾을 수 없을 거란 생각이 들기도 할 것이다.

나 역시도 어릴 적부터 항상 또래들과 '다름'을 느꼈다. 다른 아이들은 시끌벅적한 파티나 쇼핑몰에 가는 것을 좋아했지만, 나는 친한 친구와 함께 나무에 오르거나, 시 쓰는 게 늘 더 즐거웠다. 그리고 나를 진짜 고향으로 데려다줄 우주선을 기다리며 홀로 지구에 남은 외계인처럼 느끼곤 했다.

"만약 당신이 이 세상에 어울리지 않는다고 느낀다면 그것은 당신이 더 나은 세상을 만들기 위해 이곳에 왔기 때문이다." 누가 말했는지 모를 이 문장에 나는 큰 감동을 받았다. 그리고 이 문장을 발견한 이후, 나는 감수성이 풍부한 사람으로 자라면서 내가 가진 '다름'이라는 재능에 고마움을 느꼈다. 감각이 섬세하고 예민한 사람들은 세상에 빛을 비추는 사람들이다. 공감 역시 그들의 약점이 아닌 강점이다. 다른 것을 보거나, 다르게 느끼거나, 다르게 생각하는 모든 이에게 박수를 보낸다. 세상은 당신이 만들어낼 '다름'이 필요하다.

나는 '다름'이라는 재능을 존중할 것이다. 나는 누구도 내 힘을 빼앗을 수 없는 단단한 사람이 될 것이다. 나는 나만의 빛을 밝게 비출 것이다.

섬세하고 예민한 이들을 위한 결심

Jan. 03

우리는 부모님, 선생님, 친구, 미디어로부터 '예민함'은 나쁜 것이며, 약점이라는 말을 수없이 많이 들었다. 따라서 우리 내면에 쌓인 "난 너무 예민해", "나 어딘가 잘못됐나봐", "조금 뻔뻔해질 필요가 있나봐"와 같은 스스로를 평가하는 낡은 생각들을 뒤바꾸는 연습이 필요하다. 이 생각들 중 진실은 단 하나도 없기 때문이다. 당신은 강하고 인정 많은 사람이며 다른 이들에게 행복을 줄 수 있는 사람임을 언제나 잊지 않길 바란다.

섬세하고 감각이 예민한 사람들은 사회에서 내뱉는 비난을 그대로 믿기 때문에 자존감이 낮은 경우가 많다. 누군가가 당신의 섬세함을 비난한다면, 그들을 믿지 말고 이렇게 답하라. "난 내 섬세한 면이 소중하다고 생각해. 존중해주길 바라." 이렇게 친절하게 대답할 수도 있지만, 그들의 비난이 머릿속에서 떠나지 않는다면 잠시 숨을 고르고 마음을 가다듬은 후 이렇게 말하자. "그만 괴롭혀. 저리 가!" 그런 다음 스스로에게 다짐하듯 알려주자. "나의 예민함은 강점이다"라고. 타인과 내면의 부정적인 목소리에 이렇게 대처해나간다면 스스로의 자긍심을 키울 수 있을 것이다.

나는 나의 섬세함, 동정심, 사랑의 가치를 부정하는 말들은 받아들이지 않을 것이다. 나는 나 자신의 삶에 공감하고 세상의 이러한 가치들을 옹호할 것이다.

직관을 믿는 법

Jan. 04

직관은 인생의 진실을 말해주는 내면의 작은 목소리다. 그것은 촉, 예감, 무언가를 깨닫는 순간, 눈치, 꿈, 직감 등으로 나타난다. 직관을 믿으면 당신의 몸이 보내는 메시지에도 주의를 기울인다. 스스로에게 물어보자. "주변에 누군가 있을 때 내 몸은 어떤 느낌인가? 힘이 나는가? 아니면 피곤한가? 어떤 결정이 직감적으로 좋게 느껴지는가 아니면 긴장감을 유발하는가?" 감각이 예민한 사람들은 본인의 강한 직관을 따르는 것이 중요하다.

당신은 스스로 직관을 의심하거나 논리적인 생각을 거듭하며 직관에서 벗어나려고 할지도 모른다. 예를 들어, 보수가 많은 일을 제안받았지만 새로운 상사 옆에만 가면 이상하게 기진맥진할 수도 있고, 멋진 사람에게 끌리지만 직감은 "조심하라"고 경고할 수도 있다. 어떻게 진행해야 할지 확신이 서지 않으면 최소한 천천히 추진해가면서 어떤 일이 벌어지는지 천천히 관찰해보라. 최선의 결정을 하기 위해서는 항상 직관을 고려해야 한다. 직관은 언제나 당신이 살아남기를, 잘 살기를 바란다. 직관을 믿는 법을 배우는 건 마음챙김에 매우 중요하다.

나는 오늘 내면의 목소리에 각별히 귀를 기울일 것이다. 내 몸이 보내는 메시지를 빠짐없이 알아챌 것이다. 나는 직관의 충고에 따르고 그 결과에 주목할 것이다.

나만을 위한 시간을 만들자

Jan.
05

감수성이 남들보다 예민한 우리가 행복할 수 있는 비결은 혼자만의 시간을 적절히 갖는 것이다. 이렇게 하면 신경계를 안정시키고 감각 과부하를 줄여 더욱 깊은 내면의 평화를 느낄 수 있다. 바쁜 생활에서 벗어나 취하는 휴식은 보약과 같다. 쌓였던 긴장을 풀고 나면, 세상이 전처럼 벅차게 느껴지지 않고, 사람들과 어울릴 때도 더 즐거울 것이다.

혼자만의 시간을 어떤 식으로 보내고 싶은지 생각해보자. 편안한 의자에 앉아서 조용히 쉬고 싶은가? 침실 문을 닫고 하루 일을 일기장에 정리하고 싶은가? 명상에 잠기고 싶은가? 자연의 품에서 천천히 산책하기를 원하는가? 추운 날씨에는 뜨거운 차 한 잔을 마시며 불 옆에서 웅크리고 앉아 있고 싶은가? 다시 기운을 차리기 위해 나에게 '혼자 있는 시간'이 얼마큼 필요한지 생각해보자.

만약 일정이 빡빡하다면 창의력을 발휘해보자. 나는 공중화장실에서도 명상을 할 때가 있다. 하루 동안 유일하게 한숨 돌릴 수 있는 공간이 그곳뿐이라면 나는 지체 없이 어디서든 명상을 한다. 단 몇 분의 시간이지만 다시 기운이 차오르는 것을 느낄 수 있다.

나는 오늘 내 안에 쌓인 긴장을 풀기 위해 혼자만의 시간을 가질 것이다. 일상의 요구에서 벗어나 휴식을 취하며 고요하게 있을 것이다. 나는 나 자신과 교감할 것이다.

지금 이 순간이 전부다

Jan. 06

현재를 충실히 살아간다는 것은 시간을 천천히 흐르게 하는 아주 좋은 방법이다. 영원한 지금인 이 '순간'에 우리는 언제나 안심할 수 있고, 위안을 찾을 수 있다.

그렇지만 우리는 과거나 미래에 사로잡혀 집착하면서 고통받을 때도 있다. 나는 왜 그 일을 이렇게 오래 붙잡고 있을까? 나는 과연 소울메이트를 찾을 수 있을까? 안정적인 수입을 얻을 수 있을까? 또한, 당신은 살면서 찾아올 수 있는 어려움을 떠올리며 최악의 시나리오들을 써내려갈 수도 있다. 일명, 파국화catastrophizing라고 불리는 심리 과정이다. 이러한 패턴을 인식하고 생각을 좀 더 긍정적인 방향으로 돌린다면 긴장을 완화시킬 수 있을 것이다. 매 순간 판단하지 않고 현재 순간을 있는 그대로 수용하는 마음챙김은 지금 여기서 일어나고 있는 일에 집중할 수 있는 좋은 연습법이다. 만약 주의력이 흐트러진다면, 호흡이 만들어내는 리듬에 다시 집중하면서 다시 스스로에게 집중하면 된다. 또한 감각에 집중하자. 주변의 광경, 소리, 냄새, 아름다움을 깨닫기 시작하면 머릿속의 복잡한 상상에서 벗어나 '지금 이 순간'에 집중할 수 있게 된다. D. H. 로런스D.H.Lawrence가 썼듯이, "살아 있는 지금 이 순간이 전부다."

나는 스트레스를 가라앉히기 위해 천천히 깊게 숨을 들이쉬고, 내쉴 것이다. 나의 중심을 미래가 아닌 지금 이 순간에 둘 것이다. 지금에 머무르는 것이 자유를 향하는 길임을 잊지 않을 것이다.

직관을 따르는 삶에 대하여

Jan. 07

직관을 따를 때 경험할 수 있는 삶의 흐름이 있다. 이 흐름에 자연스럽게 따르면, 당신이 운명적으로 경험하고 알게 될 사람들과 장소 그리고 상황을 향해 나아가게 될 것이다. 최고의 타이밍은 당신이 계속해서 그 흐름 안에 있을 때 맞이하게 된다.

하지만 이 최고의 타이밍은 때때로 내 자아가 판단하는 타이밍과는 다를 수 있다. 그러니 만약 나의 직관이 시키는 대로 했음에도 불구하고 일이 지지부진하고 잘 달성되지 않을 땐 인내심을 갖고 마음을 차분히 하자. 억지로 일을 추진하거나 사람들을 닦달하는 건 대체로 역효과가 나기 쉽다.

우리는 종종 불안함 때문에 목표 달성에 어려움을 겪는다. 만약 불안하거나 초조하다면, 그땐 결정을 내리기 적당한 때가 아니라는 사실을 잊지 말자. 예를 들어 목표 달성을 위해 일과 관계에서 할 수 있는 만큼 노력했다면, 그 이후는 흐름에 맡기자. 그리고 천천히 한숨 돌리자. 무엇을 어떻게 진행해야 할지 알게 될 때까지 기다리며 지켜보자. 열린 마음으로 때를 기다리자.

내가 너무 심하게 밀어붙이고 있는 상황이 있는지 살펴볼 것이다. 그리고 다음 한 주 동안은 그냥 내버려둘 것이다. 무작정 앞으로 밀고 나가기보다 나는 내 삶의 사랑스러운 목격자가 될 것이다. 그리고 그 흐름이 불러오는 것들을 나는 묵묵히 지켜볼 것이다.

타인의 에너지를 느껴보는 것

우리 모두는 저마다의 에너지를 가지고 있다. 눈에 보이진 않지만 직감적으로 느낄 수 있다. '저 사람은 참 활기차네?' 혹은 '옆에 있는 나까지도 차분하게 만드는 사람이다'처럼 에너지는 그 사람의 생각과 감정, 그리고 분위기를 보여준다. 각자가 가지고 있는 에너지를 살펴보는 것은 인간을 이해할 수 있는 흥미로운 방법 중 하나다.

다양한 사람들이 내뿜는 에너지를 느껴보는 연습을 해보자. 오늘 하루 동안 긍정적인 에너지는 어떤 느낌을 주는지 주의를 기울여보자. "나는 누구의 곁에 있을 때 활발해질까? 혹은 편안함을 느끼고 있나? 아니면 들뜬 기분이 되나?" 그런 다음 부정적인 에너지는 어떤 느낌인지 주목해보자. 그리고 스스로에게 물어보자. "내가 피곤하거나, 불안하거나, 아프거나, 주눅이 드는가?" 이렇게 늘 주위 사람들이 발산하는 에너지가 어떤 느낌인지 알아차리는 습관을 들이자. 이는 당신의 일, 인간관계, 그리고 삶의 전반에 걸친 어떤 선택을 할 때 큰 도움이 될 것이다.

나는 오늘 하루 동안 사람들이 가지고 있는 에너지가 내 기분과 신체 그리고 행복에 어떤 영향을 미치는지 주목할 것이다. 이는 나를 이해하고, 사람들을 존중하며, 내 인간관계를 만들어가는 방법이다.

지금 이 감정은 오롯이 내 것인가?

Jan. 09

정서적으로 예민한 우리는 다른 이의 감정에 쉽게 공감하며 그들이 느끼는 행복과 스트레스를 모두 흡수할 수 있다. 그래서 나 자신의 감정과 타인의 감정을 구분하는 것이 때로는 어렵다. 감정은 우리 모두가 발산하는 미묘한 에너지의 한 형태로 전염성을 가지고 있다. 그러다 보니 나도 모르는 사이에 사랑하는 사람의 기분까지도 떠안게 되는 경우도 있고, 수많은 인파 속에서 이유 없이 갑자기 불안해지거나 우울 또는 행복을 느낄 수도 있다.

이를 해결할 수 있는 가장 좋은 방법은 "이 감정은 내 감정인가 아니면 다른 사람의 감정인가?"라고 묻는 습관을 들이는 것이다. 감정에 예민한 사람일수록 타인의 감정이 전이된 경우 혼란스러워하거나 급격히 변한 기분에 압도당하는 경우가 많다. 그래서 연습이 필요하다.

오늘부터 사람을 만나기 전에 스스로에게 질문하는 습관을 갖자. 먼저, 오늘 나의 기분이 어떤지 스스로 질문해보자. 평안한지, 불안한지, 행복한지 살펴보며 오늘의 감정 상태에 대한 기준치를 얻는다. 그런 다음, 사람을 만난 후 나의 감정이 어떻게 변하는지 살펴보자. 변화의 폭이 크든 작든 간에 이전과 달라졌다면 당신은 타인의 감정을 흡수하고 있는 것이다.

나는 내 감정을 인식함으로써 나 자신에게 힘을 실어줄 것이다. 다른 사람들로부터 흡수하는 감정에 유념하고 나의 감정을 지킬 수 있는 사람이 될 것이다.

감정에 휩쓸리지 않는 연습

Jan. 10

감정에 휩쓸리지 않는 비결은 '빨리 알아차리는 것'이다. 감각이 예민한 많은 사람이 "몇 년 동안 무언가에 억눌려 있는 것 같아요"라고 말하며 나를 찾아왔다. 그들은 감각 과부하에 오랫동안 시달려 많이 지쳐 있는 상태다. 다행히도, 당신은 이 힘든 경험을 할 필요가 없다.

매일, 스스로에게 친절한 사람이 되는 연습을 하자. 만약 너무 많은 것이 너무 빨리 밀어닥치고 있다면 자극을 줄일 시간을 만들어라. 당신이 처음으로 감정에 압도되었던 순간에 주목해보자. 친구나 동료 혹은 가족이 당신에게 너무 많은 것을 바라고 있진 않았는가? 스스로를 지나치게 몰아붙이진 않았는가? 가장 중요한 것은 이 감정들이 탄력을 받아 위세를 떨치기 전에 스스로 알아채는 것이다. 그런 다음 최소한 몇 분 안에는 당신을 자극하는 플러그를 뽑아두어야 한다. 감정에 휩쓸린다는 느낌이 들 때, 소리나 밝은 빛이 들지 않는 곳으로 잠시 나를 숨기자. 스스로 내면의 균형을 잡을 수 있도록 휴식을 취하거나 명상을 하는 시간과 장소 그리고 연습이 필요하다.

나는 감각이 예민해질 때 감정에 휘말리지 않고, 스스로 내면의 중심을 잡는 법을 찾고, 연습할 것이다.

지금 여기에 집중하는 연습

Jan. 11

명상은 예민한 사람들이 스스로의 내면에 집중함으로써 자신의 중심을 잡고 스트레스를 해소할 수 있는 아주 좋은 방법이다. 이 명상 수련은 잠시 해야 할 일들을 잠시 미뤄두고, 소란한 마음을 잠재우며, 정신의 수다를 잠재우고, 할 일 목록을 제쳐 두고, 오롯이 나를 사랑할 수 있게 한다. 일상으로부터 잠시 마음의 휴가를 얻는다고 생각해보자. 당신이 어디서 명상을 하든, 언제나 '지금'에 집중하면 마음을 진정시킬 수 있다.

집에 명상을 할 수 있는 신성한 공간, 즉 세상으로부터 안전한 피난처를 만들면 상당히 큰 위로를 받을 수 있다. 약간의 양초와 향 그리고 꽃이 놓인 탁자만으로도 충분히 그런 공간을 만들 수 있다. 나는 아침에 일어나자마자 그리고 잠자리에 들기 전, 나만의 신성한 공간에서 명상한다. 이 루틴은 항상 나와 내 마음을 연결해주고, 활력을 불어넣어준다.

균형을 잃은 것 같다고 느끼거나 피곤할 때 혹은 하루 중 잠깐의 평화로운 휴식이 필요할 때 명상을 시작해보자. 편안한 자세로 앉아 몸의 긴장을 풀고 마음을 천천히, 부드럽게 내려놓자. 내가 앉아 있는 '지금 여기'에 주목하며 호흡이 만들어내는 리듬에 집중해보자. 그 순간의 평온함이 당신에게 스며들 수 있도록 집중해보길 바란다.

나는 마음챙김의 하나로서 규칙적으로 명상을 연습할 것이다. 이는 내 안의 균형을 잡고 에너지를 회복하는 데 도움이 될 것이다. 나의 목표는 매일 명상하는 것이다.

세상의 고통을 떠맡는 것은 내 일이 아니다

Jan. 12

공감 능력이 좋은 사람들은 타인의 감정을 경계하지 않는다. 사랑하는 사람이든 낯선 사람이든 다른 사람들의 고통을 있는 그대로 받아들이고, 본능적으로 이들을 위로하고 싶어 한다. 사실 우리는 공감과 연민이 다른 사람들의 고통을 없애주는 것이라고 배운 건지도 모른다.

하지만 이는 사실이 아니다. 우리는 누군가의 고통과 괴로움을 그대로 흡수하지 않고도 그들을 지지하는 마음의 공간을 충분히 가질 수 있기 때문이다. 이런 균형을 찾아가는 것이 바로 치유의 기술이다. 당신은 속으로 "이것은 내가 짊어지고 갈 짐이 아니야"라고 말할 수 있다. 누군가를 바꾸는 것은 불가능하고, 실제로 당신이 바꾸려고 애써야 할 의무도 없다. 20년 넘게 의사 생활을 하면서 나는 모든 사람이 자신만의 길을 찾는 존엄성을 누릴 자격이 있다는 것을 배웠다.

나는 순교자가 되거나 다른 사람의 고통을 떠맡거나 하지 않고 연민을 가질 것이다. 나는 누군가를 '바꾸려' 애쓰지 않고, 다만 그 사람을 존중할 것이다.

지금은 이야기를 할 수 없습니다

Jan. 13

혹시 만나는 사람들마다 당신에게 자신의 속 이야기를 털어놓고 싶어 하진 않은가? 혹은 처음 만나는 사람들이 당신에게 인생 이야기를 술술 풀어놓진 않나? 섬세한 사람들은 그 누구든 자신의 문제를 고백하고 싶은 사람들을 자석처럼 끌어당긴다. 마치 당신이 "내가 당신을 도와줄 수 있어요"라는 말이 써진 옷이라도 입고 있는 것처럼 말이다. 이렇게 당신의 다정함을 눈치 챈 이들이 피곤하게 느껴질 때, 어떻게 대처하면 좋을까?

그런 이들을 위해 '지금은 이야기를 할 수 없습니다' 모드로 전환하는 방법을 소개하려 한다. 상대에게 내가 지금 대화하고 싶지 않다는 의사를 몸으로 전하는 것이다. 나는 그럴 때 눈을 마주치거나 대화를 시작하지 않는다. 다만 나의 의도를 예의 있고 바르게 전한다. 다른 사람들은 내가 대화하고 관계를 맺는 일에 관심이 없다고 느낄 수 있지만 말이다.

가끔 이야기를 나눌 수 없는 사람이 되는 것도 괜찮다. 사실 당신을 위해서 그런 사람이 되는 시간은 필요하다. 웃으면서 "실례지만 화장실에 가야 해서요"라고 말하며 자리를 피하거나, 어떤 사람의 말을 경청할지에 대한 안목을 키우는 등 나만의 방법을 찾아 연습해보자.

다른 사람들과 보내는 시간을 제한하는 것은 나의 선택이다. 내게 얘기하고 싶어 하는 사람 모두와 내가 이야기를 나눌 필요는 없다는 사실을 잊지 않을 것이다.

자연은 늘 답을 알고 있다

Jan. 14

가끔 자연이 편안하게 느껴질 때가 있다. 그럴 때마다 시인 워즈워스Wordsworth가 쓴 "우리는 너무나 세상에 묻혀 산다"라는 문장을 떠올리며 깊이 공감하곤 한다. 세상에 지칠 때 나무와 숲, 흐르는 물이 주는 상쾌함과 자연의 힘은 우리가 다시 기운을 차릴 수 있는 좋은 공간을 마련해준다.

우리는 자연 안에서 아무것도 할 필요가 없다. 자라나는 녹음 속에서 그저 숨을 크게 들이쉬고 내쉬며 기운을 받는 것이 전부다. 식물은 어떻게 숨을 쉬는지, 나뭇잎들은 어떤 바람을 타고 어디를 향하는지 집중하며 지친 마음을 정화해보자.

자연은 늘 감각적이다. 나뭇잎 위로 섬세하게 떨어지는 햇살, 순백의 눈, 심지어 움을 틔우기 전까지 잠자코 시간을 기다리는 겨울날의 나무까지 자연의 모든 면은 늘 새롭다. 지친 일상 속 작은 위안을 얻기 위해서라도 자주 자연을 찾길 바란다. 자연은 늘 삶의 본질을 담고 있다.

오늘 나는 별, 달, 하늘을 올려다 볼 것이다. 나무와 땅의 아름다움을 음미할 것이다. 자연의 세계가 베푸는 은혜 안에 쉬면서 나를 채울 것이다.

흐르는 물의 유연함에서 배우다

Jan.
15

바다와 폭포처럼 시원하게 흐르는 물은 늘 위안이 된다. 움직이는 물은 진정효과가 있는 음이온을 방출해 몸 속 천연 항우울제라 불리는 세로토닌을 증가시킨다고 한다. 이런 과학적 이유가 아니더라도 물은 우리에게 많은 것을 가르쳐주기도 한다. 섬이나 큰 바위를 만난 바다, 험한 산골을 흐르는 강물 등 물은 주변의 장애물을 어떻게 다뤄야 하는지도 보여준다. 물은 장애물을 피하거나, 유연하게 안고 흐르며 끝내 바다로 흐른다.

당신도 흐르는 물처럼 유연하게 길을 만들어 일상의 긴장을 줄여볼 수 있다. 당신이 배우자와 말다툼을 했다거나 교통체증에 갇혀 있을 때 말이다. 파도가 덮칠 땐 맞서서 다치기보다는 격렬한 파도 아래로 잠수하는 것이 현명한 것처럼, 물은 늘 흐르며 평온하게 역경을 통과하는 유연함을 우리에게 늘 보여주고 있다.

나는 흐르는 물의 유연함을 배울 것이다. 대립하고 경쟁하는 데 힘 쓰기보다 장애물 주변으로 흐르도록 수련할 것이다.

나를 사랑하는 삶을 살 것

자기연민은 자애로움이 자신의 내면으로 향하는 것을 말한다. 스스로를 탓하기보다 자신에게 휴식을 주고 어떤 상황에서도 최선을 다했다고 서로에게 말해보자. 자신이 참 열심히 했다는 것을 인정하면 당신은 이 세상에 보호받고 있다고 느낄 것이다. 자신의 단점을 연민으로 대하는 사람들이 스스로에게 엄격한 사람들보다 더 행복하다는 연구결과가 있다. 우리는 모두 실수한다. 하지만 중요한 건 실수가 아니라 '실수한 자기 자신을 어떻게 대할 것인가'라는 사실을 잊지 말자.

그래도 자신보다 남을 연민하는 것이 더 쉬운 경우가 많다. 하지만 걱정하지 마라. 이는 스스로를 더 사랑할 수 있도록, 자신에게 더 연민의 감정을 품을 수 있도록 준비하는 연습 과정이다.

자기연민은 배울 수 있다. 적어도 매일 한 번 자신을 친절하게 대하는 연습을 시작하자. 컴퓨터를 끄고 산책을 즐기거나, "친구에게 짜증내지 않은 스스로를 칭찬해"처럼 스스로를 칭찬해보자. 매일 조금씩 나에게 관대해지며 나를 사랑하는 삶을 살자.

나는 나만의 가장 친한 친구가 될 것이다. 나는 완벽하지 않으며 우리 중 누구도 완벽하지 않다. 나는 자책하지 않을 것이다. 스스로를 친절하게 대할 것이다.

내면 아이를 만나는 연습

Jan. 17

우리는 각자 사랑받아 마땅한 소중한 내면 아이를 가지고 있다. 그러나 당신은 이 민감한 영혼이 지지받을 수 있는 가정에서 성장하지 않았을지도 모른다. 대신 당신의 내면 아이는 '약하다'거나 '계집애 같다'거나 '울보'라며 스스로를 부끄럽게 여겼을지도 모른다. 이것은 소녀들에게도 충분히 상처를 주지만, 더 괴롭힘당하고 거부당할 수도 있는 소년들에게 특히 잔인한 일이다.

당신이 성인이 될 즈음이면 상처 입은 내면 아이는 너무 깊숙이 들어가 당신이 잊어버릴 정도로 침잠해 있을 수도 있다. 그럼에도 그들의 고통은 여전히 생생하게 살아 있다. 그래서 당신이 그것을 의식하지 못하더라도 당신의 인간관계를 다 망쳐버릴 수도 있다. 이것은 친밀함을 두려워하고, 경계를 정하거나 진정한 자신이 되기를 꺼리는 마음으로 나타날 수 있다.

내면 아이를 되찾는 일은 매우 중요하다. 방법은 이렇다. 내면 아이가 보이지 않거나 보살핌을 받지 못한 어린 시절의 집을 시각화하라. 그런 다음, 이 사랑스러운 소녀나 소년에게 다시 나타나달라고 초대한다. 그리고 인정하자. "다치게 해서 미안해. 그게 얼마나 고통스러웠을지 잘 알고 있어. 하지만 이제는 내가 널 보호하겠다고 맹세할게. 아무도 너를 다시는 해치지 못하도록 할 거야"라고 말해주자.

나는 활기차면서도 섬세했던 자신의 일부분인 내면 아이를 되찾을 것이다. 이 사랑스러운 존재를 항상 보살피고 보호할 것이다.

건강한 경계를 설정하라

Jan. 18

인간관계는 명확한 경계를 정할 수 있을 때 개선될 것이다. 경계란 당신이 선호하는 대우 방식에 대해 이야기를 나누는 것을 의미한다. 예를 들면 "오늘 밤에 만나면 좋겠는데, 한 시간밖에 여유가 없네." 또는 "미안해, 지금은 다른 약속을 잡을 수가 없어" 아니면 "목소리 좀 낮춰주실래요"라고 말하는 식이다. 당신이 미온적으로 말한다면 당신의 말은 심각하게 받아들여지지 않을 것이다. 경계를 성공적으로 표현하기 위해서는 친절하지만 단호해야 한다. 그러면 다른 사람들은 당신이 진지하다는 것을 알고 심기를 건드리지 않을 것이다.

만약 경계 설정하기가 꺼려진다면 무엇이 당신을 망설이게 하는가? 자존감이 낮은가? 거절당하거나 다른 사람의 감정을 상하게 할까봐 두려운가? 아마도 당신은 자라면서 스스로를 표현하는 것이 안전하다고 느끼지 못했을지도 모른다. 나의 섬세한 환자들 중 몇몇은 자신이 너무 소심해서 인생에서 목소리를 낼 수 없다고 느끼면서 심리치료를 받기 시작했다. 스스로 경계를 정할 수 있기 전까지, 그들은 항상 인간관계에서 희생자 역을 맡아왔다.

이러한 패턴을 바꾸기 위해서는 "두렵긴 하지만 어떻게든 경계를 정하라"는 격언을 실천하라. 텔레마케터나 친한 친구 같이, 대하기가 조금 더 편한 사람부터 시작하라. 그러나 어머니부터 시작하지는 말 것!

오늘 나는 한 사람과의 경계를 확고하고 친절하게 주장할 것이다.
이런 연습을 통해 더욱 건강한 관계를 맺을 수 있을 거라 믿는다.

멍청한 동정심보다 명확한 거절이 낫다

Jan. 19

만약 누군가가 당신에게 터무니없는 기대를 하고 있거나, 당신이 감당할 수 없는 일을 부탁한다면 한 가지를 꼭 기억하자. "아니오"는 완전한 문장이라는 사실을. 퉁명스러운 반응을 보이거나 스스로를 방어하려는 핑계를 만드는 데 에너지를 쏟기보다 명확하게 "아니오"라고 말하자.

마하트마 간디Mahatma Gandhi는 이런 말을 했다. "깊은 신념에서 우러나온 거절은 비위를 맞추기 위해, 문제를 회피하기 위해 선택한 긍정보다 더 낫다." 친절하지만 단호한 거절이 오히려 건전한 관계를 만든다. 누군가의 문제를 해결해주는 건 당신 일이 아니다. 거절의 경계를 스스로 정하지 않으면 모든 관계는 불평등한 토대 위에 있게 된다.

동정심이 많은 사람이라고 해서 모든 요구에 항상 "네"라고 말하지는 않는다. 비구니인 페마 초드론Pema Chodron은 '멍청한 동정심'에 대해 경고하며, 이는 확실하게 거절해야 할 상황임에도 갈등을 피하기 위해 친절을 이용하는 짓이라고 했다. 주는 것이 맞는 때가 있고 거절하는 것이 옳을 때가 있다. 이러한 균형을 유지해야 스스로 지치지 않도록 보호하고, 정직하고 배려하는 관계를 유지할 수 있다.

적어도 오늘 한 번은 불편하더라도 "아니오"라고 말할 것이다. 명확한 거절도 연습하면 더 쉬워질 거라고 확신하며.

가식에 대처하는 법

Jan. 20

직관을 발휘하면 사람들의 보이지 않는 이면을 감지할 수 있다. "뭔가 석연치 않아. 이 사람이 믿을 만한지 아닌지 확신이 들지 않는다"라는 마음의 소리가 들린다면 그 직관을 믿어보는 게 좋다. 직관은 타인의 모순을 감지하는 능력이 뛰어나 '거짓말 탐지기'라는 별명을 붙여도 될 정도이니 말이다.

당신의 직관이 누군가가 진실하지 않을 수도 있다고 경고할 때는 여러 가지 이유가 있을 수 있다. 그가 자신의 진실한 감정을 표현하는 데 불안함을 느끼는 사람이라거나, 진실을 왜곡했다거나 하는 식으로 말이다. 따라서 무엇이 진실인지 알아내려면 시간을 두고 그 사람을 관찰하여 그의 말과 행동이 일치하는지 봐야 한다. 그를 더 잘 알게 될수록, 당신은 더욱 날카로운 통찰력으로 동기를 파악해 명백한 진실을 얻게 될 것이다.

나는 사람을 대할 때 나의 직관에 귀를 기울일 것이다. 스스로를 의심하지 않을 것이다. 만약 누군가가 진실하지 않다고 느껴지면 꾸준히 관찰하며 신중하게 대처할 것이다.

나의 몸에 집중하는 연습

Jan. 21

우리 몸은 아주 직관적이고 민감하다. 우리의 신체는 기분과 감정을 그대로 흡수하기에 때때로 몸이 너무 가볍거나 무겁게 혹은 작게 느껴지곤 한다. 그렇기 때문에 몸에 집중하는 것은 쉽지 않은 일이다.

나 역시 지난 몇 년 동안 몸이 편안하지 못했고 피부도 진정되지 않았다. '나'라는 사람이 너무 작은 그릇에 갇혀 있다는 생각이 들었다. 감정이 몸을 압도하는 기분이었다. 하지만 내가 다른 사람들의 스트레스를 흡수하는 것을 멈추는 법을 알게 되자, 내 몸은 훨씬 더 안락하고 재미있게 머물 수 있는 곳이 되었다.

몸은 나를 담고 있는 아주 큰 그릇이다. 내면의 이야기에 귀를 기울이듯 호흡에 집중해서 몸의 중심을 잡아라. 그리고 몸에게 말하자. "너를 친구처럼 대하고, 네가 보내는 신호에 늘 주의를 기울일 거야. 과부하가 걸릴 땐 휴식을 취할게." 몸이라는 육체적 자아를 잘 대해주면 더욱 활력이 넘치고 살아 있음을 느끼게 된다.

깊고 느리게 호흡하면서 내 몸에 집중할 것이다. 나는 나의 감각을 즐길 것이고, 걷고, 숨 쉬고, 먹고, 꽃 향기를 맡는 것이 얼마나 기분 좋은지 알아차릴 것이다.

피로에 귀를 기울여라

Jan. 22

피로는 당신이 압박감을 느끼고 있다는 첫 번째 신호다. 그러나 슬프게도, 우리 사회는 역경을 굳세게 견디는 것에 보상을 준다. 신체의 신호를 무시하면서까지 성과를 내는 사람들을 칭찬한다. 그래서 당신은 해야 할 일들이나 기타 활동을 완수하기 위해 자신을 계속 밀어붙일지도 모른다. 그렇게 되면 만성 피로가 되어 완전히 지쳐 나가떨어질 위험이 더 커진다. 결국 감각 과부하, 부신 소진, 불안, 우울증 등으로 이어진다.

성과를 내기 위해서는 휴식과 홀로 있는 시간이 필요하다. 피로는 지혜의 목소리다. 그것은 여러분에게 "다만 몇 분이라도 휴식을 취하라"고 말하고 있다. 명상을 하든, 낮잠을 자든 아니면 그냥 조용히 앉아 있어도 좋다. 이처럼 작은 조율을 하면 기운을 회복하는 데 도움이 될 것이다. 자신의 피로 수준에 귀를 기울이고 자신을 사랑으로 대하자.

오늘 나는 스스로에게 질문할 것이다. "나는 피로를 느끼고 있는가?" 그런 다음 휴식을 취하면서 에너지를 회복할 수 있는 행동을 찾아낼 것이다.

호흡으로 스트레스를 내보내라

Jan. 23

호흡을 통해 우리는 산소를 흡입하고 이산화탄소를 내뿜는다. 힌두교 전통에서 숨결은 신성한 생명 에너지인 프라나prana로 숭배된다. 그만큼 호흡은 우리 몸뿐 아니라 정신에도 중요하다.
나는 항상 환자의 호흡 패턴을 관찰한다. 예민한 사람은 무의식적으로 숨을 참거나 얕은 호흡을 하기도 하는데, 이는 에너지를 수축시킨다. 이럴 때는 호흡으로 몸에 생기를 불어넣으면 스트레스를 줄일 수 있다. 또 정신없이 바쁠 때 호흡에 집중하면 긴장이 풀리고 집중력도 좋아진다.
잠시 조용히 눈을 감고 호흡에만 집중하면서 긴장을 풀자. 숨을 들이마실 때는 천천히 침착하게 들이마신다. 숨을 내쉴 때는 어떤 스트레스든 내쉰다고 생각해보자. 평온은 들이마시고, 걱정과 두려움은 내쉬는 것이다. 마지막으로 몸에 스며드는 행복감을 느끼면서 만족스럽게 호흡하자.

나는 의식적인 호흡을 연습할 것이다. 나 자신이 숨을 죽이고 있다는 것을 알아차린다면 다시 천천히 그리고 자연스럽게 호흡하기 시작할 것이다. 숨을 들이마시고 내쉬면서 내가 살아 있음을 느낄 것이다.

시간을 현명하게 관리하라

Jan. 24

나는 감성이 예민해서 일에 과욕을 부리면 바로 복통이나 요통 같은 신체 증상이 나타난다. 혹은 짜증을 내다가 지쳐 나가떨어진다. 그래서 나는 시간 관리를 중요하게 생각한다. 서두르지 않고, 무리하거나 스트레스를 받지 않는 균형 잡힌 삶을 살고 싶기 때문이다.

시간을 잘 관리하는 것은 마음챙김을 잘하는 것이기도 하다. 현재 하루나 주 또는 월을 어떻게 조직하고 관리하는지 생각해보라. 당신의 일정에 만족하는가? 일과 놀이 사이에 균형을 잡고 있는가? 아니면 너무 무리하거나 서둘러서 피곤한 삶을 살고 있는가? 자신의 상태를 평가해보자. 당신이 이룰 수 있는 긍정적인 변화에 대해 일기를 쓰는 것이 도움이 된다. 여러 활동의 우선순위를 정하거나, 책임을 위임하거나, 방해 요소를 제거하는 방법을 찾아라. 그런 다음 실행에 옮겨라. 당신을 지치게 하는 요구와 당신을 활기차게 만드는 활동 사이에 균형을 맞추어라.

나는 시간을 신중하게 관리할 것이다. 일에 대한 열정과 놀이에 대한 열정이 조화를 이룬 균형 잡힌 삶을 살 것이다.

당신은 있는 그대로 완벽하다

Jan. 25

많은 사람이 꿈의 해답을 찾기 위해 끊임없이 노력한다. 그러나 꿈은 멋진 직업이나 돈 같은 외적인 성공만을 의미하지 않는다. 자기 자신을 자랑스럽게 생각하는 것, 내면에서 피어나는 자신을 사랑하는 마음이야말로 당신이 발견하고 키워낸 안식처가 되어줄 것이다. 이 사실을 깨달은 사람은 이미 꿈에 도달한 것이다. 그것을 깨닫지 못했을 뿐.

내 친구는 매일 명상하는 방 한편에 다음과 같은 말을 써서 붙여놓았다. 나도 똑같이 적어 내 집에 붙여놓았는데 이 말이 당신에게도 큰 도움을 줄 수 있기를 바란다.

해야 할 것은 없습니다.
되어야 할 것도 없습니다.
가져야 할 것도 없습니다.
나만의 방식으로 존재합니다.
완벽합니다.
있는 그대로
당신은 이미 도착했습니다.

나는 스스로를 편안하게 느낄 것이다. 내가 이대로 완벽하다는 것을 깨닫고, 있는 그대로의 나를 기꺼이 받아들일 것이다.

긍정적인 혼잣말

Jan. 26

긍정적인 태도는 기분을 좋게 하는 호르몬인 엔도르핀을 생성함으로써 행복감을 증진시킨다. 반면 부정적인 태도는 스트레스 호르몬을 증가시킴으로써 행복감을 대폭 감소시킨다. 이처럼 태도는 당신의 행복에 영향을 미친다.

두렵거나 우울하거나 부정적인 생각에 집중하는 걸 멈추고 싶다면 긍정적인 혼잣말을 하자. 예를 들어 당신이 너무 많은 사람과의 교류에 지쳐 누군가의 초대를 거절했다면, 자책하지 말고 "혼자 시간을 갖고 긴장을 푸는 것도 괜찮아"라고 자신에게 말하자. 할 일을 제쳐두고 영화를 봤다면, 게으름을 피운다고 자신을 비난하기보다는 "재미있는 영화를 봤으니 잘했네"라고 말해보자.

긍정적인 혼잣말을 하면 할수록 당신의 태도도 긍정적으로 변한다. 이는 두려움이나 부정성에 초점을 맞추는 성향을 긍정적으로 변화시킨다. 삶의 모든 사건을 통제할 수는 없지만 자신의 태도를 통제할 수는 있다.

나는 잘못된 것에 집착하기보다는 내 삶에서 잘되어가고 있는 것에 대해 감사할 것이다. 나 자신과 다른 사람들의 좋은 면을 보는 데 집중할 것이다.

외로움과 고립감에서 벗어나기

Jan. 27

많은 사람이 아무 데도 속해 있지 않다고 느낀다. 그래서 많은 사람 속에 있어도 외롭다고 느낀다. 나는 고립되거나 혼자라고 느끼는 환자를 많이 만났다. 그들은 자주 세상의 스트레스에 압도되어 자신이 안전하다고 느끼는 집 밖으로 나오지 않는다.

나 역시 인생의 많은 부분을 그렇게 보냈다. 그래서 당신의 외로움과 두려움을 이해할 수 있다. 하지만 당신은 더 이상 혼자라고 느낄 필요가 없다. 사실 당신을 이해하는 사람이 정말 많다. 전 세계적으로 감수성이 풍부하고 예민한 사람들이 자신의 정체성을 드러내기 시작하며 점점 힘을 얻고 있다.

당신 주변에도 알아채지 못했을 뿐 그런 사람이 있을지도 모른다. 직접 만나지 못하더라도, 인터넷에서 자신과 비슷한 사람들이 모여 있는 커뮤니티를 찾아 소통하는 것으로 외로움을 해소할 수 있다. 혹은 신문이나 책 등에서 그런 사람들의 이야기를 읽는 것만으로도 위로가 될 수 있다.

나는 나처럼 예민하고 감수성이 풍부한 사람들의 이야기에 귀를 기울일 것이다. 주변에 그런 사람이 있다면 알아챌 것이다.

두려움을 이기고 위안을 찾는 법

Jan. 28

소용돌이치는 생각과 두려움과 걱정을 불교에서는 '작은 자아'라고 한다. 사랑, 자연, 보편적인 지성 등을 통해 작은 자아를 확장하고 지혜를 얻을 수 있다. 무한한 가능성을 지닌 당신의 자아는 두려움을 넘어 평화를 되찾을 수 있다.

피곤하거나 걱정스럽거나 감각 과부하에 걸렸을 때는 잠시 멈추자. 당신은 그런 감정에 얽매이지 않는다. 심호흡을 몇 번 하고, 마음을 활짝 열어 긍정적인 에너지가 당신에게 스며들도록 하자. 모든 것이 잘되어가고 있다고, 잘될 것이라고 스스로를 안심시키자. 평화가 당신을 보살피고 위안을 찾을 수 있을 것이다.

나는 두려움을 극복하기 위해 잠시 멈출 것이다. 내게는 언제든지 두려움에서 벗어날 수 있는 선택권이 있다.

침묵의 시간 만들기

Jan. 29

시끄러운 거리의 소리나 끊임없는 말소리…. 소음이 사람의 기운을 얼마나 빼는지 깨닫지 못할지도 모른다. 그러나 소란스럽고 빠르게 흘러가는 세상의 강렬함에서 회복하려면 고요한 시간이 필요하다.

고요는 안도감을 준다. 조용하고 비언어적인 시간은 당신을 새롭게 할 수 있다. 불교 교사 틱낫한은 "만약 우리의 마음이 말과 생각으로 가득 차 있다면 우리를 위한 여유는 없는 것이다"라고 했다. 겨울의 느린 리듬 속으로 들어가보자. 눈처럼 고요하거나 봄꽃이 피기 전 잠든 숲처럼 잠잠하게. 고요함 속에서 당신의 목소리는 더욱 선명해진다.

하루에 적어도 5분간의 고요함을 계획하라. 사무실이나 집 또는 나무들 사이에서 조용히 있는 것이다. 이것은 누구도 침범할 수 없는 신성한 시간이다. 소음이 사라진 숭고한 시간에, 당신은 자신을 돌아볼 수 있을 것이다.

나는 마음챙김의 일환으로 나만의 '고요한 시간'을 계획할 것이다. 아직 익숙하지는 않지만, 정적이 얼마나 나를 새롭게 할 수 있는지 체험할 것이다.

만족을 선택하라

Jan. 30

감성을 채우고 싶다면 삶의 만족을 느끼는 데 집중하자. 누구나 만족을 선택할 수 있다. 만족은 완벽하지 않을지언정 있는 그대로를 받아들이는 데서 비롯된다. 당신이 번성하든 무너지든 자신에 대해 좋게 느끼는 것이 만족이다. 극단적인 두 상황에서 모두 "나는 나를 사랑해"라고 말할 수 있는 것이다.

만족은 머리가 아니라 마음에서 나온다. 가슴으로 연민과 행복과 따스함을 느끼면 위안이 된다. 만족한다고 해서 수동적이 되는 것은 아니다. 여전히 목표를 추구하면서, 동시에 자신이 가진 것에 감사함을 느끼는 것이다. 이렇게 되면 고군분투하는 압박감에서 일시적으로나마 벗어나 찬란한 삶의 햇빛을 즐길 수 있다.

나는 매일 적어도 몇 분간은 만족감을 느낄 것이다. 나 자신이나 다른 사람의 불완전함 혹은 단점에 초점을 맞추지 않을 것이다. 내 삶에 감사하고 그동안 내가 누려온 것에 만족할 것이다.

작은 변화부터 시작하라

Jan. 31

예민한 사람으로서 행복하려면 삶의 여러 측면이 균형을 이루어야 한다. 삶의 다양한 측면을 평가하여 행복 수준을 평가하라. 혼자 있는 시간, 사람들과 보내는 시간, 놀이와 창의성, 건강, 사랑 그리고 일적인 측면에서 평가하라. 그런 다음 자신에게 물어보라. "어떻게 하면 더 많은 에너지와 균형과 열정을 얻을 수 있을까?"
거대할 변화를 일으킬 필요는 없다. 작은 변화부터 시작하자. 당신에게 맞는 선택을 해야 한다. 논리를 사용하는 것도 괜찮지만, 당신 마음의 중심을 차지하고 있는 것을 직관적으로 느끼는 것도 좋다. 1년 전에 효과가 있었던 것이 지금의 당신에게도 맞을 거라고 넘겨짚지는 말자.
매일 몇 분씩 명상 시간을 늘리거나, 약속과 약속 사이에 휴식 기간을 더 길게 잡거나, 직장에서 새로운 영감을 주는 프로젝트를 상상해보는 것도 좋다. 점차 당신의 하루에 만족스러운 요소들을 더해가라. 그리고 당신의 에너지를 더해줄 수 있는 삶의 다양한 측면을 다시 그려보아라.

나는 나를 행복하게 해주는 새로운 것을 시도해볼 것이다. 행복한 삶은 한 번에 하나씩 작은 변화를 만드는 데서 온다. 이토록 아름다운 노력을 시작하기에 너무 늦은 때란 없다.

자신의 속도를 지켜라

빠듯한 일정인데도 목표를 달성하지 못하면 스스로를 게으르거나 무능하다고 단정하는 사람이 있다. 또 다른 사람들을 실망시키는 것이 두렵고 싫기 때문에 지나치게 무리하는 사람도 있다. 이렇게 시간의 압박감을 느끼면 스트레스 호르몬이 올라가고 신체의 자연 항우울제인 세로토닌이 줄어든다. 게다가 시간이 빠르게 흐른다고 느끼기 때문에 매 순간을 즐기기가 더욱 어려워진다.

자신의 속도를 지키는 것이 삶을 사랑하는 열쇠다. 자신만의 속도대로 나아가면 활력이 생기고 번아웃을 예방할 수 있다. 어떤 속도가 자신에게 맞는지 찾아보자. 아무리 바쁘더라도 중간중간에 짧게 명상을 하거나 휴식을 취하면 체력을 빠르게 끌어올릴 수 있다. 하루 중 단 몇 분이라도 일정을 늦추는 틈을 둔다면 훨씬 기분이 좋아질 것이다. 그리고 훨씬 생산적으로 활동할 수 있을 것이다.

내 삶의 속도를 유념해, 보다 균형 잡힌 일상을 만들 것이다. 너무 서두르거나 무리가 되는 일정을 잡지 않을 것이다.

운동 루틴을 찾자

Feb. 02

규칙적인 운동은 몸을 튼튼하게 만들 뿐 아니라 스트레스 해소에 도움이 된다. 게다가 운동을 하면 기분 좋게 만들어주는 신경화학물질인 엔도르핀이 생성된다. 몸을 움직이고 스트레칭을 할수록 더욱 젊고 활기찬 기분을 느낄 것이다.

몸의 균형을 잡고 스트레스를 쫓아버리기 위해 운동을 시작하자. 나는 에어로빅과 요가, 웨이트 트레이닝을 조합한 운동을 한다. 협곡에서 하이킹하는 것과 해변을 산책하는 것도 즐긴다. 단지 움직여서 가쁜 숨을 몰아쉬는 것만으로도 즐겁고 활기가 생긴다.

자신에게 매력적인 운동 루틴을 찾자. 이제 막 시작하는 단계라면 간단한 스트레칭을 매일 한 번씩 하는 것으로 시작하면 무난하다. 수영이나 필라테스, 춤 또는 자전거 타기도 대안이 될 수 있다. 여러 가지 운동을 해보면서 어떤 것이 나에게 맞는지 찾아보자.

나는 매일 몸을 움직여서 몸을 튼튼하게 하고 스트레스를 풀 것이다. 운동을 결승선까지 도달해야 하는 일로 보기보다는 항상 하는 일상으로 여길 것이다.

스트레스를 씻어내는 목욕

Feb. 03

바쁜 하루를 보낸 후, 하루의 스트레스를 말끔히 씻어내기 위해 욕조에 몸을 담그거나 샤워를 한다. 목욕을 단순히 기능적인 행위가 아니라 자신을 위한 시간으로 삼아라. 양초에 불을 밝히거나 입욕제를 살짝 넣어도 좋다.
미국 북 캘리포니아에 있는 한 명상 센터를 방문한 적이 있다. 온천 앞에 다음과 같은 글이 붙어 있었다. 샤워를 하거나 욕조에 발을 들여놓기 전에 한 번씩 읊어도 좋을 것이다.

> 나의 몸과 마음을 씻는다.
> 맑고 빛나게
> 먼지에서 벗어나
> 스트레스에서 벗어나
> 두려움에서 벗어나
> 순수하고 빛나게
> 안팎으로.

나는 물에 몸을 담그고 나쁜 감정과 스트레스를 모두 씻어낼 것이다. 나는 물이 나의 모든 근심을 가져가도록 할 것이다. 나는 이처럼 활기를 되찾는 목욕으로 긴장을 풀 것이다.

Feb.
04

단순하고 소박하게

삶을 단순하고 소박하게 만들면 자극은 줄고 감각 과부하는 감소한다. 나뭇잎에 떨어지는 빛, 친구를 보고 웃는 것처럼 단순한 아름다움을 알아채게 된다. 집 안에 쌓아둔 물건보다 삶 자체에서 더 많은 행복을 찾을 수 있다. 게다가 그다지 바쁘지 않거나 소유물을 많이 갖고 있지 않은 것에 해방감마저 느낄 것이다.

몇 년 전, 이사를 하면서 나는 대부분의 가구와 옷을 나눠주고 생필품만 챙겼다. 그랬더니 놀라울 정도로 몸과 마음이 가벼워졌다! 넘치는 부분을 없애는 것은 물론 신체적, 정신적인 공간 역시 깨끗해졌다. 적은 것이 더 많은 것일 수 있다.

삶을 간소화하면 시간을 되찾는 데도 도움이 된다. 약속이나 소유물로 꽉 차 있는 대신, 당신은 더 많은 가능성을 상상할 수 있고, 멈춤과 휴식을 발견할 수 있다. 헨리 데이비드 소로Henry David Thoreau가 썼듯이, "아무것도 없이 할 수 있는 것이 많을수록 부유하다."

나는 활동을 줄이고 약간의 소유물을 버림으로써 삶을 간소화하는 것이 얼마나 자유로운지 느낄 것이다. 그렇게 비운 시간과 공간을 더 잘 즐길 것이다.

강렬한 감정을 다루는 법

감성이 예민한 사람들은 빛, 맛, 냄새, 소리, 감정 등을 믿을 수 없을 정도로 강렬하게 낄 때가 있다. 그래서 인생을 열정적으로 경험하지만, 감정을 과도하게 표출하는 경우가 많다.
나는 강한 감정적인 반응을 보이면 주변 사람들을 잃을까 두려워서 감정을 억누르고, 내가 아닌 사람이 되려고 노력하곤 했다. 하지만 감수성이 풍부한 사람으로서 열정을 갖고 강렬하게 살아가는 모습이 얼마나 아름다운지 알게 되었다.
그래도 강렬함과 침착함의 균형을 맞추는 것은 중요하다. 예를 들어 폭력적인 영화나 뉴스가 너무 고통스러워서 볼 수 없다면 제한하자. 그리고 언제나 고요하게 보낼 시간을 마련하라. 이렇게 균형을 맞추면 깊게 느낄 줄 아는 당신의 능력을 지지하는 사람들이 다가올 것이다.

나는 내가 아닌 척하지 않을 것이다. 내 감정을 억누르지 않을 것이다. 내가 강한 감정을 가지고 있다는 사실을 받아들일 것이다. 내 감수성을 지지하는 사람들과 상황을 찾아낼 것이다.

홀로 있는 것과 외로움

Feb. 06

규칙적으로 혼자 있는 시간을 갖는 것은 중요하다. 사람들과 교류하며 그들의 요구에 맞추어 반응하는 일에서 벗어날 수 있기 때문이다. 소리, 빛, 온도 등을 자신에게 맞추고, 아무런 방해 없이 자신만의 시간을 즐긴다. 명상을 하고 호흡을 하고 스트레칭을 하면서 당신만의 리듬을 되찾을 수 있다.

혼자 있을 때 외로움이 생길 수 있다. 우리는 모두 가끔 외롭다고 느낀다. 사실 외로움은 꼭 혼자 조용히 있다고 해서 느끼는 게 아니다. 사람들과 함께 있으면서도 외롭다고 느낄 수 있다. 나는 너무 바쁘면 오히려 외로움을 느낀다!

외로우면 저항하지 말고 외롭다는 당신 마음에 집중하라. 그리고 홀로 있는 시간이 끝나면 세상을 향해, 타인을 향해 다시 손을 내밀자.

나는 기운을 회복할 수 있도록 매일 혼자만의 시간을 만들 것이다. 외로움을 느끼면 다시 세상으로 나가야 함을 상기할 것이다. 그리고 타인과 더욱 깊이 접촉할 것이다.

인생을 함께 걸어갈 사람

Feb. 07

아남카라anam cara는 '영혼의 친구'를 뜻하는 게일어로, 특별한 친밀감을 느끼며 가장 깊은 감정을 공유하는 사람을 말한다. 나에게도 소울메이트가 있다. 우리는 모든 것을 함께했고, 둘이서 시간을 보내는 게 많은 사람과 어울리는 것보다 더 즐겁다. 감수성이 예민한 사람들은 넓은 인간관계보다 소수의 친구를 갖는 경우가 많다.

당신은 소울메이트가 있는가? 있다면 그 특별한 관계를 소중히 여기자. 이러한 관계가 있다면 당신은 격려받고, 이해받고 있다고 느낄 것이다. 만약 없다면, 소울메이트를 찾아보는 것도 좋겠다. 우정을 나누면서 서로에게 힘을 실어줄 수 있을 것이다.

나는 특별한 인연이라고 느끼는 소울메이트를 기꺼이 찾을 것이다. 당장은 한 명도 없을지라도, 이러한 바람을 가슴에 품고 있으면 찾는 데 도움이 될 것이다.

마음을 보호하는 법

Feb. 08

깊은 감정을 가진 사람은 열린 마음을 가진 사람이다. 다른 사람들과 세상에 대해 깊게 생각하고, 동물과 지각이 있는 모든 생물을 위한다. 당신의 직관이 그렇듯이 당신의 감정 역시 깊다.
세상에 대해 신경 쓰는 만큼 자신에 대해서도 관심을 갖고 알아가야 한다. 고도로 지능화된 사회에서 당신의 공감이 얼마나 중요한지를 깨닫길 바란다. 당신의 배려는 우리가 통과해야 할 어둠 속에서 한 줄기 빛을 제공한다.
많이 사랑하는 사람은 상처받을 수 있다. 그렇다면 어떻게 마음을 지킬 수 있을까? 당신을 보잘것없이 만들고자 하는 사람이 있다면 가차 없이 싫다고 말하라. 그리고 부정적인 생각을 뒤집기 위해 긍정적인 혼잣말을 연습하자. 예를 들어 당신이 "나는 역량이 부족해"라고 자신에게 말했다면 재빨리 다음과 같은 말로 반박한다. "나는 역량이 충분해. 점점 더 강해지고 자신감이 생기고 있어." 그런 다음 긍정적인 에너지와 친절의 영역으로 돌아가자.

나는 열린 마음을 소중하게 생각하고 지킬 것이며, 그것을 지지하는 관계를 선택할 것이다. 나의 사랑하는 능력은 내 삶과 세상을 밝게 해줄 것이다.

나와 결혼하겠다는 결심

당신이 갖게 될 가장 중요한 관계는 당신 자신과의 관계다. 자신과의 유대감을 키워야 건강하고 행복해질 것이다. 자신과 결혼한다는 것은, 자신의 성장과 공감 능력을 사랑하고 존중하겠다고 공식적으로 약속하는 것이다. 나르시시즘이나 자아도취와는 아무런 관련이 없다.

우선, 스스로에게 서약하라. 이는 자신에게 보내는 일종의 연애편지인 셈이다. 예를 들면 "나는 너를 소중히 여길 거야. 아무도 너를 버리거나 해치게 놔두지 않을 거야. 너의 요구를 진지하게 들을 거야. 언제나 너의 행복에 충실할 거야"라고 할 수 있다. 서약을 일기장에 적어두거나 읊는 간단한 의식을 해도 좋다. 혼자 속으로만 서약해도 되고, 친구들이나 반려동물을 증인으로 삼을 수도 있다. 마지막으로 자신과의 신성한 결합을 상징하는 반지나 팔찌 또는 펜던트를 착용할 수도 있다.

자기 자신과 결혼하는 것은 연인이 있어도 가능하다. 자신을 소중히 여기면 사랑을 끌어들이고, 깊게 타인을 더 사랑할 수 있다.

나는 자신을 사랑하고 존중하고 소중히 여기는 데 전념할 것이다. 누군가와 친밀한 관계를 맺고 있든 아니든 항상 마음챙김과 성장에 헌신할 것이다.

사랑하고 사랑받을 수 있는 사람

Feb. 10

우리는 모두 에너지 전송기다. 비슷한 주파수대에 있는 다른 사람들에게 끊임없이 신호를 보내고 있다. 그러므로 사랑과 긍정을 발산할수록 더 많은 것을 얻게 될 것이다.
에너지는 믿음을 반영하기 때문에, 스스로가 사랑하고 사랑받을 가치가 있다고 느끼는 것이 매우 중요하다. 자라는 동안 부모에게서 사랑받지 못한 사람이라면 스스로를 사랑하기가 어려울 수도 있다. 만약 그렇다면 당신을 치유하는 방법은 자신의 가치를 인정하는 것이다. 그렇게 하면 사랑할 수 있는 사람들을 끌어들일 수 있다.
당신이 자신을 대하는 것보다 남들이 당신을 더 잘 대해주리라고 기대할 수는 없다. 이 책을 보며 마음챙김 연습을 하면 자존감이 높아질 것이다. 자신을 소중히 여기고 마음의 문을 닫게 하는 두려움을 이겨내면, 사랑은 당신을 양팔 벌려 환영할 것이다.

나는 사랑하고 사랑받을 가치가 있다. 내 몸과 영혼을 지지해주는 그런 사랑을 끌어들일 것이다.

사랑하고 싶지만 홀로 있고 싶다

Feb. 11

당신은 사귀는 사람하고 있을 때 편안함을 느끼는가? 아니면 갈등을 겪고 있는가? 당신은 연애하기를 원하면서도 한편으로는 혼자 있고 싶은가?
나는 인생의 상당 부분을 독신으로 지내고 있다. 누군가와 너무 오래 같이 있으면 숨이 막히는 것 같았다. 연애를 할 때면 늘 도망치고 싶었다. 그러다 싱글이 되면 소울메이트를 간절히 원했다. 관계에 관한 내 욕구는 고독을 향한 욕구와 충돌했다.
그런데 감정은 억누르면 행복해질 수도, 편안해질 수도 없다. 압박감이 커지면 아예 마음의 문을 닫아버리고 싶어진다. 자신의 욕구를 진정으로 표현할 수 있을 때 비로소 친밀한 관계를 맺을 수 있다. 그러므로 어떤 관계를 맺고 싶은지 파트너에게 표현해보자. 혼자 있는 시간이 더 필요한가? 집 안에 소음과 잡동사니가 더 적었으면 하는가? 방문객이 더 줄었으면 하는가? 파트너와 자연을 접하는 시간을 더 많이 갖고 싶은가? 우선 편안한 관계를 위해 필요하다고 생각하는 것을 다섯 가지 생각해서 적어보자. 여기서부터 진정한 소통이 시작된다.

나는 사랑을 원하는 동시에 홀로 있음을 원한다. 따라서 휴식 시간과 혼자 있는 시간에 대한 욕구를 포함해, 관계에서 어떤 감정이 필요한지 정직하게 표현할 것이다.

Feb. 12

사람에 대한 환상을 버리자

누군가의 잠재력에 현혹되는 사람이 있다. 다른 사람들에게서 최고의 자질을 찾는 것에 전율을 느끼며 "나의 사랑으로 이 사람의 능력을 이끌어낼 수 있어"라고 생각하는 것이다. 이런 환상에 갇히면 누군가를 개선하려고 노력하고, 그 과정에서 상처받기를 반복하며 시간을 낭비할 수 있다.

물론 다른 사람의 자질을 알아본다는 것은 멋진 일이다. 그러나 잘못된 관계를 맺지 않으려면, 당신이 바라는 그 사람의 모습이 아닌, 있는 그대로의 모습을 보도록 노력해야 한다. 그가 당신이 친밀한 관계를 맺고 싶을 만큼 유망한 사람인지는 몰라도, 그가 잠재력을 실현하도록 강제할 수는 없다. 그 사람에게 집착하거나 "시간이 지나면 다시 일어설 거야"라는 생각에 빠지지 말자.

나는 누군가의 잠재력에 속지 않을 것이다. 나는 누군가가 변화할 것이라는 지속적인 희망을 품거나, 내가 원하는 사람이 될 거라는 환상에 빠져 헤매지 않을 것이다.

마음을 열어도 안전한 사람

누군가에게 마음을 여는 것은 취약해질 수 있는 행동이다. 내 예민한 환자들이 흔히 저지르는 실수는 너무 빨리 누군가와 감정적으로 엮이는 것이다. 그런 다음 조급하게 자신의 사적인 면을 공유해버린다. 특히 이전에 배신을 경험한 적이 있다면 더욱 신중하게 진행하는 것이 현명하다.

이 사람에게는 마음을 열어도 안전하다는 것을 어떻게 알 수 있을까? 우선 다른 이를 대하는 그 사람의 행동을 관찰하라. 친구와 가족을 어떻게 대하는지, 낯선 사람이나 어린이 또는 노인을 존중하는지, 가게 점원에게 무례하게 굴지는 않는지…. 다른 이를 대하는 방식은, 만남 초기의 행복이 끝날 무렵 그가 당신을 대하게 될 방식을 반영한다. 행동은 말보다 더 신뢰할 가치가 있다.

또한 당신이 누군가와 함께하며 안전하다고 느끼는 것에 관해 시간을 들여보아라. 한 환자는 그녀가 만나고 있던 한 남자에 대해 다음과 같이 썼다. "그는 내 말을 경청한다. 그는 믿음직스럽다. 그는 내가 예민하고 내 감정을 두려워하지 않는 점을 좋아한다." 당신도 이처럼 자신만의 기준을 정하라. 그러면 얼마나 빨리 마음을 열 수 있는지 또는 마음을 여는 게 적절한지를 알 수 있을 것이다. 그리고 관계는 사랑을 담을 안전한 그릇이 될 것이다.

나는 나의 배려에 화답할 수 있는 사람과의 긍정적인 관계에 마음을 열 것이다. 사랑을 주기도 하고 받을 수도 있는 사람과 함께할 것이다.

사랑하는 것에 헌신하라

Feb. 14

당신이 사랑하는 것에 헌신하라. 이것은 로맨스에 한정된 이야기가 아니다. 자기 자신과 타인을 포함한 가장 확장된 의미에서의 사랑에 대해 말하는 것이다. 마음에서 우러나온 다음과 같은 헌신 서약을 해보면 어떨까. 내용은 당신이 사랑하는 모든 사람을 포함하도록 자유롭게 수정하자.

- 나는 두려움이 아닌 사랑을 기반으로 한 삶을 살기로 약속한다.
- 나 자신을 사랑하기로 약속한다.
- 나는 자신의 성장에 헌신하기로 약속한다.
- 나는 내 파트너를 사랑하기로 약속한다.
- 나는 내 아이들을 사랑하기로 약속한다.
- 나는 내 친구들을 사랑하기로 약속한다.
- 나는 내 반려동물들을 사랑하기로 약속한다.
- 나는 지구와 지구상의 모든 생명체를 사랑하기로 약속한다.

나는 내가 사랑하는 것에 헌신하는 것을 두려워하지 않을 것이다. 나의 사랑이 자유롭게 흐르게 할 것이다. 내 삶의 순간들을 온전히 만끽할 것이다.

심장이 뛰는 것을 느끼는 3분 명상

Feb. 15

스트레스와 불안을 진정시키기 위해 심장에 초점을 맞춘 명상을 제안한다. 매일 한 번씩 심장 명상을 하는 것으로 시작하라. 차츰 빈도를 늘일 수 있다. 나는 하루 종일 환자들을 보면서 마음의 중심을 잡기 위해 이 심장 명상에 의지한다. 이 명상을 활용하면 정서적, 신체적 불편함을 해소하는 데 도움이 된다.

눈을 감는다. 심호흡을 하면서 긴장을 푼다. 그런 다음 가슴 한가운데에 있는 심장 위에 손을 얹는다. 일몰, 꽃, 바다, 돌고래 등 당신을 행복하게 하는 것을 떠올리고 집중한다. 온기와 해방감이 심장에서부터 차오르면서 전신을 타고 흐른다. 이러한 느낌이 당신을 위로하면서 불안을 제거할 것이다.

나는 매일 3분 심장 명상을 수련하여 마음의 중심을 잡고 스트레스를 해소하며 자애심을 키울 것이다. 심장 명상은 하루에도 여러 번 할 수 있는 실용적인 마음챙김 연습이다.

관계에 선을 긋는 연습

Feb. 16

건강한 관계를 위해서는 사람과의 관계에 경계를 설정하는 줄도 알아야 한다. 경계를 설정한다는 것은 당신과 다른 사람 사이에 선을 긋는다는 의미다. 예를 들면 "난 이게 필요해", "난 그곳에 갈 수 없어", "제발 그러지 말아줘"라고 말하는 식이다.
당신은 자신이 그럴 권리가 없다고 느낄지도 모른다. 가족에게 이렇게 하는 게 편하지 않을 수도 있다. 하지만 경계가 없으면 당신을 짜증 나게 하는 파트너의 행동에 분노가 치밀 수도 있고, 친구에게 너무 많이 퍼주다가 지칠 수도 있다. 이런 스트레스는 신체 증상이나 우울증 혹은 불안감을 키울 수 있다. 그러므로 자신을 보호하기 위해 선을 그을 필요가 있다.
경계를 두는 것에도 훈련이 필요하다. 직접적인 대립은 하지 말고 친절하게 선을 그어라. 예를 들어 "당신이 설거지를 도와준다면 정말 고마울 거야"라고 말한다. 다른 어떤 종류의 경계를 설정하고 싶은지 생각해보라. 구체적이어야 한다. 파트너가 컴퓨터를 덜 하고 당신과 좀 더 소중한 시간을 함께하기를 원하는가? 가족들이 당신을 이틀 정도 방문하는 것은 괜찮지만 일주일은 곤란한가? 한 번에 많은 것을 다루지 말고 한 번에 하나의 경계를 설정하라. 그리고 큰 소리로 말하자. 그렇게 하면 더 정직하고 더 행복한 관계를 만들 수 있다.

나는 오늘 경계를 설정하는 훈련을 할 것이다. 강렬한 감정이 얽힌 주제보다는 비교적 쉬운 주제로 시작할 것이다. 또한 상사처럼 어려운 사람보다는 나를 지지하는 사람부터 시작할 것이다.

Day 17

관계 안에서 나를 말하다

당신은 친밀한 관계에서 답답함을 자주 느끼는가? 반대로 버림받은 것 같은 기분을 느낀 적이 있는가? 파트너가 당신에게 좀 더 혼자만의 시간을 주기를 바라면서도 너무 오래 곁에 없으면 불안해지진 않는가? 우리는 종종 이런 두 가지 감정을 오가며 딜레마에 빠지곤 한다.

우리 부모님 세대는 대부분 자녀의 개인적인 공간과 의사를 존중하는 법을 잘 몰랐다. 그래서 과도하게 간섭받는다고 느끼기도 했고, 숨이 막히기도 했다. 반대로 혼자 남겨진 시간이 많아서 버림받은 것 같았을 수도 있다. 이런 어린 시절의 경험이 현재 당신의 관계에 영향을 미칠 수 있다. 예를 들어 나의 어머니는 굉장히 다정한 분이었지만 내 개인 공간을 침범하기 일쑤였다. 그래서 나는 누군가 노크도 하지 않고 내 사무실로 들어오는 등 내 공간을 침범당하는 데 매우 민감한 편이다.

파트너가 나에 대해 알게 되면 내 요구에 더 잘 대응할 수 있을 것이다. 파트너가 오해하지 않도록 “이런 것이 내 문제고, 당신이 도와줄 수 있을 것 같아”라고 말하자. “나는 혼자 있는 시간이 충분하지 않으면 숨이 막히는 것 같아”, “나는 당신이 내게 전화하는 걸 잊으면 마음이 불안해”와 같이 ‘나’에 대해 말하자. 그러면 함께 있으면서도 적절한 균형을 찾을 수 있을 것이다.

관계 안에서 내가 어떤 사람인지 숨기지 않고 솔직하게 말할 것이다. 내가 원하는 거리감, 친밀감에 대해 이야기할 것이다. 이것은 나를 더 좋은 관계로 이끌 것이다.

진정한 사랑은 시간이 증명한다

Feb. 18

정신과 의사로서 나는 강렬한 성적 욕구가 상식을 얼마나 파괴할 수 있는지 보아왔다. 고통스러운 선택을 막으려면 욕정과 사랑의 차이를 알아야 한다.

욕정은 번식을 위한 원초적인 충동에 따라 움직인다. 연구에 따르면 이 단계의 뇌는 마약에 중독된 뇌와 비슷하다고 한다. 또한 관계 초기에는 그 사람의 실체가 아닌 당신이 바라는 모습을 투영하는 경우가 많다.

사랑은 육체적 끌림을 수반할 수는 있지만 상대를 더 알고 싶다는 욕망도 따른다. 이러한 친밀감이 계속 깊어져 더 나은 섹스로 이어진다. 서로의 느낌과 우선순위에 귀를 기울이게 된다. 사랑이란 단순히 생리적인 흥분보다는 누군가를 진심으로 아끼고 좋은 친구가 되어주는 것이다.

당신은 사랑의 시작과 함께 욕정을 느낄지도 모른다. 그러나 상대를 미화하거나 자신이 바라는 모습을 투영하는 관계는 오래갈 수 없다. 진정한 사랑은 시간이 지나면서 증명된다.

욕정과 사랑의 차이를 잊지 않을 것이다. 관계 안에서 스스로를 보호할 것이다. 애정이 넘치는 상황에서도 늘 내 마음이 안전한지 스스로에게 물어볼 것이다.

스킨십은 현명하게

Feb. 19

당신이 누군가와 스킨십을 할 때 비록 감정이 완벽하게 통하지는 않더라도, 둘 사이에 감정 교환이 일어난다. 이것은 당신의 정서적, 육체적 행복에 영향을 미칠 수 있다. 마음이 여리고 민감한 사람은 오직 욕구를 해소하기 위한 성관계를 하면 더 힘들어질 수 있다. 신체 접촉을 하면서 파트너의 스트레스, 두려움, 행복을 느낄 수 있기 때문이다. 그들의 생각과 느낌을 직관적으로 느낄 수도 있다.

신체 접촉 후에 파트너에게 애착을 갖는 경우가 있다. 그러나 이런 애착은 화답을 받지 못할 수도 있다. 내가 본 수많은 환자가 누군가와 너무 빠르게 친밀해졌을 때 이런 차이 때문에 상처받고 실망했다. 그러므로 마음이 섬세한 사람일수록 육체관계는 신중하게 선택할 필요가 있다.

나는 스킨십은 늘 강력한 에너지를 전달한다는 사실을 명심할 것이다.
누군가와 친밀해질 때는 늘 신중하게 결정할 것이다.

나는 편하게 잠들고 싶다

Feb. 20

전통적인 관계에서 커플은 대개 같은 침대에서 잠을 자지만, 결코 이것에 익숙해지지 않는 사람들이 있다. 잠귀가 밝거나 조그마한 움직임에도 깨는 사람도 있다. 또는 가족이 자는 동안 혼자 조용한 시간을 보내고 싶어 하는 사람도 있다. 파트너를 아무리 사랑한다고 해도, 더 편히 쉬려면 혼자 자는 것이 나을지도 모른다.

나는 혼자 잘 때 느끼는 홀가분한 느낌을 좋아한다. 그렇지만 파트너와 함께 잠드는 것 역시 좋아한다. 우리가 가깝게 느껴지고 친밀함을 가질 수 있는 방법이다. 그래서 나와 파트너는 일주일에 며칠 밤은 같이 자기로 타협했다.

당신이 선택할 수 있는 사항을 생각해봐도 좋다. 킹사이즈 매트리스를 선호하는가? 트윈 침대 두 개를 붙이는 게 좋은가? 아예 다른 방에서 자고 싶은가? 메모리 폼과 같은 매트리스를 원하는가? 귀마개로 소음을 차단하면 충분한가? 당신이 선호하는 수면 환경을 파트너와 솔직하고 성실하게 논의해서 둘 다 만족할 수 있는 해결책을 찾아라.

나는 언제나 잠들기 좋은 환경을 만들어갈 것이다. 적당한 거리감, 시원한 감촉 등 포기할 수 없는 조건들을 정리해볼 것이다.

사랑하는 사람의 고통일지라도 모두 껴안을 수 없다

Feb. 21

파트너가 스트레스를 받거나 기분이 안 좋을 때가 있을 것이다. 승진에서 누락됐을 수도 있고, 돈 문제가 있거나 극심한 교통체증 때문에 짜증이 치밀었을 수도 있다. 그러면 당신까지 화가 나거나 무력감을 느낄지도 모른다. 또는 당신이 이미 피곤하다면 둘 다 기분이 더욱 악화될 수도 있다.

이럴 때는 당황하지 말고 무슨 일이 일어나고 있는지 인식해야 한다. 그저 "내가 사랑하는 사람이 스트레스를 받고 있구나. 나는 내 중심을 잡아야 해"라는 점만 명심하자. 자신에게 "이건 내가 아니라 그(그녀)의 문제야"라고 말해주어라. 당신 안에 있는 해결사가 문제를 해결하고자 성급하게 뛰어들지도 모른다. 하지만 도와달라는 요청을 받든 아니든 자제해야 한다. 그렇게 해봤자 힘들고 지칠 뿐, 노력을 인정받지 못하거나 별다른 성과가 없을 것이다.

대신 파트너의 말을 들어보기 전에 다음과 같이 해보자. 개인 공간으로 들어가라. 혼자 있을 수 있는 곳이라면 차 안도 괜찮다. 천천히 숨을 들이마시고 내쉬면서 마음을 가라앉힌다. 숨을 쉴 때마다 스트레스가 하늘로 떠오르며 산산이 흩어지는 장면을 상상하라. 이런 방법을 통해 긍정적인 기분으로 자신을 무장한 다음, 파트너 얘기를 들어주고 지지해주자.

나는 무엇보다 내 중심을 잡고 상대방의 이야기를 들어줄 것이다.
또한 상대의 문제가 내 문제는 아님을 잊지 않을 것이다.

타인은 통제할 수 없는 존재다

Feb. 22

타인을 통제하는 일은 고통스럽고 피곤하다. 특히 당신이 누군가를 보살피거나 지나치게 퍼주는 경향이 있다면 통제하겠다는 생각은 하지 않는 게 바람직하다. 당신이 통제할 수 있는 유일한 사람은 당신 자신이다. 다른 사람들이 어떻게 행동하고, 무엇을 하고, 무엇을 하지 않는지를 통제하려고 하는 순간, 당신이 상관할 바가 아닌 영역에 들어선 셈이다.

당신이 과잉 통제하도록 유발하는 것은 무엇인가? 두려움, 불안, 자존심이다. 당신은 어떤 일을 자신이 하지 않으면 제대로 되지 않을 것이라고 느끼는가? 가족 구성원의 결정을 통제하지 않으면 그들이 목표에 실패할 거라고 믿는가?

통제를 놓아주는 방법은 사랑으로 이별하는 것이다. 누군가를 사랑한다면, 그가 실수를 저지르는 것을 포함해 자신만의 속도대로 살면서 깨우치도록 놔둬야 한다. 잔소리를 하거나 같은 말을 반복하거나 부탁하지도 않은 제안을 하지 마라. 어떤 문제에 대해 한 번쯤은 우려를 표해도 좋다. 그러나 죽고 사는 문제가 아닌 이상, 사랑하는 사람 일에 개입해서 통제하는 것은 당신 일이 아니다.

나는 다른 사람을 통제하지 않고, 그 사람이 자신의 삶을 영위하도록 놔둘 것이다. 자신만의 속도로 나아갈 수 있도록 지켜봐줄 것이다.

소울메이트는 내 인생의 구세주가 아니다

Feb. 23

소울메이트는 서로 강한 유대감을 가진 사람을 의미한다. 소울메이트를 만나면 마음속의 무엇인가가 깨어난다. 서로의 영혼을 지지해주고 싶고, 서로에게 안전한 착륙지가 되어준다. 혼자서 갈 수 있는 것보다 서로를 훨씬 더 멀리 데려갈 수 있다.

하지만 소울메이트라고 해서 항상 평화롭거나 갈등이 없지는 않다. 이상적으로만 보였던 사람이 갑자기 너무 많은 결점을 드러낸다! 당신의 두려움과 불안 그리고 여러 풀리지 않은 감정의 도화선에 불이 붙기 시작한다.

이러한 감정의 방아쇠를 성장의 기회로 받아들이자. 당신의 소울메이트는 당신의 구세주나 치료사가 아니라 당신이 사랑하고 배울 수 있는 사람이다. 둘 다 성장하려고 노력하지 않는다면 소울메이트는 지옥 같은 관계가 될 수도 있다.

소울메이트는 나의 구세주가 아님을 마음에 새길 것이다. 나 자신의 성장은 내가 책임질 것이다. 나 자신을 사랑하지 못하도록 막는 것은 무엇이든 끊어낼 것이다.

해결되지 않는 문제에 매달리지 마라

Feb. 24

모든 관계에는 해결하는 데 시간이 걸리는 문제들이 있다. 당신은 완벽한 해결책에 즉시 도달하지 못할 수도 있다. 이런 상황에서는 아직 답이 없다는 사실을 받아들이자. 나는 많은 환자가 적당한 시기가 아닌 때에 파트너, 친구 등 여러 관계와의 '문제 해결'을 위해 너무 열심히 노력하는 모습을 봐왔다. 그러나 이것은 더 많은 불안과 혼란과 논쟁을 야기할 뿐이었다.

때로는 가만히 있는 것이 가장 현명한 전략이 되기도 한다. 불안감을 완화하기 위해 문제를 억지로 건드리기보다는 묵묵히 해결책이 떠오르길 기다리는 게 나을 때도 있다. 상대방과 시간을 갖는 데 동의를 하고 서로가 성숙하기를 기다리자. 아직 해결할 준비가 되지 않은 주제를 건드리지 않도록 한숨 돌리는 여유를 가지자. 인내심을 가지고 창의적인 해결책을 발견하는 데 집중하라.

누군가와 의사소통하다가 막히면 억지로 주제를 밀어붙이기보다는 시간을 둘 것이다. 나는 언젠가 우리가 해답을 찾을 거라고 믿을 것이다.

다름을
존중하는 관계

Feb.
25

자신이 예민하다는 사실을 깨달으면 당신이 삶에 반응하는 방식이 이해가 갈 것이다. 하지만 다른 사람들이 이 사실에 적응하는 데는 시간이 좀 걸릴지도 모른다. 예민하지 않은 사람들은 전혀 다른 방식으로 삶을 인식한다. 그들은 다른 사람의 스트레스를 흡수하지도 않고, 그리 많은 자극을 받지도 않는다. 이런 사람들과 사이좋게 지내기 위해 그들과 똑같아질 필요는 없다. 서로의 차이를 존중하면 멋진 관계를 만들 수 있다.

당신의 욕구를 부드럽고 끈기 있게 전하자. 당신이 혼자 있는 시간을 필요로 한다는 사실을 전하자. 하지만 절대 이해하지 못하는 사람들도 있게 마련이다. 그럴 때는 억지로 대응하지 말고 한발 물러서는 것이 더 현명할 수도 있다. 그러나 이런 측면을 공유하는 당신을 존중해주는 사람도 많을 것이고, 그들과 더욱 의미 있는 관계를 맺을 수 있을 것이다.

나는 사랑하는 사람들에게 나의 욕구와 경험을 알려줄 것이다. 그들의 속도와 질문에 맞춰 천천히 대답하면서 그들이 나를 이해할 수 있도록 도울 것이다.

인간관계에 너무 애쓰지 않기

Feb. 26

받는 것보다 더 많이 주는 성향이 있다면 사람을 사귈 때 너무 애쓰는 경향이 있다. 모든 사람이 괜찮고, 만족하고, 행복하기를 원한다. 그들의 문제를 해결하기 위해 초과근무를 하고, 문제 해결이 불가능해지면 불안해하기도 한다. 이러한 접근 방식이 곤란한 이유는 문제를 너무 심각하게 받아들여서 자신은 물론 상대와의 관계에도 압박을 가하기 때문이다.

그렇게까지 애쓰지 않아도 된다. 당신이 삶에 대해 지나치게 진지해지면서 작은 문제에 크게 대응하려 할 때는 자신에게 말해주자. "나는 더 가벼운 관계를 원한다. 나는 상황을 압력밥솥으로 만들 필요도 없고, 평화로운 관계를 불안감으로 휘저을 필요도 없다." 그런 다음, 자신만의 속도와 리듬으로 살아가자.

나는 애쓰면서까지 관계를 유지하지 않을 것이다. 관계의 불안에 휩쓸리지 않고 나만의 속도와 리듬을 찾아갈 것이다.

인간은 불완전하기에 경이롭다

Feb. 27

우리가 성장하려는 건 완벽해지기 위해서가 아니다. 마음을 넓히고 공감과 지혜를 기르려는 것이다. 완벽이 아닌 발전을 위해 애쓰자. 결점이 없어야 한다는 생각을 버려라. 완벽은 성취하기 불가능할뿐더러 지루하다. 당신의 불완전함이 당신을 흥미롭게 만든다. 그러므로 완벽함이 아니라 우수성을 목표로 하고 최선을 다하는 사람이 되자.
인간은 불완전하고 엉망인 동시에 경이로운 존재다. 가족이나 친구나 사회로부터 완벽한 신체나 완벽한 짝 또는 완벽한 직업을 얻겠다는 마음을 고쳐먹어라. 앞으로 진화를 거듭해나가겠지만, 지금 있는 그대로도 아름답다. 삶의 모든 영역에서 사랑을 추구하고 직관에 귀를 기울이면 당신에게 맞는 사람들과 장소와 상황을 만날 것이다.

나는 완벽이라는 환상에 속지 않을 것이다. 나의 모든 것을 받아들이고, 나란 존재는 발전 중인 흥미로운 작품이라는 사실을 명심할 것이다.

사회적 상황에서 자신의 한계를 안다는 것

Feb. 28

사람들과 교제하는 것이 재미있을 수 있지만, 우리는 늘 자신의 한계를 알아야 한다. 만약 당신이 나처럼 내향적이라면 너무 많은 모임에 지치고 작은 대화도 힘들어지는 순간이 올 수 있다. 또 소란스러운 식당이나 왁자지껄한 파티에 지쳐 집에 가고 싶지만 예의를 차리느라 모임에 너무 오래 머물게 될 수도 있다. 이와 대조적으로 외향적인 사람들은 사교와 잡담을 통해 힘을 얻을 수도 있다. 비록 그 이후에는 그들 또한 자신만의 조용한 회복 시간이 필요하지만.

이런 사회적 상황을 잘 다루기 위해서는 자신의 욕구를 알고, 그에 맞는 전략을 세워야 한다. 먼저 스스로에게 물어보라. 사람을 만나는 모임에 필요한 이상적인 시간은 몇 시간인가? 내 경우엔 세 시간이지만, 피곤하면 좀 더 일찍 떠날 수도 있다. 당신은 대규모 모임보다 소규모 모임을 선호하는가? 당신은 다른 사람들과 함께 행사에 가는 것을 좋아하는가? 직접 운전하는 것, 아니면 택시를 이용하는 것을 더 좋아하는가? 파트너나 친구들이 더 오래 머무르고 싶어 하면 당신은 오도 가도 못 하게 되지 않도록 당신만의 교통수단을 마련하고 싶을지도 모른다. 이런 질문과 전략들이 당신이 세상을 더 편안하게 느끼도록 도울 것이다.

사회적 상황에서 부담을 덜기 위해, 나는 나의 욕구를 인식하고 그에 따라 행동할 것이다. 내가 불편한 상황에 갇혀 있을 필요는 없다.

Feb.
29

세상과 내가 발맞춰 가려면

혼자 있고 싶은 욕구와 사회적 관계를 유지해야 하는 상황이 부딪힐 수 있다. 이런 경우 극단적으로 숨어서 고립되었다고 느끼며 외로워할 수도 있다. 반대로 너무 많은 사람을 만나다가 스스로가 자신의 스케줄에 발목이 잡힌 인질처럼 느낄 수도 있다. 우리는 두 가지를 다 충족시키는 법을 깨우쳐야 한다.

혼자만의 시간과 질 좋은 사교 시간을 계획하자. 각기 다른 방식으로 당신에게 유익할 것이다. 만약 쇼핑몰에 가는 것보다 친구와 산책하는 걸 더 좋아한다면 그것을 존중하라. 만약 집에서 반려동물과 함께 하루를 보내고 싶다면 그것 또한 존중하라. 어떤 종류의 상호작용이 활력을 주고 적당하다고 느끼는지 당신의 내면에 계속 귀를 기울여라.

2월 29일은 4년에 한 번씩 우리를 찾아온다.

나는 혼자 있는 시간과 세상을 향하는 시간이 균형을 이루도록 마음을 쓸 것이다. 내 에너지 수준과 욕구를 존중해서 일정을 계획하는 습관을 가질 것이다.

아침의 나를 기록하는 연습

Mar. 01

기운차게 잠에서 깨어나 하루를 활기차게 보내고 싶은가? 그렇다면 당신의 몸이 어떻게 느끼는지 계속 체크해야 한다. 매일 자신의 상태를 확인하자. 그리고 하루 종일 에너지가 언제 최고조에 달하는지, 언제 가장 바닥으로 떨어지는지 체크하자.
우리의 주요 에너지원은 음식, 운동, 휴식, 관계, 명상 그리고 자연을 포함한다. 당신의 현재 상황에 관해 일기를 써라. 당신은 이런 에너지원으로부터 최대의 에너지를 받고 있는가? 그렇지 않다면 구체적으로 무엇을 개선할 수 있는가? 더 좋은 음식을 먹을까? 기운을 빼는 사람들과의 교류를 줄일까? 더 규칙적으로 명상할까? 피곤할 때는 그냥 쉴까? 정원을 가꿔볼까? 이런 식으로 에너지 관리에 유념하면 삶의 질이 높아질 뿐만 아니라 예민한 감성을 보호할 수 있다.

내일 아침 나는 나의 에너지는 충분한지 살펴볼 것이다. 내게서 에너지를 빼앗아가거나 북돋아주는 사람과 상황에 깊은 주의를 기울일 것이다.

당신의 말은 나에게 상처를 주지 못한다

Mar. 02

누군가의 행위나 지적 때문에 감정적으로 움츠러들 수 있다. 그러면 상처받거나 화가 나고, 심지어 공격적으로 대응하게 될지도 모른다. 나중에 후회할 거면서 자기 감정을 방어하기 위해 격렬하게 반응하는 것이다.

무엇이 당신을 폭발하게 만드는가? 가장 큰 요인 다섯 가지를 생각해보자. "네가 너무 예민한 거야!"라거나 "자기, 조금 살찐 것 같다" 또는 "연애 상대를 찾기엔 네가 너무 늙었지"라는 따위의 말일 수도 있다. 그렇다면 이런 말들을 당신의 불안을 없애는 시발점으로 활용하라. 이런 말을 듣고 연애를 하기에는 자신의 외모나 가치가 떨어진다고 스스로를 의심하고 있다면, 이 불안부터 해결하는 것이다.

누구나 상처를 받는다. 그런데 상처를 받는 요인을 치유하면, 사람들의 부적절한 지적에 평정심을 잃거나 기운이 빠지지 않는다. 그러면 한결 자유로워진다. 그러한 말들이 여전히 짜증 날 수는 있지만 당신에게 타격을 주지는 못할 것이다.

내가 감정적으로 폭발하는 요인들을 밝혀, 그것들을 치유하기 위해 애정 어린 노력을 쏟을 것이다. 몹시 화가 나면 바로 대응하지 않고 잠시 멈출 것이다.

지나간 과거는 나를 지배할 수 없다

Mar. 03

예민한 사람들은 어린 시절의 트라우마나 어려운 관계를 겪어온 경우가 많다. 가족들 눈에 띄지 않아야 한다는 의식을 갖고 자랐다면 자존감에 상처를 입었을 수도 있다. 아무도 당신을 옹호하거나 존중해준 적이 없을지도 모른다. 혼자라는 느낌과 지지받지 못하는 상황에 익숙해져서, 성인이 되어서도 인간관계가 매끄럽지 못할 수도 있다. 그래서 누군가를 사랑하지 못하거나 당신의 민감함을 존중하지 않는 파트너를 선택하고 만다.

과거에 무슨 일을 겪었든, 지금은 당신이 빛나고 번영해야 할 때다. 하루하루가 새로운 기회를 가져온다. 긍정적인 사람들과 상황을 찾아라. 어떤 면에서나 당신을 지지하는 경이로운 삶을 창조하기에 결코 늦은 때란 없다.

과거가 떠오를 때 나는 스스로에게 말할 것이다. "내 과거는 나를 지배하지 못한다. 나는 지금 충분히 능력 있다. 나는 행복할 자격이 있다."

매일 아침 나와 새로운 약속을 한다

Mar. 04

시인 에밀리 디킨슨Emily Dickinson은 이렇게 썼다. "나는 몸집이 크다. 나는 많은 것을 가지고 있다." 이 말은 내가 두려움에 사로잡혀 움츠러들 때 각별한 의미로 다가왔다. 나는 '내가 내 안의 두려움보다 크다는 것'을 알게 되었고, 마음의 힘을 되찾을 수 있었다. 매일 아침 눈을 뜨면 새로운 날이다. 오늘 나를 찾아올 두려움보다 나는 늘 더 크게 성장하겠다는 약속을 하자. 아직 겨울의 어두움과 고된 기운이 남아 있지만 늘 그렇듯 봄은 반드시 온다. 당신의 나이, 건강, 직업 상황, 지위가 어떠하든, 새로운 가능성이 기다리고 있다는 걸 잊지 말자.

하루하루가 새로운 약속이다. 나는 모든 기회에 열린 자세를 유지할 것이다. 나는 내 삶을 긍정적으로 바꿀 것이다.

마음에 위안을 주는 애착 물건

Mar. 05

중심을 잃었다거나 나의 어딘가에 과부하가 걸렸다고 느낄 때면 어딘가에 기대 안정을 취하고 싶어진다. 그 순간 내 마음의 위안을 주는 물건이 있다면 어떨까? 누군가에게 그 물건은 어릴 적 부모님이 선물해준 애착 인형일 수도 있고, 가족과 함께 간 해변에서 주운 반들반들한 조약돌일 수도 있다.
나 또한 중심을 잃거나 불안할 때, 감정이 흘러넘쳐 주체가 안 될 때 손에 쥐는 원석이 있다. 원석을 손에 쥘 때면 나는 스스로 마법의 문장을 된다. "있는 그대로의 나로 충분하다"라고. 이렇게 나를 진정시키고 위로할 수 있는 마법의 문장과 애착 물건을 곁에 둔다면 우리는 조금 더 빠르게 안정을 취할 수 있다. 그 물건이 무엇이든 상관없다. 값비싼 물건일 필요도 없다. 그저 바라보거나 쓰다듬거나 손에 쥐는 것으로 마음이 편안해지는 '애착 물건'을 찾아서 곁에 두자.

스트레스를 받거나 내게 독이 되는 사람이 곁에 있을 때, 나는 스스로를 보호하고 진정시키기 위해 내 애착 물건을 지닐 것이다.

마음을 다한 요리는 위로가 된다

Mar. 06

음식은 생명을 주는 것이다. 사랑이 들어가면 더욱 그렇다. 그래서 사랑으로 요리된 음식은 마음에도 위안이 된다. 반면 레스토랑에서 불친절한 점원이 거칠게 내려놓는 음식은 먹기도 전에 감정부터 상하고 만다.

식사를 준비할 때는 마음을 다하자. 누군가를 위해서가 아니라 우리 자신을 위한 음식을 준비할 때도 마찬가지다. 완벽한 양념과 좋은 재료들을 선택하자. 이런 결정을 하기 위해 쏟는 마음 역시 음식을 통해 전달된다. 그리고 식사의 영양분이 당신의 생존과 행복에 기여하는 것에 대해 감사하자. 이처럼 식사 시간을 통해 긍정적인 에너지를 불어넣을 수 있다.

나는 정성과 사랑으로 음식을 만들 것이다. 만약 누군가가 준비해 준 음식을 먹는다면 나는 그것에 감사하며 요리를 음미할 것이다.

Mar. 07

건강한 식사는
결국 나를 위하는 일이다

음식은 약이다. 건강에 좋은 음식을 먹고 좋지 않은 음식을 제한하면 몸에 활력이 넘친다. 좋은 음식은 신선하고 유기농이며 비GMO(유전자 조작 농산물)이다. 가공되지 않고, 방부제 및 항생제가 들어 있지 않다. 국내산과 현지 생산 제품은 가장 싱싱해서 건강에 좋다. 이뿐 아니라 올바른 영양소로 채워진 식사는 신체와 기분을 안정시킬 수 있다.

오늘 당신의 식단을 곰곰이 생각해보라. 어떤 음식이 지속적인 에너지를 주고 어떤 음식이 뱃속을 불편하게 하거나 감정에 부정적인 영향을 주는지 평가하라. 한 번에 한 가지 음식으로 실험을 하는 것이 좋다. 이렇게 얻은 유용한 정보로 몸과 마음에 좋은 최고의 식단을 선택할 수 있다.

나는 건강한 식사가 내 몸과 마음에 어떤 영향을 미치는지 살펴볼 것이다. 나는 건강에 좋고 균형 잡히고 에너지를 주는 음식들을 선택할 것이다.

과식은 마음의 도피처가 아니다

모든 사람의 스트레스를 빨아들이는 스펀지 같은 사람이 있다. 이렇게 예민한 사람들은 감정적으로 지쳤다고 느낄 때 자기도 모르게 과식을 할 수 있다. 내 환자들 중에는 집이나 직장에서의 스트레스를 털어내기 위해 과식을 하는 사람이 꽤 있다.
만약 스트레스성 과식으로 고통받고 있다면 혹시 자신의 마음을 보호하기 위한 방편으로 과식을 하는 건 아닌지 생각해보라. 과식을 해서 살이 찐다해도 이는 당신의 마음을 보호할 갑옷이 아니다. 과식하거나 좋지 않은 음식을 섭취하지 않고 스트레스에 대처하는 방법을 찾아보자. 냉장고 근처에 명상 쿠션을 놓고 냉장고 문을 향해 손을 뻗기 전에 쿠션 위에 앉아 마음을 돌이키자. 장기적으로는 이 책에 나오는 마음챙김 연습을 따라 하며 마음을 단련시키자.

스트레스성 과식은 오히려 나의 몸과 마음을 더 힘들게 할 뿐이다. 대신 나는 명상과 마음챙김 연습으로 나를 안정시키고 보호할 것이다.

필요 없는 식욕을 이겨내는 법

Mar. 09

과식하고 싶은 욕구가 느껴지면 호흡을 하면서 자신에게 집중하라. 그런 다음 아래와 같이 명상하라.
모든 갈망을 하늘의 구름처럼 부드럽게 떠다니도록 두자. 음식에 대한 갈망이 아무리 강렬해도 굴복하지 않고 의식적으로 호흡으로 돌아가 들숨과 날숨의 부드러운 동작에 집중할 뿐이다. 갈망이 소멸하는 것을 느끼면서 속으로 이렇게 반복하자. "나는 안전하다. 나는 온전하다. 나는 보호받고 있다." 스스로를 사랑하는 마음에 집중하자. 당신 자신조차도 당신을 해칠 수 없다. 사랑만이 존재할 뿐이다.

나는 식욕을 나 자신을 굳건하게 하라는 하나의 메시지로 여길 것이다. 나는 갈망에 따라 행동할 필요가 없다. 나는 나 자신을 사랑하고 아낄 것이다.

스스로를 위한 '괜찮다'는 한 마디

Mar. 10

어려운 상황에 처하거나 감정적으로 폭발했을 때 자기 자신을 위로할 수 있다면 우리는 조금 더 강해질 수 있다. 물론 나를 위로하는 방법이 무엇인지 모를 수 있다. 그렇기 때문에 스트레스가 나를 괴롭힐 때 우린 방어하지 못하거나, 나 자신을 지키는 방법을 찾지 못한다.

어렸을 때를 떠올려보자. 당신이 기분이 좋지 않아 울음을 터뜨리면 부모님은 당신을 안고 흔들거나, 등을 쓰다듬거나 토닥여주었다. 이런 행위는 어린 우리를 안심시켰다. 그런 다음 부모님은 이렇게 말했을 수도 있다. "걱정하지 마라, 아가. 다 잘될 거야." 우리는 부모에게서 위로하는 법을 배우고 스스로를 위로하기 시작한다. 만약 이것이 없었다면 세상은 위험해 보였을 수도 있고, 따라서 최선의 상태를 기대하기보다는 최악의 시나리오를 상상하게 되었을 수도 있다.

하지만 이제 어른으로서 당신은 스스로의 양육자가 되어 스스로를 위로해주어야 한다. 걱정이 생기면 당신의 심장 위에 손을 올리고 스스로에게 무조건적인 사랑을 주자. 그리고 스스로에게 말하자. "모든 것이 괜찮아질 거야. 우리는 함께 헤쳐나갈 거야."

날마다 나는 스트레스를 풀기 위해 자기 위안을 훈련할 것이다. 나는 나 자신에게 사랑과 이해와 위로가 담긴 말을 지속적으로 할 것이다.

Mar. 11

사람은
물이 필요하다

물은 신체의 3분의 2를 구성하는 만큼 건강과 수분 보충에 필수적이다. 만약 무리했거나 스트레스를 느낀다면 즉시 물을 한잔 마셔라. 세수를 하거나 손을 씻어도 좋다.
사람은 생각보다 물이 많이 필요하다. 많은 사람이 갈증을 느낄 때가 되어서야 물을 마시지만 갈증이 날 지경에 이르기 전에 물을 마시는 것이 더 좋다. 매일 200밀리리터짜리 컵으로 여섯 잔 이상의 물을 마시는 게 좋다. 커피나 탄산음료로 대체하지 마라. 시인 루미Rumi가 썼듯 "우리는 순수한 물의 맛을 안다."

나는 매일 틈틈이 깨끗한 생수를 마실 것이다. 그리고 나의 건강을 지켜주는 물을 고맙게 생각할 것이다.

사람들이 나의 말을 들을 수 있도록

12

당신은 사람들을 불쾌하게 할까봐 지나치게 공손한가? 당신이 떠나면 다른 사람들이 기분 나빠할 거라고 생각해서 지루한 대화를 계속하고 있는가? 당신은 그들의 요구를 당신의 요구보다 우선시하는가? 다른 사람들을 기쁘게 하고자 자신의 목소리를 억누르는 경우가 많다. 만약 당신도 그렇다면 주목하라.

거리낌 없이 말하는 것은 낮은 자존감 문제나 거절에 대한 두려움을 해소하는 시작점이 된다. 또한 이것이 더 나은 소통으로 이끌어준다. 무뚝뚝하거나 화내지 않고도 정중하고 다정하게 당신의 마음을 말할 수 있다. 한 번도 해보지 않아서 어색하게 느껴지더라도, 그냥 '마치 원래 그런 사람인 것처럼' 시도해봐라. 살면서 더 편하게 느껴지는 사람들에게 우선 시도하자. 다른 사람이 당신의 말을 듣도록 만들어야, 다른 사람이 당신을 감정의 쓰레기통으로 쓰지 않는다.

내가 거리낌 없이 말하기를 두려워한다면 내 생각과 요구를 표현하는 연습을 할 것이다. 이렇게 하면 내 마음과 의사를 전달할 힘이 생길 것이다.

감정 쓰레기통이 되지 않으려면

Mar. 13

어떤 사람들은 전화를 걸어 자신의 문제를 몇 시간이고 털어놓기도 한다. 당신은 좋은 친구가 되고 싶지만, 이런 식의 긴 대화를 하면 진이 빠진다. 물론 친구가 위기에 처한다면 도움을 주고 싶다. 하지만 누군가가 '나를 불쌍히 여겨줘' 하는 태도로 피해자 연기를 시작하거나 빙빙 도는 얘기만 하고 있다면 제동을 거는 것이 낫다.

이럴 때 3분의 전화 통화는 유용한 해결책이 될 수 있다. 상대의 이야기를 간략하게 경청한다. 당신이 신경 쓰고 있다는 점을 상대에게 알린다. 그런 다음 차분하지만 단호하게, 해결책을 논의하고 싶은 게 아니라면 들을 시간이 몇 분밖에 없다고 말하자. 당신은 심지어 문제 해결을 도울 치료나 상담을 알아보라고 제안할 수도 있다. 이처럼 대화 시간에 제한을 두면 비생산적인 행동을 할 가능성을 막을 수 있다. 또 친구가 해결책을 구할 마음의 준비가 되었을 때는 얼마든지 통화해도 좋다고 말하자. 이것은 결코 매몰찬 게 아니라 오히려 다정한 대응이다.

자신을 불쌍히 여겨주기를 바라는 친구나 가족, 또는 동료와 많은 시간을 보낼 필요는 없다. 나는 친절한 방식으로 그들과 대화하는 시간에 제한을 둘 것이다.

관계를 위해 한발 물러서다

Mar. 14

낯선 사람을 포함해, 힘들어하거나 고통스러워하는 사람들을 돕고 싶을 수도 있다. 누군가를 돕고픈 이들에겐 한발 물러서서 자제하는 일이 어려울지도 모른다. 사랑하는 누군가가 고군분투하는 모습을 지켜보기만 하는 것이 절망스럽고 고통스러울 것이다. 그러나 당신의 중심을 유지하기 위해서는 건강한 공감을 하는 것이 필요하다. 당신이 그들의 좌절에 사로잡히거나 요청받지도 않은 제안을 전하는 게 오히려 역효과가 나고 기진맥진하게 된다. 친밀한 관계를 이어가려면 때로는 한발 물러서야 한다. 이 사람이 과연 그 문제를 해결할 수 있을까? 당신은 그런 불확실성을 받아들여야 한다. "나는 책임이 없다"라고 되뇌자. 동시에, 그들이 스스로 문제를 해결하는 동안 곁에서 힘을 주자.

누군가를 구하거나 그들의 문제를 해결하는 것은 내 일이 아니다.
나는 한발 물러서서 건강한 공감을 할 것이다.

너만 그렇게 느끼는 거야

Mar. 15

나는 어릴 적부터 "너만 그렇게 느끼는 거야"라는 말을 자주 들었다. 내가 나를 잘 몰랐을 때는, 나도 스스로를 의심했다. "다른 사람들도 이런 식으로 느끼는 게 아니라면 내가 경험하는 감정은 진짜가 아니다." 그러나 다른 사람들이 꼭 나처럼 반응하지 않아도 상관없다는 사실을 깨달았다. 내가 뭔가를 느꼈다면 그것은 진짜인 것이다.

자신만의 반응 역시 중시하길 바란다. 만일 당신이 모든 사람이 칭송하는 사람 옆에 있는데도 진이 빠진다면 당신 반응이 진짜다. 부모님이나 다른 권위 있는 인물들이 당신이 지금 하는 일을 인정하지 않아도 당신 스스로가 그 일과 맞는다고 생각한다면 당신의 직감을 믿어라. 물론 건전한 비판은 받아들이는 것이 현명하다. 핵심은 자신에 대한 믿음을 가져야 한다는 것이다.

내가 삶을 인식하는 방식은 독창적이고 독특할지도 모른다. 무언가를 나 혼자만 느낀다고 해도 나의 반응은 타당하다. 나는 나 자신에게 의문을 품지 않을 것이다.

Mar. 16

인생에서 한계를 마주할 때

때로 어떤 관계나 상황에서 난관에 봉착해 더 이상 나아갈 수 없을지도 모른다. 아무리 밀어붙이거나 회유해도 소용없다는 사실을 인정하는 편이 현명하다. 억지로 배우자가 감정을 표현하게 만들 수는 없다. 뼛속까지 자아도취인 친구를 억지로 공감하게 할 수도 없다. 만나서 이야기도 나눌 수 없는 사람을 관계에 헌신하도록 만들 수도 없다.

중국의 고전인 『역경』에서는 어떤 한계는 골치 아픈 것으로 묘사하지만, 또 어떤 한계는 필요하다고 말한다. 예를 들어 지금 알뜰하게 살면 궁핍한 시기에 대비할 수 있다는 것이다. 그래서 어떤 제한은 매우 영리하고 유익하다. 그러므로 당신은 언제 멈출지 알아야 한다. 휴식을 취하는 동안 더 많은 에너지를 축적해서, 적절한 시기에 더 크게 힘을 내서 행동할 수 있도록 해야 한다.

나는 한계가 삶의 일부라는 사실을 인정할 것이다. 조급한 결과를 강요하기보다는 한계를 인정하며 자연스럽게 나아갈 것이다.

때로 직관을 믿어라

Mar. 17

직관은 엄격한 논리라기보다는 육감이나 순간 스쳐 지나가는 번뜩임에서 오는 비선형 지식이다. 물론 직관을 맹신해서는 곤란하겠지만 이성으로 풀 수 없는 문제를 직관이 해결해줄 때도 있다.
직관적인 지능의 중심이 바로 장腸이라는 것을 아는가. 한 연구 결과에 따르면 인간은 장내 신경계라고 불리는 '내장 안의 뇌'를 가지고 있다고 한다. 뇌에 있는 것과 유사한 신경전달물질이 장에 들어 있어 정보를 전달해준다는 것이다.
그러므로 때로 당신의 장이 당신에게 말하는 것에 관심을 기울이는 것도 좋다. 어떤 사람을 생각하니 배가 살살 아파온다거나 메스껍거나 조이는 느낌이 드는가? 그것이 장이 보내는 직관적인 메시지일 수 있다. 이처럼 이성뿐 아니라 직관과 신체의 변화에도 관심을 기울이면 좋은 사람들로 주변을 채울 수 있다.

나는 내 직관이 삶을 인도하도록 할 것이다. 내 직감을 믿고, 직관이 전달하는 정보를 내 분석적인 사고가 무시하지 않도록 할 것이다.

Mar. 18

가족의 해로운 패턴 끊기

만약 당신의 집안에서 학대나 갈등 등이 문제가 몇 세대에 걸쳐 반복된다면, 이 해로운 패턴의 반복을 멈추기 위해서는 한 집안에 용기 있는 한 사람만 있으면 된다. 당신이 그 사람이 되기로 결정했다면 이 책을 통해 자존감을 채우고 용기를 가지자.
이 책에서 누군가가 당신을 무례하게 대할 때 선을 긋는 법을 배웠다. 당신의 민감성이나 높은 자아를 지지하지 않는 가족 구성원이나 다른 사람들과 선을 그음으로써, 당신은 부정적인 패턴을 멈출 수 있다. 그렇게 하면 당신의 삶은 물론 당신 집안에 찾아올 다음 세대의 삶에도 도움이 될 것이다.

가족이 나를 힘들게 한다면 나는 언제든 선을 그을 것이다. 내가 원하는 모습의 나로 변화할 것이다. 나의 성장은 집안의 다음 세대들에게도 좋은 영향을 미칠 것이다.

변화하기에 늦은 때란 없다

Mar. 19

당신은 겨우내 움츠러들어 아무것도 하지 못한 채 봄을 기다렸을지도 모른다. 봄이 다가오면 성장의 경이로움이 임박하면서 겨울이 물러가고, 더 찬란한 빛이 하늘을 수놓을 것이다. 봄은 반드시 오리라는 비전을 가져라.

미국의 시인 스탠리 쿠니츠Stanley Kunitz는 90세가 되었을 때 아직도 변화하기 위해 노력하고 있다고 말했다. 당신의 나이나 환경에 상관없이, 긍정적인 변화는 얼마든지 일어날 수 있다. 그러니 지속적으로 변화하려고 노력하자. 더 나은 나로 성장하려는 노력을 멈추지 않는 한 인생의 봄은 계속해서 찾아온다.

나는 항상 성장을 꾀할 것이다. 설레는 마음으로 인생의 봄을 기대하며, 정신과 육체의 지속적인 변화를 추구할 것이다.

Mar. 20

감성이 꽃 피울 때

봄은 행복과 희망의 씨앗을 심는 시간이다. 봄이 꽃을 피울 때 당신도 어떤 꽃을 피우고 싶은지 생각해보라. 직관을 키우고 싶은가? 아니면 공감? 더 깊은 친밀함? 당신의 풍부한 감성이 꽃을 피우도록 하자.

풍경이 바뀌는 모습을 관찰하라. 나무에 작은 싹이 돋아나는가? 꽃새들이 지저귀는 소리나 부드러운 빗방울 소리가 들리는가? 봄의 풍부함을 느긋이 즐기자. 또한 낮과 밤의 길이가 같은 춘분春分이 만들어내는 균형감각을 떠올리자. 당신도 평화롭고 안정적이 되며 고요함을 누릴 수 있을 것이다.

나는 봄이 오는 것을 알고 나를 활기차게 만드는 봄의 진동을 느낄 것이다. 내 감성이 만개하도록 놔둘 것이다.

내면 깊은 곳에서 나를 움직이는 것

Mar. 21

'반드시 해야만 하는 뭔가'가 아닌 '나를 움직이는 뭔가'를 찾자. 마음속 깊이 숨어 있을 당신의 열정을 찾자. 당신의 열정은 내면의 깊은 곳에서 당신이 부디 자신을 찾아주길 바라고 있다. 부모님의 목소리를 포함해 머릿속에 있는 모든 목소리는 제쳐두자. 다른 사람의 의견이 당신을 흔들어서는 안 된다. '나를 움직이는 것'을 찾을 땐 오롯이 자신의 목소리에 집중하자. 당신의 열정은 당신의 마음속에 있는 것이어야 한다.

어떤 일을 하든 삶에는 기복이 있다. 열정이 있으면 감정과 변화의 파도를 즐길 수 있다. 열정이 있으면 당신은 목표를 성취할 수 있고, 꿈을 이룰 수 있다. 인생에서 가장 큰 성취는 열정을 발전시키고, 그것을 자신의 삶과 세상을 위해 사용하는 것이다.

나는 내 마음에 귀를 기울여 내 열정을 찾을 것이다. 내 마음 깊은 곳에 있는 진실한 목소리를 따를 것이다.

어둠 속에서 새로운 꿈을 꾸자

인생에도 계절이 있다. 마치 흘러간 계절이 되돌아오듯, 관계 역시 하나가 끝나면 또 새로운 관계가 시작된다. 또 손이 닿지 않는다고 생각했던 일이 다시 당신에게 오기도 한다. 기진맥진하거나 우울한 기분을 느꼈다가도, 폭발하는 생명력이 차오르기도 한다. 마치 돌고 도는 계절처럼 말이다.

그리스 신화에서 불사조는 자신을 태운 잿더미에서 다시 태어나는 다채로운 색의 거대한 새다. 불사조는 힘과 인내를 상징할 뿐 아니라 모든 것을 잃은 것처럼 보일 때 부활하는 것을 상징한다. 그것은 어둠을 압도하고 노력으로 성공하는 것을 의미한다. 당신의 인생에도 불사조가 솟아오르는 때가 올 것이다. 모든 것을 잃은 것 같다면, 이때야말로 당신의 목표를 다시 설정하고 새롭게 노력을 시작할 때다.

나는 희망을 믿는다. 과거의 어려움에 연연하지 않을 것이다. 비록 어려운 시기를 겪었어도, 나는 새롭게 또는 다른 형태로 나타나는 내 꿈에 마음을 열 것이다.

인생의 잡동사니를 청소하라

Mar. 23

무질서한 환경은 스트레스를 가중하고 집중력을 약화시킨다는 연구 결과가 있다. 내가 그랬듯이, 당신도 책상이나 머무는 자리가 깔끔하면 생각이 더 분명해질 수 있다. 책상 위 서류 더미나 방 주위에 널려 있는 물건들은 압박감을 준다. 특히 예민한 사람은 주변이 단순하거나 간소할 때 더 능률이 오르는 경우가 많다.

겨울철이 지나면 봄맞이 대청소로 집을 새롭게 단장하자. 날이 점차 따뜻해지면 창문을 열어 신선한 공기를 들이고, 바닥을 쓸거나 닦고, 옷장과 서랍을 정리하자. 냉장고를 청소하고 헌 옷을 기부하며 잡지나 신문을 치우고 지갑을 뒤져 오래된 영수증을 정리하자. 유리창이 반짝거리도록 닦는 것도 시야를 넓힐 수 있다. 이렇게 청소를 하며 인생의 잡동사니를 정리할 힘을 얻고, 당신은 점점 더 가벼워지고 밝아질 것이다.

나는 내 인생의 잡동사니를 처리할 것이다. 편안한 속도로 낡은 에너지를 치우고, 새로운 가능성이 내 삶에 들어올 수 있도록 할 것이다.

내가 나에게 주는 두 번째 기회

Mar. 24

힘든 시기를 겪으며 상황이 뜻대로 되지 않았다고 해서 희망을 버리지 마라. 봄은 또 한 번의 기회를 주는 시간이다. 전에 닫혔던 문이 지금이라도 열릴 수 있다. 두 번째 기회라는 기적에 대비하라. 그것은 당신에게 주어지는 기회일 수도 있고, 당신이 다른 사람에게 주는 기회일 수도 있다.

어쩌면 당신은 과거에 실수를 했거나 자신도 모르게 다른 사람들에게 상처를 입혔을지도 모른다. 그렇다면 자신에게 두 번째 기회를 주자. 지금 어떻게 바꿀 것인지 생각해보라. 당신이 해를 입힌 사람들에게 반드시 보상하라. 그렇게 함으로써 새로운 출발을 위한 길이 열린다.

나는 두 번째 기회를 가질 자격이 있다. 그리고 나도 다른 사람들에게 기꺼이 두 번째 기회를 줄 것이다.

긍정적인 사람들과 함께하는 기쁨

Mar. 25

긍정적인 사람들은 반이 빈 잔이 아니라 반이 채워진 잔으로 삶을 바라본다. 그들은 진정성이 있고 자신들의 실수에서 기꺼이 배우고자 한다. 그들은 주변을 기분 좋게 만드는 따뜻함과 경쾌함을 발산한다. 긍정적인 사람들은 남은 속이거나 오직 자신들만을 걱정하지 않는다. 그들은 공감과 관용을 지니고, 있는 그대로의 당신을 받아들일 수 있다. 물론 어느 누구도 항상 완벽하지는 않다. 그러나 그들은 인정 많고 낙천적인 삶을 살기 위해 노력한다.

오늘, 당신에게 웃음과 힘을 주는 긍정적인 사람들과 최소한 몇 시간을 보내는 것을 선택하라. 당신을 불행하게 하거나 지치게 하는 그 누구와도 교류하지 마라. 당신은 그것을 선택할 권리가 있다.

나는 내 관계에 대한 선택권이 있다. 내 인생에서 긍정적인 사람들을 알아보고 그들에게 손을 내밀 것이다. 나는 그들이 얼마나 소중한지 인정할 것이다.

파도처럼 언제나 새롭다

Mar. 26

파도가 부서질 때마다 당신은 새로워질 수 있다. 스스로를 낡고 초라하게 느끼고 있다면 가만히 파도 소리를 들어보자. 치열하게 부딪혀오는 파도의 리드미컬한 움직임을 지켜보자.
당신은 살아 있다. 그렇기 때문에 언제라도 다시 시작할 수 있다. 부딪혔다가 물러가고, 다시 부딪혀오는 파도처럼 당신은 언제나 새롭다. 겁내지 말고 힘껏 부딪혀보자.

파도가 부서질 때마다 세상에는 새로운 영감이 있다.
파도가 부서질 때마다 신선함과 회춘이 있다.
물결은 태곳적부터 존재하고 리드미컬하다.
파도 소리가 우리를 몸속의 물과 연결해 준다.
부서지는 파도가 상상력과 경이로움을 부채질하고
우리의 꿈도 반응한다.
당신의 생명력은 살아 있고 건재하다.
봄은 당신이 다시 시작할 수 있는 기회다.
부서지는 모든 파도와 당신이 경험하는 삶의 모든 순환이 당신을
더 깊은 마음과 미스터리 속으로 데리고 들어가도록 놔두어라.

나는 나 자신을 새롭게 느끼면서, 언제든 다시 시작할 것이다. 내 생명력은 계속 강해질 것이다. 나는 나의 선택과 여정에 자신감을 가질 것이다.

내 마음이 편안해지는 색

Mar. 27

색은 당신의 기분과 신체적인 행복에 영향을 줄 수 있는 여러 에너지를 발산한다. 당신이 어떤 색에 자연스럽게 반응하는지 주목하라. 초록색, 파란색, 보라색 중에서 어떤 색 주변에서 당신은 더 차분함을 느끼는가? 어떤 색이 당신에게 활력을 주는가? 혹은 빨강, 주황, 노랑에서 에너지를 얻는다고 느낄 수도 있다. 밝은색을 좋아하는가, 아니면 어두운색을 좋아하는가?

당신의 감성에 맞고 편안해지는 색이 있다면 그 색을 당신의 생활하는 공간에 더하고, 그런 색으로 이뤄진 옷을 입어보자. 색깔을 바꿨을 뿐인데, 기분이 달라지고 활기가 생길 것이다.

나는 다양한 색이 나의 기분에 어떤 영향을 미치는지 알아챌 것이다. 나는 마음이 편해지는 색들을 내 공간과 옷에 적용할 것이다.

동물은 우리를 위로해준다

Mar. 28

동물들은 많은 방법으로 우리를 치유하고 스트레스를 줄여준다. 동물들과 교감할 수 있다면 더욱 행복해진다. 나의 반려견인 파이프는 내가 의과대학을 졸업하는 데 정서적으로 큰 역할을 해주었다. 3일 밤마다 정신과 응급실에서 당직 근무를 한 후 지쳐서 집에 돌아오곤 했지만, 파이프 덕분에 항상 기분이 괜찮아졌다. 나는 파이프에게 내 문제를 이야기했고, 파이프는 내 침대에서 함께 잠들곤 했다. 그런 헌신적인 동반자가 있어서 상당히 위로를 받았다.

반려동물이 있다면 즐거운 시간을 함께 보내라. 그들을 꼭 껴안아 주고 같이 놀아라. 반려동물이 없다면 길거리나 공원에서 산책하는 반려동물을 보고 미소 지어라. 아니면 이웃의 동물과 함께 놀아도 좋고, 그것도 힘들다면 동물 영상을 봐도 좋다.

나는 동물들과 마음껏 장난치며 지낼 것이다. 나는 그들의 무조건적인 사랑을 느끼고 신뢰 가득한 동지애를 즐길 것이다.

땅의 기운을 느껴보는 것

Mar. 29

유독 예민하거나 피곤할 때 또는 그저 에너지가 필요할 때, 우리는 땅으로부터 기운을 얻을 수 있다. 물이 그렇듯 땅도 지친 심신을 치유할 수 있다.
신발을 벗고 맨발로 잔디나 해변을 걷거나 누워보자. 심지어 노트북을 밖으로 가지고 나와 땅바닥에 앉아서 일할 수도 있다. 비록 소박한 창가의 화단이라 할지라도 정원을 만들고 가꾸는 것 또한 땅의 혜택을 누리는 방법이다.

나는 맨발로 풀밭 위를 걷거나 간단히 손을 땅에 대서 땅의 에너지를 얻을 것이다. 공간이 있다면 작은 화단을 꾸릴 것이다.

꿈을 기록하기

꿈은 무의식이자 직관이다. 때로 꿈은 새로운 아이디어나 메시지를 줄 수 있다. 내가 아침에 가장 먼저 하는 일은 간밤에 꾼 꿈을 일기에 쓰는 일이다. 그리고 꿈이 주는 메시지를 내 생활에 어떻게 적용할지 본다. 당신도 꿈을 기억하고 싶다면 다음과 같이 해보라.

당신의 꿈을 기록하라. 일기장을 펜과 함께 침대 옆에 놓는다. 잠들기 전에 현재의 고민에 대해 생각한다. '어떻게 하면 내게 알맞은 직업을 찾을 수 있을까?', '어떻게 하면 아들과의 불화를 해결할 수 있을까?' 같은 문제 말이다. 아침에 일어나면 잠에서 덜 깬 상태에서 몇 분 동안 조용히 꿈을 돌이켜본다. 그런 다음 기억나는 정보를 기록하고 생활에 적용할 부분이 있는지 본다. 별의미 없는 꿈이어도 괜찮다. 기억하고 기록하는 연습을 하는 것만으로도 가치 있다.

앞으로 일주일 동안 아침에 기억나는 꿈을 비록 한 장면이라 할지라도 기록할 것이다. 이렇게 하면 기억하고 기록하는 능력이 향상될 것이다.

나에겐 앞으로 나아갈 힘이 있다

Mar. 31

당신은 원할 때면 언제든지 나아갈 힘을 가지고 있다. 당신 스스로에게 공감하고 힘을 주자. 다음을 반복해보자. 힘들 때, 주저할 때, 용기가 필요할 때 당신을 지켜줄 마법의 문장이다.

나는 뚫고 나아가 내 사랑과 즐거움을 가질 준비가 되어 있다.
나는 상상을 뛰어넘는 방식으로 꽃을 피우려 한다.
나는 강하고 똑똑하다.
나는 장애물에 맞서기보다 돌아가는 법을 안다.
나는 중심을 유지하는 법을 안다.
나는 과거에 나를 멈추게 했던 모든 장벽을 부수고 있다.

나는 내적, 외적 삶의 새로운 차원으로 나 자신을 확장할 것이다. 과거의 모든 장벽을 뚫고 삶에서 새로운 수준의 성공과 만족을 성취할 것이다.

나 같은 사람은 세상 어디에도 없다

Apr. 01

사회는 끈질기게 우리 자신을 다른 사람들과 비교하게 만든다. 다음과 같은 것이 궁금할 수 있다. 가장 돈이 많은 사람이 누굴까? 가장 높은 사회적 지위를 가진 사람은? 완벽한 몸매를 가진 사람은? 가장 많은 친구를 가진 사람은? 비교하는 습관은 작은 자아에서 비롯되는데, 두려움으로 더 큰 그림을 보지 못하는 것이다.

더 큰 관점을 갖자. 당신 자신과 우리 모두를 땅이 아닌 산꼭대기에서 내려다보라. 그러면 더 많이 가진 것이 반드시 더 나은 것은 아니라는 사실을 알 수 있다. 무엇을 얼마나 가지고 있든, 모두가 무언가를 위해 고군분투하고 있다. 비록 다른 사람이 짊어지고 있는 짐이 당신에게는 보이지 않을 수 있지만.

중요한 건 당신과 같은 사람은 아무도 없다는 사실이다. 당신의 삶은 당신의 발전을 위해 설계되어 있다. 당신이 마주치는 모든 사람과 상황은 당신의 성장을 돕기 위한 것이다.

나는 나만의 길에 초점을 맞출 것이다. 내 삶을 다른 사람의 인생과 비교하지 않을 것이다. 다른 사람들을 향했던 시선을 거두어 나 자신을 사랑스럽게 바라볼 것이다.

나를 괴롭히는 걱정을 놓아주는 일

Apr. 02

영어에서 '걱정하다'를 의미하는 worry라는 단어는 '질식시키다'라는 뜻의 고대 영어의 wyrgan에서 왔고, 나중에 '불안하게 만들다'라는 뜻도 생겼다. 걱정은 일종의 불안이기도 한 것이다.
돈, 건강, 가족 또는 사랑을 찾을 수 있을지 걱정하고 있는가. 어떤 일이 일어나기도 전에 미리 걱정하지 않으면 뭔가 나쁜 일이 일어날 것만 같은가. 당신의 아이가 수술을 받을 때 염려를 하는 것은 자연스러운 일이다. 그러나 불필요한 걱정을 거듭하는 건 고통이다. 만성적인 고민은 당신이 통제할 수 없는 것을 통제하려는 시도다. 다음과 같은 말을 반복하며 걱정에서 벗어나길 바란다.

걱정에서 자유로워지기를.
스트레스에서 자유로워지기를.
내가 '지금'에 머물기를.
나의 두려움을 미래에 투영하지 않기를.

나는 신념을 갖고 역경에 맞설 수 있도록 걱정의 고통을 걷어낼 것이다. 나는 상황을 개선하기 위해 지금 이 순간 할 수 있는 일을 할 것이다.

Apr. 03

마음의 창문을 열다

스트레스를 받았거나 어려운 사람을 만났을 때, 당신 안에 부정적인 에너지가 차오르는 것을 느끼면 창문을 활짝 열자. 바람을 쐬고 호흡을 하면 스트레스를 해소하는 데 도움을 줄 수 있다. 그리고 다음과 같은 시각화를 시도해보기 바란다. 부드러운 호흡을 통해 스트레스를 몸 밖으로 내보내자.

내 몸은 활짝 열린 창문이다.
상쾌하고 부드러운 바람이 불어오는 것을 느낄 수 있다.
바람이 부드럽게 스트레스를 제거하고 있다.
바람이 나를 위로하고 치유해준다.
바람이 모든 두려움과 부정적인 감정을 씻어낸다.
나는 깊게 숨을 쉰다.
나 자신이 정화되고 회복되는 걸 느낀다.

나는 이 시각화를 훈련해서 부드러운 공기의 흐름이 나를 정화하도록 할 것이다. 나는 호흡을 하며 스트레스를 쫓아낼 것이다.

안전지대를 넘어서는 연습

Apr. 04

예민하거나 변화를 싫어하는 사람들은 삶이 그대로 유지되는 것을 선호하기 때문에 늘 자신의 안전지대에 머무르는 걸 선호한다. 그래서 가구, 침구, 향기 등 자신의 몸이 쾌적하게 느끼도록 집을 꾸미고 반복되는 일과 일상에 익숙해진다. 이러한 예측 가능성 덕분에 우리는 스스로 안전하다고 느낄 수 있다.

그러나 가끔은 대대적으로 바꿔보는 것도 괜찮다. 나는 변하지 않는 일상을 감사하게 여기는 만큼 내가 진화하고 싶어 한다는 사실도 알고 있다. 우리에게 필요한 것은 균형이다. "어떻게 하면 편안한 수준을 넘어 성장할 수 있을까?"라고 스스로에게 질문하라. 더 만족스러운 직업을 찾는 것은 잠시나마 실업자가 될 위험을 무릅쓴다는 의미다. 성장하고 싶은 영역을 선택하고, 변화를 위해 위험을 감수하라. 변화는 예상치 못한 이점을 가져올 것이다.

나는 안전지대를 벗어나 확장하고자 하는 영역을 선택할 것이다. 나는 그 과정에서 다소의 불편함을 느끼는 위험을 기꺼이 감수할 것이다.

타인의 분노에 무너질 것 같을 때

Apr. 05

누군가 당신에게 분노를 쏟을 때, 당신은 자신이 보잘것없이 느껴질지도 모른다. 상대방이 너무나 갑작스럽게 분노를 폭발시키면 우리는 미처 스스로를 보호할 겨를이 없는 경우가 많다.

사람들의 분노에 대처하기 위한 전략을 세워라. 나는 내 주변에서 '고함 금지'라는 엄격한 규칙을 갖고 있다. 큰 소리를 치는 것은 내 몸이 용납하지 않는다. 고함은 시끄럽고, 고통스럽고, 나를 지치게 한다. 만약 사랑하는 사람이 나에게 화를 낸다면 나는 불시에 당하지 않도록 일단 시간을 갖자고 말한다. 내가 준비되어 있고, 상대방과 정중하게 논의할 수 있을 때 다시 이야기하는 것이다. 이것은 나의 예민한 감성을 보호하는 데 도움이 된다.

다른 사람의 분노에 제한을 두어라. 상대방이 이것을 존중하지 않는다면 그 관계를 끊어내야 한다. 물론 자주 분노하고 분노에서 힘을 얻는 상사와는 이런 말을 하기 어려울지도 모른다. 그렇다고 하더라도 최대한 빨리 우아하게 선을 긋도록 노력하고, 이직을 진지하게 고려해보라. 당신은 당신을 존중하는 사람들과 함께 있을 자격이 있다.

나는 화가 난 사람들과의 사이에 일관된 한계를 정할 것이다. 나는 언제나 나를 먼저 지킬 것이고, 감당할 수 없는 상황이라면 거리를 둘 것이다.

내 인생의 드라마는 나 하나로 충분하다

Apr. 06

당신의 생활에 극적인 사건, 즉 드라마가 생기면 자극을 받고 지치게 될 수 있다. 배려심이 많은 사람이라면 누군가의 드라마에 빠져 지나치게 몰입하게 될 수도 있다. 우울해하는 사람을 구하려다가 당신이 절망과 고갈 상태에 놓여버리는 것이다.

삶에서 드라마를 제한하라. 첫 번째 단계는 드라마를 만들어내는 사람들을 인식하는 일이다. 가족이나 동료, 지인들 중에 드라마를 만들어내는 사람을 구별하라.

당신의 헌신적인 성격 때문에 그 사람들이 당신에게 끌린다는 걸 명심하자. 그들의 위험한 행동을 피하려면 그들이 어떻게 지내는지 묻거나 그들의 눈을 깊이 들여다보는 일은 절대 하지 마라. 이는 모두 관심을 나타내는 행위기 때문이다. 그런 다음 친절하지만 단호한 어조로 말하라. "이런 일이 당신에게 일어나서 정말 유감이야. 잘 해결될 거야." 이런 식으로 거리를 두면 그들은 자신의 드라마를 당신에게 옮기는 것을 단념할 것이다. 그들은 또 다른 누군가에게 옮겨가기 마련이다.

나는 타인의 드라마에 빠지지 않을 것이다. 자신의 이야기를 신파로 만드는 사람들이 나를 지치게 만든다면 그들에게 나의 에너지를 나눠주지도 않을 것이다.

Apr 07

나와 함께 떠나는 사적인 여행

일주일에 적어도 한 번은 자기 자신과 함께하는 사적인 시간을 갖자. 이 시간은 자기 자신을 더 잘 알고, 내면을 채우는 꼭 필요한 시간이다. 집안일과 직장 일 그리고 일상생활에서 잠시 휴식을 취하라.

산책을 하거나 미술관에 가도 괜찮다. 집에서 책을 읽거나 음악을 듣는 것도 좋다. 어떤 활동을 하든 내면을 풍부하게 가꿀 수 있는 활동을 하자. 그런 다음 조용히 명상하면서 다음과 같이 말하라. "나는 당신을 느끼고 싶다. 당신을 알고 싶다. 당신의 보살핌에 마음을 열고 있다." 당신에게 전달되고 있는 자기 연민을 받아들여라. 당신은 혼자가 아니다. 당신은 당신 자신과 함께 있다.

나는 나 자신과 함께할 시간을 정해, 나의 내면을 채우고 희망을 경험할 것이다. 이를 통해 에너지를 보충하고 평온함을 회복할 것이다.

나의 피난처는 언제나 내 안에 있다

Apr. 08

많은 사람이 불만을 느끼는 원인을 바깥으로 돌려 외부에서 해결책을 구한다. 그들은 훨씬 더 견고한 내적인 힘에 연결되려고 하기보다는 세상의 권력을 따르며 자신이 중요하다는 느낌을 받으려고 한다.

그러나 아무리 많은 부나 권력 또는 명예도 당신의 행복감을 유지하지는 못할 것이다. 행복과 평화의 근원은 당신 안에 있다. 행복감은 내면에서 자라 밖으로 나온다. 부처의 말처럼 "외부에 피난처는 없다." 약속된 땅은 당신 안에 있다. 내면의 세계를 발견하자. 자신을 치유하고 단단해지는 것이 시작이다. 그런 다음에야 외부의 성취가 따라올 것이다.

나는 자신을 사랑하고 나와의 관계를 발전시키는 데 집중할 것이다. 나를 바꾸기 위해 어떤 사람이나 장소나 상황을 바라보는 일을 멈출 것이다. 외부 조언을 구하기 전에 내면을 들여다보고 답을 구할 것이다.

역경은
나의 성장을 위한 것

Apr.
09

때때로 우리는 길을 잃어야만 우리 자신을 찾을 수 있다. 우리는 모두 해방되기 위해 방황해야 할 우리만의 사막이 있다. 장애물은 삶의 일부다. 좌절 대신 의지로 역경을 극복하는 법을 배우는 것이 중요하다.
무엇에서 자유로워지고 싶은가? 해로운 관계? 당신의 몸이 부끄러운가? 욕구를 표현하는 것이 꺼려지는가? 고독? 우울증? 불안? 이러한 질문을 할 때 자기 자신을 친절하게 대하라. 인생의 모든 장애물을 성장을 위한 도구로 보아라.

나는 역경을 삶의 일부로 받아들일 것이다. 그리고 강해질 것이다. 나는 삶에서 무슨 일이 생기든 인내와 친절로 이겨낼 수 있을 것이다.

나와 타인을 평가하는 습관에서 자유로워질 것

Apr. 10

누군가에게 화가 나거나 다른 사람을 자꾸만 평가하게 되는가? 다른 사람을 손가락질할 때, 그중 세 개의 손가락은 자기 자신을 향하고 있다는 말이 있다. 우리는 늘 다른 사람의 싫은 점이 내 안에도 있지 않은지 먼저 돌아봐야 한다. 하와이 원주민들의 전통적인 치유법인 호오포노포노Ho'oponopono 기도를 해보자. 당신이 비판하고 있는 그 사람은 물론 당신 자신을 평가하는 것에서 자유로워진다.

> 미안합니다.
> 용서하세요.
> 사랑합니다.
> 고맙습니다.

이 기도를 적용하는 방법은 다음과 같다. 나를 통제하려는 친구를 보며 '나도 어떤 면에서는 나도 통제하려고 하지 않나?'라고 물어보라. 그런 다음 속으로 생각하라. '나도 그랬다니 미안합니다. 용서하세요. 그럼에도 나는 나를 사랑합니다. 나를 돌아볼 기회를 주어서 고맙습니다.' 이 기도는 더 많은 친절과 이해로 다른 사람과 자기 자신을 받아들이도록 도와준다.

나는 다른 사람들을 비판할 때 나 자신 역시 돌아볼 것이다. 그리하여 나의 부정적인 면부터 치유할 것이다. 나만의 감정적인 문제는 스스로 책임질 것이다.

타인을 돕는 자애로운 마음

Apr. 11

관음보살은 '연민과 자비의 여신'으로 알려졌다. 한자로 관음觀音은 '세상의 소리를 듣는 사람'이라는 뜻이다. 전설에 따르면, 관음은 아버지에게서 엄청난 학대를 당했지만 너그럽고 친절했다고 한다. 그녀가 세상을 떠나자 천사들이 물었다. "당신은 정말 좋은 사람입니다. 어디로 가고 싶습니까?" 그녀는 대답했다. "나는 지구로 돌아가 다른 인간들을 돕고 싶습니다."

나는 관음보살을 존경한다. 그가 대표하는 자애로움에 영감을 받는다. 당신도 관음보살의 선함에서 영감을 받을 수 있다. 이것은 당신의 상처를 치유할 뿐 아니라 공감하는 능력을 키워줄 것이다.

나는 관음보살이 남긴 자애로움에 대해 생각할 것이다. 나는 내 삶에서 연민을 표현하는 여러 방식에 마음을 열 것이다. 건전한 방법으로 다른 사람들에게 봉사할 것이다.

소중한 것들을 되살릴 시간

Apr. 12

많은 것이 새롭게 돋아나는 봄은 당신이 잊었거나 마음의 구석에 던져놓은 자신의 소중한 면들을 돌아볼 수 있는 좋은 때다. 당신이 더 이상 믿지 않게 된 것은 무엇인가? 사랑? 낙관주의와 희망? 성공? 때로는 트라우마나 상처가 마음의 욕구를 억누를 수 있다. 이제는 당신의 잠자고 있는 그리움을 다시 깨울 시간이다.

역경에서 일어나라. 고통에서 일어나라. 더 이상 당신을 지지하지 않는 낡은 패턴에서 일어나라. 당신만의 살아 있음을 느껴라. 당신의 감수성을 빛나게 하라.

마음속으로 말하자. "나는 자신과 타인을 위한 한 줄기 빛이 될 것이다. 그 어떤 것도 나를 짓누르거나 움츠러들게 하지 않을 것이다.

나는 잊고 있던 중요한 가치와 꿈을 부활시킬 것이다. 나는 이 세상에서 선과 희망을 담는 그릇이 될 것이다.

타인을 위해 자신의 행복을 희생하는 사람

자신의 삶에서 감정적인 순교자가 되는 사람들이 있다. 순교자 증후군은 타인을 위해 자신의 행복을 희생하고 고통받는 사람들을 말한다. 스스로를 보호하지 못하거나 경계를 정하지 못할 때 이런 경향을 나타낸다.

이 감정적 순교자들은 '가엾은 나'라는 피해의식을 가지고 있거나 세상이 자신을 적대시한다고 믿을 수도 있다. 또는 절대 불평하지 않거나 지독하게 금욕적일 수도 있다. 순교자로서 행동하지 않으면 죄책감을 느낄 수도 있다. 문제는 다른 사람의 불편함을 떠안는 것을 자신들의 일로 여긴다는 점이다. 그들은 베푸는 것을 기쁨이라기보다는 자기희생의 한 형태이자 의무로 여긴다.

만약 이런 식으로 느낀다면 부디 다시 생각하길 바란다. 다른 사람들의 짐을 떠안지 않고도 친절하고 인정 많은 사람이 될 수 있다. 당신에게 순교자 성향이 있다면 스스로에게 물어보아라. "이런 성향은 내 가족에게서 나왔을까? 아니면 나 자신에게서 나왔을까?" 자신의 친절하고 여린 마음을 존중해야 행복한 삶을 살 수 있다. 당신은 자신을 사랑하는 동시에 베푸는 사람이 될 수 있다.

나는 연민을 실천하려고 순교자가 될 필요는 없다. 나는 자신을 보호하면서도 다른 사람들에게 건강한 방법으로 베풀 수 있다.

그 사람은 당신의 도움이 필요하지 않습니다

Apr. 14

심판받고 평가받는 걸 좋아하는 사람은 없다. 다른 사람들을 '개선'하려는 시도를 그만두면 관계가 끊기거나 그 사람이 무너질 거라고 믿고 있는가. 사실은 대개 그 반대다. 서로 동등하게 연결된 관계라야 계속 발전적인 사이를 유지할 수 있다.

사람을 있는 그대로 받아들인다는 것은 그 사람을 존중한다는 표시다. 누군가 당신에게 도움을 요청하지 않는 한, 일단 한발 물러서거나 그저 의견을 제시하는 정도가 일반적으로 더 낫다. 대단히 심각한 상황이 아니라면 당사자가 자신의 방식으로 상황을 처리할 것을 믿어라. 가족이나 친구를 교정하려고 하기보다 그들의 장점을 지지하자. 특히 고군분투하는 사람의 강점에 집중해주면 그에게 날개를 달아주는 셈이 된다.

나는 나와 관계를 맺고 있는 사람들을 있는 그대로 바라볼 것이다.
늘 사람들의 단점보다는 장점에 초점을 맞출 것이다.

여러 번의 작은 휴식을 계획하라

Apr. 15

건강하고 생산적인 삶을 사는 비결은 하루 종일 여러 번의 작은 휴식을 통해 몸의 활력을 유지하는 것이다. 쉬지 않고 자신을 밀어붙이는 대신, 피로를 푸는 일종의 레서피로 매일같이 짧은 틈을 만들어 전열을 가다듬자. 당신의 일정을 살펴 한숨 돌리는 순간들을 어디에 넣을 수 있는지 알아보는 것이다. 우연에만 맡긴다면 아마 효과가 없을 것이다. 그러나 몇 분이라도 스스로 멈추도록 계획을 짜면 안도감이 들 것이다.

이런 식으로 마련한 자유로운 시간에는 산책을 하길 추천한다. 봄의 달콤한 향기를 들이마셔라. 또는 간단한 스트레칭을 해서 긴장을 풀어주자. 미니 휴식 시간을 계획하면 부담을 덜기 때문에 더욱 느긋하게 생활할 수 있다.

나는 하루 동안 여러 번의 작은 휴식 시간을 가질 것이다. 그 작은 시간들이 모여 나의 부담을 덜어주고 기운을 회복시켜줄 수 있도록.

틀에 박힌 일상에서 잠시 벗어나라

Apr. 16

잠시만이라도 평범한 일상에서 벗어나 세상 밖으로 나가자. 비상 사태를 제외하고는 아무도 연락이 닿을 수 없는 장소를 찾아라. 몇 시간이든 몇 주든 정신건강을 되찾는 회복 기간으로 삼자.

당신이 가장 가고 싶은 곳이나 하고 싶은 것을 그려보라. 어쩌면 단순히 영화 한 편 보면서 몇 시간 동안 휴대폰을 차단하는 정도가 될 수도 있다. 아니면 이국적인 휴가나 배낭여행을 가는 것일 수도 있다.

당신이 무엇을 선택하든 사색하면서 조용히 보내는 시기로 만들자. 분주한 마음을 가라앉히려면 시간이 좀 걸릴 수도 있겠지만, 속도를 늦춰 좀 더 명상적인 상태로 지냄으로써 당신의 정신과 신체가 휴식을 취할 수 있을 것이다. 더 나아가 인생의 여러 측면에 대한 비전이나 영감을 얻을 수도 있을 것이다.

나는 이번 주에 적어도 한 시간 동안은 일상의 틀에서 벗어날 것이고, 더 긴 기간 동안 벗어날 수 있는 방법도 구상할 것이다.

Apr 17

테크노 절망과 테크노 단식

빠른 속도로 전개되는 세상에서 너무나 많은 것이 너무나 빠르게 다가올 수 있다. 인터넷, 소셜 미디어, 문자, 뉴스 등에서 정보가 넘쳐난다. 쏟아지는 많은 정보는 당신의 에너지를 갉아먹을 수 있다. 디지털에 노출된 이후 약간의 우울증, 불안감, 무감각 또는 과부하된 느낌을 받는 사람들이 있다. 이런 상태를 나는 '테크노 절망'이라고 부른다. 반면 컴퓨터나 온라인 세계와의 접촉을 제한하면 안도감을 느낀다. 기술은 삶을 더 용이하게 만들 수 있지만, 에너지를 지나치게 소진하게 되는 경우가 많다.

현재에 중심을 잡고 싶다면 규칙적으로 디지털을 차단하는 '테크노 단식' 습관을 들여라. 이메일을 확인하지 않고 30분을 지내라. 대신 맛있는 점심을 먹어라. 또는 초저녁부터 컴퓨터나 스마트폰 같은 전자 기기를 멀리하라. 이렇게 하면 더욱 평화로운 기분으로 잠들 수 있을 것이다.

내게 테크노 절망의 증상이 있는지 알아볼 것이다. 나는 전자 기기를 끄고 규칙적인 휴식을 취해 정신을 맑게 하고 영혼을 풍요롭게 할 것이다.

집에서 내 마음과 몸이 쉴 수 있도록

Apr. 18

집은 당신이 많은 시간을 보내는 소중한 공간이다. 집을 안전한 천국으로 만들어, 바쁜 하루를 보낸 후에 돌아가서 쉴 수 있는 곳으로 삼아라. 평온한 환경은 당신의 날선 신경을 진정시킨다. 차분하거나 재미있는 밝은색으로 벽을 칠하거나 장식해도 좋다. 빛이 잘 들게 하고 신선한 공기가 흐르도록 하라.

집은 단순히 기진맥진해서 침대로 몸을 던지는 곳이 아니라 일종의 은신처가 될 수 있다. 조용한 환경은 최상의 평화를 가져다준다. 만약 소음이 심한 곳에 살거나 가족이나 룸메이트와 같이 산다면 소음 방지 헤드폰이나 백색 소음 기계를 사용해 소음을 차단하자. 같이 사는 사람이 텔레비전을 보거나 음악을 들을 때 헤드폰을 사용하도록 요청할 수도 있다.

집은 마음이 있는 곳이다. 당신이 생활하는 공간의 모든 측면에 애정을 듬뿍 담으면, 소음이나 다른 요소가 침범하지 못하도록 한계를 정하면 당신은 그곳에서 풍요로움을 느낄 것이다.

나는 집을 나의 안식처로 삼을 것이다. 집은 나의 감수성과 조화를 이룰 것이다. 나는 좋은 기분이 느껴지는 환경에서 살 것이다.

침실은 가장 편안한 곳이어야 한다

Apr. 19

침실은 안식을 취하기 위해 조용하고 편안하며 안전한 곳이어야 한다. 내 침실은 내가 가장 좋아하는 장소다. 거친 이불보다는 면수가 높은 부드러운 이불을 선택하라. 매트리스는 치유의 도구와도 같다. 당신은 거기서 자고, 거기서 사랑을 나누며, 세상에서 벗어나 그곳 이불속 세상으로 파고 들어간다.

잠을 푹 자려면 척추를 받쳐주는 매트를 선택하자. 또한 침실에 공기가 잘 통하도록 해야 한다. 음식이나 향수 같은 그날의 냄새가 머물러 있으면 이전의 활동이나 긴장을 상기시키기 때문에 마음을 전환하기 쉽지 않다.

스트레스가 없는 수면 환경을 만들자. 침대에서는 논쟁이나 지불해야 할 청구서 또는 뉴스 시청과 같이 언짢을 만한 활동은 금하라. 컴퓨터로 작업하거나 읽던 것을 중지하는 시간을 설정해둬야 한다. 컴퓨터의 블루라이트는 수면 패턴을 방해하기 때문이다.

나는 침실을 긴장을 풀고 원기를 회복할 수 있는 편안한 곳으로 만들 것이다. 그곳에서는 스트레스를 유발하는 어떠한 활동도 허용하지 않을 것이다.

공간을 밝고 향기롭게

Apr. 20

만약 답답하거나 무력하다면 집이나 사무실 등 당신이 머무는 공간의 에너지가 정체되었을 수도 있다. 긴장과 분노와 불안 등의 온갖 감정이 한 공간에 축적된다. 아메리카의 원주민들은 하나의 의식처럼 삼나무, 향기풀과 같은 식물을 태우며 부정적인 기운을 내쫓고 환경을 정돈하는 행위를 종종 한다고 전해진다. 공간에 묶인 감정과 공기, 불안한 마음들을 환기하는 나만의 방법을 찾아보자. 스트레스를 주는 느낌을 감지했다면 마음을 진정시키는 향이나 디퓨저를 두어 공간을 새롭게 해보자. 식물을 키우는 것도 도움이 된다. 공기 정화 기능을 가진 식물, 음이온을 방출하거나 전자파를 차단하는 식물도 있다. 이런 기능이 없어도 식물의 존재는 우리 마음을 편안하게 해준다. 집 안에 작은 자연을 들이면 활기를 얻을 수 있다.

나는 내 공간의 분위기가 밝아지고 맑아지도록 노력할 것이다. 나의 감성에 맞는 허브나 향, 식물을 찾을 것이다.

Apr. 21

자극을 줄여라

당신은 소리, 맛, 냄새, 질감에 예민하게 반응할 수도 있다. 다양한 색조와 빛과 날씨에 의해 감각들이 활성화되기도 한다. 행복을 누리려면 삶의 자극 수준을 조절하자. 밝은 빛이나 시끄러운 소리 또는 군중과 같은 과도한 자극은 부담을 줄 수 있다.

불안이나 피로와 같은 감각 과부하의 징후가 느껴지면 그 즉시 자극 수준을 낮추는 게 좋다. 나는 가끔 어둡고 조용한 방으로 물러나 명상을 하면서 마음을 가라앉힌다. 아니면 시를 읽거나 모차르트의 음악을 들으면서 위안을 받을 수도 있다. 단순히 자극을 낮추는 것만으로 마음의 중심을 잡을 수 있다.

내가 너무 긴장한 상태라면 알아차리고 조치를 취할 것이다. 내가 안정되고 평화롭게 느낄 수 있도록 주변 환경에서 감각적인 자극을 줄일 것이다.

나를 위로해주는 음악

Apr. 22

과부하를 느낄 때는 알맞은 음악으로 정신을 고양할 수 있다. 음악 치료는 우울증과 불안, 만성 통증 등을 치료하는 데 사용되어 왔다. 신경과학자들은 평온한 음악이 긍정적인 감정을 증가시키고, 뇌의 쾌락 호르몬인 도파민을 자극하며, 매우 민감한 사람들이 감정이입하는 방식과 비슷하게 음악에 반응할 수 있다는 사실을 알아냈다.

노래는 우리 삶의 표식이자 치유제이기도 하다. 당신이 헤어짐이나 실망 혹은 자기 혐오에 괴로워할 때 어떤 음악이 도움을 주었을지도 모른다. 당신이 사랑하는 사람을 처음 만났을 때나 대학을 졸업했을 때 또는 이국적인 장소를 방문했을 때 느꼈던 행복한 시간을 연상시키는 음악도 있을 것이다.

어떤 음악이 당신을 위로해주었는가? 나는 사이먼 앤 가펑클Simon and Garfunkel의 〈스카버러 페어/캔티클Scarborough Fair/Canticle〉를 들으면 첫사랑에 실패한 쓰라린 경험이 떠오른다. 그 노래를 들으면 우울하지만 생생하고 풍부한 느낌이 든다. 스트레스를 받을 때는 에냐Enya나 바흐Bach의 음악을 많이 듣는다. 음악에 흠뻑 젖어 원기를 회복하기 바란다.

나는 나를 고양시키고 내게 영감을 주며 달래주는 음악을 들을 것이다. 음악의 힘이 내 몸과 영혼을 치유하도록 허락할 것이다.

완벽한 타이밍

Apr. 23

당신이 그냥 옛 친구를 생각하고 있는데 갑자기 길에서 그를 마주칠 수도 있다. 누군가 존경하는 의사를 언급했는데, 그가 마침 당신이 겪고 있는 신체적인 문제를 전문적으로 다루는 사람일 수도 있다. 퍼즐 조각들이 제자리에 들어가는 것과 같은 완벽한 타이밍의 순간이 찾아올 수 있다.

사실 이런 일은 직관에 귀를 기울이는 수밖에 없다. 직관에 귀를 기울여 당신 자신과 다른 사람에 대해 알아보자. 그것이 당신을 살릴 수도 있다. 매일 아침 자신의 직관에 물어보자. 오늘은 내게 알맞게 느껴지는 것은 무엇인가? 나의 에너지 수준은 어떠한가? 어떻게 하면 바쁜 와중에도 나 자신을 보살필 수 있을까? 자신에 대한 연민을 많이 가질수록 완벽한 타이밍을 만나게 될 것이다.

나는 직관에 귀 기울이며 아침을 시작할 것이다. 하루 종일 나는 우연과 타이밍을 주시하고 마음을 열어 맞이할 것이다.

나르시시스트를 감지하라

Apr. 24

나르시시스트narcissist들은 매력적이고 유혹적이며 똑똑하고 재미있을 수 있다. 하지만 그들은 자신에게만 몰두해, 당신이 그들의 방식대로 하지 않으면 냉정해진다. 연구에 따르면 많은 나르시시스트가 공감 능력이 부족하다고 한다. 이는 그들이 타인에 공감할 수 없다는 것을 의미한다. 그들은 당신에게 무조건적인 사랑을 줄 수 없다는 뜻이기도 하다.

인생은 덧없다. 당신은 누구와 함께 시간을 보내고 싶은지 근본적인 결정을 내려야 한다. 나르시시스트들을 피할 수 없을 때, 예를 들어 그들이 당신의 상사나 가족 구성원일 때, 당신은 기대치를 낮추고 그들로부터 당신의 마음을 보호해야 한다. 단순히 나르시시즘적인 특성을 가진 사람이라면 어느 정도의 공감은 할 수 있다 해도, 사랑에 응답하는 방법을 아는 사람들과의 관계를 선택하는 편이 나을 것이다.

나는 내 삶에서 나르시시스트들을 구별하고, 공감을 잘하지 못하는 등의 문제를 포함하여 그들의 한계를 깨달을 것이다. 내가 그들을 변화시키거나 구원할 수 없다는 점을 명심할 것이다.

첫인상은 많은 이야기를 한다

Apr. 25

첫인상은 강력하다. 사람과 장소와 여러 상황에 대한 첫인상을 통해 긍정적인 직감이나 위험 신호를 경험할 수도 있다. 예를 들어 취업 면접에서, 당신은 앞으로 상사가 될 수도 있는 사람을 둘러싼 피곤함을 느낀다.

나는 첫인상을 소중히 여긴다. 첫인상은 누군가가 내뿜는 에너지에 대한 중요한 정보를 준다. 다만 나중에 내 평가가 틀릴 수 있고, 그래서 수정할 수도 있다는 사실을 잊어서는 안 된다. 그러므로 더 많은 것이 드러날 때까지 기다릴 것이다. 어떤 사람의 첫인상이 당신의 희망과 일치하지 않을 때는 세심한 주의를 기울여라. 그런 다음 시간을 갖고 그 사람의 본성을 발견하라.

나는 내가 받은 첫인상과 그 첫인상이 전달하는 정보를 가볍게 생각하지 않을 것이다. 동시에 내 평가가 언제든지 변할 수 있다는 것도 인지할 것이다.

자신을 의심하지 말라

Apr. 26

나의 환자들을 보면 스스로를 의심하기 때문에 곤경에 처하는 경우가 많다. 예를 들어 로맨틱한 관계를 시작하는 사람에 대해 '이 사람은 내게 해가 될 것 같다'는 직감을 느낄지도 모른다. 그럼에도 그들은 자신들의 직관을 의심하면서 관계를 진전시키고 만다. 결국 관계는 원활하게 흐르지 않고, 뒤늦게 "내 직관대로 했더라면 좋았을 텐데"라고 말한다. 당신의 직관을 믿어도 된다. 아니면 최소한 그것을 펼칠 기회라도 주자.

나는 직관을 계발해가면서, 가끔 직관이 전하는 메시지를 무시하는 바람에 가장 크고 힘든 교훈을 배웠다. 직관은 인기 투표나 합의가 아니다. 그것은 내면의 목소리가 당신에게 건네는 충고다. 이것은 당신의 자아가 듣고 싶은 내용이 아닐 수도 있고 항상 좋은 소식이 아닐 수도 있다. 그러나 직관을 의심하는 것을 멈추면 당신의 결정과 삶은 개선될 것이다.

나는 일, 건강, 관계와 같은 특정한 문제에 대한 나의 직관에 귀를 기울일 것이다. 나는 직관이 주는 메시지를 의심하지 않을 것이다.

Apr. 27

친구와의 짧은 티타임이 남기는 것

시간을 내서 친구와 차를 마셔라. 딱 한 시간이어도 좋다. 반드시 중요한 얘기를 나눌 필요는 없다. 이것은 당신이 많이 좋아하는 누군가와 함께하기 위한 소중한 멈춤이자 휴식이다. 이렇게 사랑하는 사람과 마주 앉아 있는 자체로 긍정적인 에너지를 나누게 된다. 식당이나 찻집 또는 당신 집이어도 좋다. 소박한 휴식을 나누며 인연을 다지는 행복한 순간을 누려라. 이러한 순간을 이따금 자신에게 선물하는 게 좋다. 이것은 우정과 사랑과 일상을 풍요롭게 하는, 사소하지만 강력한 방법이다.

나는 친구와 차를 마시며 간단하게나마 그 순간을 즐길 것이다. 나는 소박한 친밀함과 행복을 음미할 것이다.

나를 위해 거절하는 연습

Apr. 28

사람들과의 모임을 즐기는 사람도 많겠지만 나처럼 내성적인 사람들은 다소 조용한 시간을 선호한다. 나는 일주일에 한 번 정도의 사교 행사가 적당하다고 생각한다. 초대한 사람에게 상처를 줄까봐 무리한 약속을 계속하다 보면 당신의 에너지는 고갈될 것이다.

거절을 하는 데 죄책감을 느끼기보다는, "고맙지만 괜찮습니다"라는 말을 활용하자. 초대를 잘 거절하는 요령이라면 애정을 갖고 거절하는 것이다. 당신은 이렇게 말할 수도 있다. "모임이라니 근사하게 들리네요. 함께할 수 있으면 좋겠지만, 전 지금 너무 지쳤어요." 때로는 계획을 취소해야 할 때도 있다. 약속을 이행하고 싶지만, 혼자만의 시간이 간절할 수도 있고, 외출하기에는 너무 피곤할 수도 있다. 애써봤지만 부득이하게 취소해야만 한다. 다른 사람들을 실망시키는 일은 힘들지만 때때로 필요한 일이기도 하다. 그 약속이 얼마나 중요한지 평가하라. 어떤 계획들은 쉽게 바꿀 수 있지만 그렇지 않은 계획도 있다. 자매의 결혼식과 같은 중요한 행사에 꼭 참석해야 한다면 특별히 체력을 관리하라. 당신의 에너지를 어디에 소모해야 하는지 장단점을 항상 따져보라.

만약 내가 피곤하거나 아프거나 혼자 있어야 한다면 나는 가끔 신중하게 초대를 거절하거나 계획을 취소할 것이다.

말이 단순할수록 마음은 고요하다

Apr 29

기능적인 언어란 특정한 일을 하는 사람을 방해하지 않도록 최소한의 단어만을 말하는 것을 의미한다. 예를 들어 요리사가 주방의 동료 직원에게 세세하게 행위를 설명하지 않고, "토마토"나 "식탁 차려" 또는 "쓰레기"라고만 말하는 언어 방식이다.

기능적인 언어는 조용한 것을 좋아하는 내게는 매우 매력적으로 다가온다. 나는 긴 설명이나 대화는 좋아하지 않는다. 고요한 가운데 활동에 집중하는 것을 선호한다. 기능적 언어의 단순성은 평범한 대화를 요하지 않고 고요히 있을 수 있는 열린 공간을 만들어낸다.

마음챙김을 수련하는 하나의 방식으로서, 집에서 기능적인 언어로 실험을 해보라. 가족에게 당신이 일정 기간 기능적인 언어 실험을 제안하고 가족의 참여도 유도해보자. 말을 적게 하면 마음의 중심을 잡기가 더 쉬워진다.

나는 짧고 단순하게 말하는 연습을 할 것이다. 나의 생각과 욕구를 가장 적은 단어로 표현할 것이다. 이것이 나의 마음과 에너지에 어떤 영향을 미치는지 알아볼 것이다.

단순한 것들이 주는 만족

Apr. 30

너무나 자주, 우리는 지나치게 바쁜 탓에 시간을 흘려보낸다. 사람들은 현재를 즐기는 것을 희생하고 미래에 대해서 생각한다. 아름다움과 행복을 찾으려고 멀리 볼 필요가 없다. 지금 당신 앞에 있는 것 그리고 항상 존재하는 것의 찬란함을 알아보는 시간을 가져라. 당신이 속도를 늦추고 바라보면 천국은 바로 눈앞에 있다는 것을 알게 될 것이다.

인생의 단순한 것에서 만족과 경외감을 발견하라. 빛이 물 위에 반사되는 모습, 잔잔한 바람 소리, 친구와의 다정한 포옹, 아이의 미소. 가장 단순하고 즐거운 것에는 엄청난 긍정적인 힘이 있다. 일상에서 이런 단순한 기쁨을 찾는 것은 큰 행복의 원천이 될 수 있다.

나는 일상에서 단순한 기쁨과 아름다움을 찾아낼 것이다. 나는 작은 것들이 내게 가져다주는 기쁨을 만끽하고, 숨 쉬는 매 순간 살아 있음에 감사할 것이다.

May

01

매 순간 성장할 거라는 다짐

인생은 지속적인 성장의 과정이다. 유아기부터 마지막 여정에 이르기까지 인생의 모든 순간은 의미심장하다. 모든 순간이 숨 쉬고, 마음을 열고, 감수성을 연마할 기회를 준다.
활기찬 상태를 유지하는 방법은 매일 계속해서 성장하고 변화하는 것이다. 인생에는 우여곡절이 있지만, 삶의 모험에 긍정하며 기꺼이 도전하자. 변화에 저항하지 않는 사람은 성장한다. 성장을 멈추지 않는 사람은 활기를 잃지 않는다. 당신의 삶은 항상 충만할 것이다.

나는 성장을 멈추지 않을 것이다. 변화에 저항하지 않을 것이다. 나의 감정적, 정신적 확장에 전념할 것이다.

모두가 당신의 스승이다

May

02

당신이 만나는 모든 사람에게는 배울 것이 있다. 긍정적인 사람들에게서는 사랑, 우정, 동료애, 신뢰를 배울 수 있다. 까다로운 사람들은 대하기가 쉽지 않다. 그들의 행동이나 말에 짜증이 나거나 불쾌할 수 있지만, 그것이 오히려 당신의 상처를 치유하는 계기가 될 수도 있다. 예를 들어 누군가가 여러분의 선택을 비판한다고 해보자. 이를 당신의 내면에서 취약한 부분을 점검할 기회로 삼을 수 있다. 또는 누군가에게 진정한 친밀감을 주지 못한다면 "나는 훨씬 더 많이 받을 자격이 있다"라고 말할 수 있다.

이처럼 모든 사람과 삶이 전해주는 모든 가르침을 받아들이려면 겸손해야 한다. 문제가 있는 사람들을 피할 수 있기를 바라지 말고, 그들을 당신의 스승으로 받아들여라. 기억하라, 삶이 우리에게 일어나는 게 아니라 우리로 인해 삶이 일어나는 것임을.

나는 긍정적인 사람들에게서 보살핌에 대해 배울 것이다. 또 까다로운 사람들을 통해 나의 정서적 상처를 치유하고 자유로워질 것이다.

나무는 소중한 친구가 될 수 있다

내가 어렸을 때 언제든 찾아가서 끌어안을 수 있는 나무가 있었다. 슬퍼질 때면 그 나무에다 내 문제를 말하곤 했다. 행복할 때는 그 나무를 찾아가면 더 행복해지곤 했다.

나무는 우리에게 그늘을 주고 대지를 시원하게 한다. 또한 나무는 이산화탄소를 제거하고 몸통과 뿌리, 가지에 탄소를 저장함으로써 대기를 정화한다. 게다가 우리가 호흡하는 산소를 방출한다. 어떤 나무들은 수 세기 동안 인간들이 등장했다 사라지는 모습을 목격할 만큼 오래 살았다. 캘리포니아의 인요 국유림Inyo National Forest에 있는 한 소나무는 5천 년 이상 살아온, 지구상에서 가장 오래된 나무다.

위안을 주는 나무를 찾고 싶다면 숲이나 공원에 가거나 거리에 줄지어 있는 나무들을 살펴보는 것도 괜찮다. 당신이 끌리는 나무를 찾아라. 감정에 휩쓸려 감당하기 어려울 때, 진정하기 위해 그곳에서 명상을 할 수도 있다. 나무를 끌어안을 수도 있지만 단순히 손바닥을 나무에 얹기만 해도 기분과 에너지를 안정시킬 수 있다.

나는 나무를 살아 있는 존재로 인식할 것이다. 내가 편안함을 느끼는 나무를 찾고, 함께 시간을 보내면서 내 중심을 바로잡을 것이다.

꽉 막힌 것 같을 땐 잠시 멈추자

May 04

나는 글을 쓰다가 갑자기 생각이 꽉 막혀서 아무것도 쓸 수 없는 상태가 된 적이 있다. 계속 글을 쓰도록 스스로를 밀어붙였지만 상황만 악화될 뿐이었다. 그래서 나는 쓰는 걸 중지했다. 나 자신에게 가하던 압박을 거두었다. 내 프로젝트가 더 자연스러운 방식으로 이뤄지도록 놔두었다. 그러자 머지않아 다시 펜을 들 수 있었다.

아무 생각도 떠오르지 않고 일을 진행하기 어렵다면 잠시 모든 걸 제쳐두자. 산책을 하거나 목욕을 하거나 다른 일을 하며 기분을 전환하는 것이다. 그러다 보면 갑자기 생각이 정리되거나 아이디어가 떠오르곤 한다. 당신의 뇌와 마음에 틈을 주어야 한다.

나는 내 삶에서 틈새를 만들 것이다. 나는 어떤 문제에 봉착할 때 멈추어 시야를 넓히고 좀 더 창의적으로 그것을 볼 것이다.

때로는 삶을 가볍게 생각하는 게 좋다

May 05

내게는 어느새 아흔이 된 지인이 있는데, 그녀는 암 투병 등을 포함해서 수년 동안 자신에게 벌어졌던 일을 가볍게 웃어넘기곤 한다. 언젠가 그녀에게 물은 적이 있다. "왜 항상 모든 것을 웃어넘겨요?" 그녀는 미소를 지으며 말했다. "왜 안 되는데?"
깨달은 사람은 웃을 수 있다. 당신은 비참함과 행복함을 동시에 느낄 수 있다. 상황이 어렵다는 것이, 스스로에 대해 나쁘게 느껴야 한다는 의미는 아니다. 긍정적인 시기에는 웃어라. 그리고 역경의 한가운데서도 웃어라. 당신이 마주하고 있는 것이 무엇이든 가볍게 받아들여라. 자신을 너무 심각하게 받아들이지 말고, 인생의 유머를 보자.

나는 오늘 문제에 집중하기보다는 밝은 면을 볼 것이다. 내가 웃을 일이 무엇이 있는지 알아볼 것이다.

지나치게 생각하지 않기

May 06

우리는 많은 선택을 한다. 그런데 자신이 한 결정에 지나치게 생각하는 경향이 있지 않은가. 논리가 의사결정에 중요한 역할을 하는 건 사실이지만, 논리가 강박적인 반추로 변질되면 고통스러울 것이다.

얼마나 생각을 해야 너무 많이 했다고 할 수 있는가? 어떤 문제의 모든 측면을 고려했지만 끝없이 숙고하고 있는가? 잠시 그 딜레마를 놓아버리고 지나친 생각을 멈추자. 결정을 내렸다면 이제 더 이상 당신이 할 일도, 고려할 것도 없다.

나는 내가 한 결정에 대해 지나치게 집착하고 생각하지 않을 것이다. 나는 문제의 모든 측면을 영원히 고려할 수 없다는 사실을 인정할 것이다.

무례한 이들의 말은 나에게 상처주지 못한다

May 07

사람들이 무례하거나 무신경한 말을 하면서, 종종 당신에 관해 거짓된 이야기를 하는 경우가 있다. 그런데 만약 누군가가 당신을 모욕한다면 그들은 자라면서 배운 어떤 것을 당신에게 투영하는지도 모른다. 이를테면 처벌을 가하는 그들의 어머니 또는 방관하는 아버지를 당신에게 투영하는 것이다. "상처받은 사람이 다른 사람에게 상처를 준다"는 말처럼.

그러니 그 사람이 어떤 말을 하든 당신의 문제가 아니고, 당신의 문제로 받아들여서도 안 된다. 만약 누군가가 당신에게 "너무 감정적이야" 또는 "심약해"라고 비난한다면 당신은 마음속으로 이것이 사실이 아니라는 사실을 알아야 한다. 그들이 멋대로 내린 평가에 당신이 동의하는 경우에만 그 말이 당신의 문제가 된다. 그 말이 얼마나 터무니없는지 알아야 한다. 자신에 대한 의심을 버리면서, 당신은 더욱 힘을 얻고 자신감 넘치게 될 것이다.

나는 다른 사람들의 잘못된 의견을 나의 문제로 받아들이지 않을 것이다. 나는 그들이 본인의 해결되지 않은 문제를 나에게 투영하고 있다는 사실을 인지할 것이다.

의견은 진실이 아니다

May 08

누구나 자신의 관점을 나타내는 의견을 가진다. 그러나 이러한 의견은 반드시 사실일 수도 없고, 항상 요청되지도 않는다. 소설가 조지 엘리엇George Eliot은 '가장 높은 형태의 지식은 감정이입'이라고 했다. 왜냐하면 그것은 우리의 자아를 벗어나 다른 사람의 세계에 들어가도록 요구하기 때문이다. 이와 달리 어떤 의견을 갖는 데는 다른 사람에 대한 진정한 이해가 필요하지 않다.

누군가가 당신에 대해 의견을 제시할 때, 당신은 그것이 진실이라고 느낄 수도 있고, 그렇지 않을 수도 있다. 문제는 다른 사람의 판단을 너무 심각하게 받아들이는 경우다. 만약 친구가 "더 많은 사람을 만나려면 대규모 파티에 가야 해"라고 말한다면 그것은 그녀의 생각이다. 그녀는 당신이 대규모 모임에서는 불안이나 불편함을 느낀다거나 소규모 모임을 선호한다거나 하는 점은 고려하지도 않았을 것이다. 당신은 친구의 비현실적인 의견을 그대로 받아들일 수도 있고, "말해줘서 고마워"라고 말할 수도 있다. 그런 다음, 더 친숙하게 느껴지는 사람들과 만날 수 있는 사회적 환경을 찾아라. 자신을 알고 항상 자신만의 진실에 따르라.

나는 의견이 주관적이라는 사실을 안다. 다른 사람이 내가 적용하고 싶은 지혜를 제시하지 않는 한, 나는 그것을 너무 무겁게 받아들이지 않을 것이다.

꽃이 만들어내는 축복

May 09

야생화가 흐드러진 들판에 누워 있거나 정원에 새롭게 피어나는 새 생명의 기적을 본 적이 있는가? 꽃은 그 자체로도 아름답지만 살아 있다는 황홀감과 찬사를 훨씬 더 많이 사방으로 내뿜는다. 랄프 월도 에머슨Ralph Waldo Emerson이 쓴 대로 '지구는 꽃 속에서 웃는다.'

봄의 꽃을 기념하기 위해 사랑스러운 꽃다발을 만들어 집이나 사무실에 두자. 이렇게 아름다운 꽃이 주는 기쁨을 나누자. 당신은 꽃이 가진 신선함과 낙천성을 흡수할 수 있다. 당신은 희망을 가질 이유가 있다. 당신의 삶에 내릴 다양한 축복에 마음을 열어라. 꽃을 '지금'이 주는 축복으로 삼자.

나는 꽃을 관찰하고 만발한 꽃들의 생동감을 느끼는 즐거움을 만끽할 것이다. 꽃은 나의 환경을 아름답게 만들어줄 수 있다.

세상의 모든 어머니에게 감사하며

May 10

남성과 여성에겐 음과 양의 에너지가 있다고 전해진다. 음陰은 당신의 유연하고 동정심이 있는, 달과 같은 부분이라고들 하고, 반면 양陽은 어떤 일을 일으키고 문제를 해결하기 위해 전진하려는 에너지라고 한다. 이 음과 양의 기운이 균형을 유지해야 열정적이고 활기차게 지낼 수 있다.

오늘만큼은 음의 에너지와 닮아 있는 모든 어머니와 모성에 감사하는 마음을 전하자. 언제든 어머니와 할머니는 가장 위대한 스승이다. 그들은 우리에게 밀어닥치는 모든 것을 정확하게 알고 있다. 나보다 먼저 세상을 경험하고, 그 안에서 얻은 것들을 나에게 주는 이들을 잊지 말자. 그녀가 나에게 물려준 이야기들을 정서적으로 성장하기 위해 활용하자.

오늘 나 자신과 오랜 세월 동안 모든 어머니에게 감사할 것이다. 나에게까지 전해진 어머니의 지혜에 귀 기울일 것이다.

나는 나의 어머니가 아니다

May 11

공감 능력이 높은 자녀들은 본능적으로 엄마를 돕고 싶어 하며 무심코 어머니의 염려나 불안감을 흡수할 수도 있다. 그러나 이것은 어머니에게 도움이 되지 않으며 당신에게도 부담만 줄 뿐이다. 자신이 어머니와 별개의 사람임을 깨달아야 한다. 당신이 감탄하는 어머니 자질을 공유할 수는 있지만, 그녀의 부정적인 행위를 답습하는 것은 도움이 되지 않는다. 당신과 어머니는 각자 자신만의 여정을 가고 있기 때문이다.

여러분의 긍정적인 자질 중 어머니의 품성과 닮은 것은 무엇인지 써보라. 유머나 관대함, 지능 등 여러 가지가 있을 것이다. 또한 당신이 받아들였을지도 모르는 어머니의 비생산적인 감정이나 행위에 대해서도 생각해보라. 어쩌면 당신은 그녀의 비판적인 목소리나 두려움 내지 불안감을 투영했을지도 모른다. 어떤 것이 당신의 특성이고, 어떤 것이 그녀의 특성인지 살펴보라.

당신이 여전히 짊어지고 있는 어머니의 문제 중 놓아주고 싶은 것이 있다면 다음과 같이 말하라. "나는 어머니가 아니다. 나는 나만의 여정을 가고 있다. 나는 어머니가 지닌 부정적 성향을 놓아줄 준비가 되어 있다."

나는 어머니가 가르쳐준 긍정적인 교훈을 배울 것이다. 그러나 어머니의 고통을 떠맡는 것은 내 일이 아니다. 나는 그녀의 여정을 축복하겠지만 그것이 나의 여정과는 다르다는 사실을 안다.

May

12

정체되었다면 계획을 세워라

허둥대거나 멈춰 있는 것 같다면 당신 삶의 한 측면을 새롭게 하자. 무엇을 바꾸고 싶은지 자신에게 물어보라. 나의 일? 부모님? 또는 파트너와의 관계? 그런 다음 당신이 할 수 있는 건설적인 변화를 계획하자.

어떤 환자는 내게 말했다. "나는 태양광 풍차 사업을 만들어 청정 에너지를 생성하고 싶어요." 다음과 같이 말한 환자들도 있다. "나는 좀 더 혼자 있고 싶어요." "나는 어머니와 더 가까운 사이가 되고 싶어요." "나는 아이를 낳아 부모가 되고 싶어요." 비록 당신 삶의 측면들이 정체되어 있다고 하더라도 이렇게 계획을 세우며 다시 시작할 수 있다.

나는 나만의 계획을 세울 것이다. '나는 …을 하고 싶다'라고 명시한 다음, 내 마음이 내게 하는 말로 여백을 채울 것이다.

무례한 가족에 대처하는 법

May 13

피할 수 없는 가족 모임에서 부정적인 기운을 주고 당신을 지치게 하는 친척이 있는가. 가족과 친척은 친구처럼 쉽게 끊을 수 있는 것도 아니니 더욱 괴롭다. 많은 사람이 자신의 행위나 기분이 끼치는 영향에 대해 의식하지 못한다. 친척들이 습관적으로 당신의 선택을 비난할 때도 당신의 부모님과 형제들은 알아채지 못할 수도 있다. 그들은 자신들의 계속되는 말다툼이 당신을 지치게 한다는 사실을 이해하지 못할지도 모른다.

그러나 다른 사람의 나쁜 행동에 대해 문을 활짝 열어놓는 것이 당신의 의무는 아니다. 어떻게 하면 자신을 보호할 수 있을까? 가족 구성원들에게 자신이 민감한 사람이라는 것을 알리고, 모임에서 더 부드럽게 이야기하거나 즐거운 친척 옆에 앉히는 식으로 구체적인 방법을 설명할 수 있다. 그래도 여전히 그런 사람들을 피할 수 없을지도 모른다. 그럴 땐 당신의 몸을 완전히 둘러싸고 있는 빛의 보호막을 상상해보라. 가족 모임 또는 진이 빠지는 다른 상황에서 필요한 만큼 이 보호막을 유지하라.

나는 스트레스를 주는 친척들과 함께 있을 때 그들의 부정성으로부터 자신을 보호할 수 있다. 나는 다른 가족의 도움을 요청하거나 보호막의 시각화를 실행할 것이다.

한 번에 한 가지 문제에 집중하라

May 14

배려심이 많고 정서적인 사람이라면 많은 감정과 공감이 마음속에 소용돌이치고 있을 것이다. 그럴 때면 자기 자신을 표현하고 싶은 욕구가 솟구친다. 특히 불안하거나 속상할 때 나를 괴롭히는 모든 문제를 한꺼번에 터뜨리고 싶은 유혹이 생긴다.
혹시 당신은 이렇게 말하지는 않는가. "나는 혼자 있는 시간이 좀 더 필요해. 당신 부모님이 방문해서 일주일 동안 같이 지내신다면 나는 지칠 거야. 제발 텔레비전 소리 좀 줄여, 그리고 애들 돌보는 것 좀 도와줘." 이렇게 말하지 말고, 가장 중요한 것부터 시작하라. 요점을 이해시키려면 너무 많은 정보를 한꺼번에 주기보다는 한 번에 한 가지 문제에 집중하는 것이 좋다. 그런 다음 며칠 또는 몇 주에 걸쳐 문제를 하나씩 해결하라. 이것이 상대를 존중하며 효과적으로 의사소통하는 방법이다.

나는 배우자나 친구 또는 다른 사람들과 상의하고 싶은 다섯 가지를 적어볼 것이다. 그리고 한 번에 오직 한 가지 주제만 다룰 것이다. 사랑하는 사람들에게 한꺼번에 너무 많은 정보를 들이부어 질리게 하지 않을 것이다.

May 15

스몰토크가 어려운 사람들

나는 스몰토크small talk를 즐기지 않는다. 나는 스몰토크를 잘할 수도 없고, 해도 피곤하기만 하다. 스몰토크는 나에게 강요된 것처럼 느껴지고, 어색한 침묵을 피하기 위해 시간을 채우려는 의도인 것만 같다. 당신도 나와 같이 느끼는가? 그런데도 스몰토크를 하지 않으면 무례하다고 느낄 수 있다. 아니면 스몰토크를 하는 기술이 부족해서 친목 모임을 피하는 것이 부끄러울 수도 있다.

어떻게 해야 할까? 만약 내가 파티에 참석한다면 나는 친구나 사교적인 친구들에게 같이 참여해달라고 가볍게 부탁할 것이다. 물론 그들이 그렇게 하는 것을 좋아하기 때문이다. 이렇게 하면 아는 사람이 한 명 있다는 사실만으로 약간의 부담을 덜 수 있다. 그런 다음, 대화가 깊어지면 나는 그저 귀를 기울여 들을 것이다. 아니면 내가 더 쉽게 공감할 수 있는 다른 사람을 찾아서 말을 걸기도 한다. 이처럼 현실적인 해결책을 생각해보자.

나는 스몰토크에 대한 나의 선호도를 파악하고 내가 편하게 느끼는 대처 방법을 전략적으로 만들 것이다. 나는 친구들의 도움을 받아 사교적인 상황에서 부담을 줄일 것이다.

만남 뒤에 피로가 몰려온다면

May 16

친구와 함께 즐거운 오후를 보낸 후 극심한 피로를 느껴본 적이 있는가? 또는 불안해하는 사람과 만난 다음 날까지 그 사람의 불안감을 짊어진 적이 있는가?

원인이 사라진 후에도 만남의 부정적인 영향이 몸에 남아 있을 때를 '에너지 숙취'라고 표현한다. 누군가와 상당한 경계를 두어도 피로감을 느낄 수도 있다. 그럴 때 남아 있는 에너지를 씻어낸다는 기분으로 목욕이나 샤워를 하라. 혹은 부정적인 느낌이나 정체된 느낌을 없애기 위해 창문을 열고 심호흡을 하라. 당신의 몸과 공간을 정화하면 에너지 숙취를 해소하는 데 도움이 된다.

만약 내게 에너지 숙취가 있다면 나는 그것이 진짜라는 것을 인정하고, 남아 있는 감정이나 스트레스를 말끔히 씻어내기 위한 조치를 취할 것이다.

정서적으로 안전하다고 느끼는 관계

May 17

정서적 안정은 내면에서 안락하다고 느끼는 것이다. 우리는 다치거나 비난받거나 공격당하지 않을 것이라는 사실을 알아야 안심할 수 있다. 정서적 안정은 당신 안에서 시작된다. 자기 자신의 감정을 인식하고 억압하지 않아야 한다. 당신이 느끼는 감정은 강렬하고 압도적일 수 있다. 그럴 때는 자신을 부드럽게, 연민을 가지고 대하라.

친밀한 관계에서 정서적 안정은 서로를 신뢰한다는 것을 의미한다. 갈등이 생겼을 때 서로의 말을 믿어준다. 사랑, 수용 그리고 존중은 당신이 정서적으로 안전하다고 느낄 수 있게 해준다. 그런데 각자가 느끼는 정서적 안정이 다를 수 있다. 당신의 욕구를 명확히 하기 위해, 당신이 느끼는 정서적 안정이 무엇인지 생각해보라. 당신은 무엇에 정서적으로 안전하다고 느끼는가? 누구와 있을 때 안전하거나 안전하지 않다고 느끼는가?

친구와 배우자와 가족에 집중하라. 이러한 관계에서 더욱 안전하다고 느끼려면 어떤 변화가 있어야 하는지 적어보라. 이런 식으로 자신을 돌보게 되면 당신은 신뢰하는 사람들에게 마음을 열 수 있게 된다.

나는 평가받지 않고 존중받는다고 느끼는 관계를 선택할 것이다.
다른 사람을 위한 정서적 안정의 범주도 만들 것이다.

당신이 책임질 필요는 없다

May 18

다른 사람들에게 지나치게 책임감을 느끼는 사람들이 있다. 이런 사람은 뒤로 물러서서 다른 사람이 본인의 길을 가도록 두는 것이 어려울 수 있다. 당신은 알코올 중독자나 불안정한 부모와 살면서 배운 습관 때문에 본인이 개입하지 않으면 끔찍한 일이 일어날 거라고 믿으면서 사람들을 과도하게 돕거나 바꾸려고 할지도 모른다. 이런 사람은 감정이입을 너무 잘하는 사람이기도 하다.

당신이 이런 성향이라면 스스로를 보호하는 기술을 연습하라. 그러나 다른 사람들과의 경계를 정하고, 다른 사람들을 자신의 확장이 아닌 분리된 존재로서 여겨야 한다. 당신은 누군가의 문제를 떠맡지 않고도, 여전히 곁에 있으면서 이야기를 잘 들어주는 사람, 그리고 충실한 친구가 될 수 있다.

나는 다른 이들에 대한 집착을 멈추고 마음챙김에 집중할 것이다.
건강한 경계선을 지키면서도 돕는 사람이 될 것이다.

눈 맞춤의 힘

May 19

타인을 이해하고 공감하고 싶은가? 그렇다면 그 사람의 눈을 깊이 들여다보자. 우리의 눈은 강력한 에너지를 전달한다. 사람들의 눈을 관찰해보라. 배려하고 있는 눈인가? 평온한 눈인가? 심술궂은 눈인가? 화가 난 눈인가? 냉정한 눈인가? 또한 눈은 친밀함을 보여줄 수 있고 표현할 수 있는 지표가 된다.

실제로 애틋한 눈 맞춤을 오래 유지하면 연인들이 더 가까워지는데 도움을 준다고 한다. 그런데 일상생활에서는 시선 처리에 신경을 써야 한다. 눈은 영혼의 창이지만, 모든 사람이 영혼을 읽히고 싶은 것은 아니기 때문이다. 당신의 시선으로 다른 이가 방해받지 않도록 주의하고, 마찬가지로 누군가가 당신을 방해하고 있다면 눈길을 돌려라.

나는 타인을 이해하기 위해 눈 맞춤을 할 것이다. 다만 다른 사람이 불편해한다면 시선을 거두고, 나 역시 다른 사람의 눈 맞춤이 불편하면 시선을 돌릴 것이다.

스트레스 돌려보내기

May 20

다른 사람의 부정적인 감정이나 스트레스를 떠안게 되면 가능한 한 빨리 당신의 몸과 마음에서 그것들을 치워라. 당황하지 말고 그저 알아차린 다음 호흡을 하라. 그런 다음 속으로 세 번 반복해서 말해보자. “보낸 사람에게 돌아가라. 보낸 사람에게 돌아가라. 보낸 사람에게 돌아가라.” 몇 초간 멈추고 숨을 들이마신 다음 깊게 내쉬어라. 그다음은 불편함이 당신의 몸을 떠나 공기 중으로 완전히 흩어지는 것을 느껴라. 이제 당신은 균형 잡히고 건강하고 온전하다.

나는 내 몸에서 원하지 않는 에너지를 최대한 빨리 방출할 것이다. 그것이 나를 병들게 할 때까지 방치하지 않을 것이다.

거울처럼 느끼는 타인의 고통

May 21

뇌는 '거울 뉴런'이라고 불리는 특별한 세포군을 가지고 있는데, 이 세포들이 공감과 연민을 담당한다. 그래서 사랑하는 사람이 고통을 당하고 있을 때, 당신은 그 일이 실제로 당신에게 일어나고 있는 것처럼 느낄지도 모른다. 때로는 낯선 이들과 세상의 고통까지 느낄 수도 있다. 마찬가지로 누군가가 자애로우면 당신 역시 그 자애로움을 흡수한다.

거울 뉴런 시스템을 이해하면, 당신의 것이 아닌 불편함으로부터 자신을 보호하는 일이 매우 중요하다는 사실을 알게 된다. 좋은 공감 능력은 뛰어난 재능이지만, 건강한 경계를 설정하는 것 역시 필요하다. 당신의 자원을 보존하려면 감정이입과 재충전 사이의 균형을 이루어야 한다. 자신의 내면을 파고들어 재충전이 필요한 적당한 타이밍이 언제인지 알아두자.

나는 연민과 공감을 위해 연결된 정교하게 조정된 거울 뉴런 시스템을 가지고 있다. 나는 앞으로도 건강한 공감과 재충전 사이의 균형을 추구할 것이다.

힘에는
책임이 따른다

May

22

다른 사람에게 공감하는 능력은 당신의 힘이다. 그 힘이 성숙해짐에 따라, 당신은 더욱 굳건해지고 자신감 넘치며 다른 사람들의 마음을 읽을 수 있다. 당신은 사람과 세상에 대한 더 큰 연민을 품게 된다. 당신의 고운 마음은 존경받아 마땅한 아름다운 힘이다. 책임감을 가지고 이러한 힘을 자신과 다른 사람들에게 현명하게 사용하라. 책임감을 가진다는 말은 무슨 뜻인가? 첫째, 당신의 빈틈없는 공감 능력을 겸허히 여겨라. 절대 사람들을 통제하거나 청하지도 않은 충고를 하는 데 공감 능력을 이용하지 마라. 당신은 다른 사람들의 말을 경청할 수 있을 뿐만 아니라 자신의 행복도 유지할 수도 있다. 마음껏 주는 동시에 중심을 잡을 수도 있다. 마음챙김에 힘쓰며 에너지를 보존하자.

나는 내 공감 능력의 힘과 그에 수반되는 책임을 받아들일 것이다.
내 능력을 진실하게 사용할 것이다.

당신 운명의 주인이 되어라

인생은 하나의 학교와 같다. 인생을 살며 공감과 연민에 대해 배워야 할 것이 너무나 많다. 당신이 성취할 수 있는 건, 부모나 배우자가 되는 것에서부터 경력을 추구하거나 감정적인 지능과 공감을 발전시키는 일에 이르기까지 다양하다.

봄은 졸업을 위한 계절이다. 졸업은 당신이 훈련해온 마음챙김을 포함해서 그간 습득해온 지혜의 폭을 인정하는 일이기도 하다. 또 졸업은 발전의 절정을 이루는 시기이자 새로운 시작을 알리는 시기이기도 하다. 당신은 무슨 단계를 졸업했는가? 어떤 역경을 극복했는가? 당신 앞에는 어떤 새로운 길이 펼쳐지는가? 당신이 성취한 모든 것에 기뻐하라. 당신은 당신 운명의 주인이다.

나는 내 인생의 새로운 국면에 접어들면서 내 운명의 주인이 될 것이다. 나의 모든 성취와 졸업을 축하할 것이다.

과잉 경계를 풀자

May 24

당신은 다른 사람의 스트레스에 영향을 받지 않으려고 과잉 경계를 할지도 모른다. 진이 빠지지 않도록 주변 환경을 계속 살피는 것이다. 이처럼 스스로를 보호하려는 당신의 태도를 다른 사람은 냉담하다거나 고상한 체한다고 오해할 수도 있다.

만약 당신이 감정이입을 잘하는 아이였고, 부모가 보살펴주지 않는다는 느낌을 포함해 초기 트라우마나 학대에 노출됐다면 당신은 위협을 피하기 위해 환경에 정교하게 적응했을지도 모른다. 어렸을 때의 신경계가 치유되지 않은 채 그대로 발달하면 과잉 경계 상태가 될 수 있다. 그러나 일단 자신의 공감 능력을 편안하게 느끼면서 명확한 경계를 설정할 수 있게 되면 과잉 경계하는 증상은 줄어들 것이다. 좀 더 긴장을 풀어도 좋다. 세상이 거주하기에 더 안전한 곳처럼 느껴질 것이다.

나는 내가 안전을 위해 주변을 살피는 데 너무 긴 시간을 소비하지 않는지 유의할 것이다. 나는 보호 기술을 발휘해 더 큰 편안함을 얻을 것이다.

단시간의 격렬한 운동을 계획하라

May 25

다른 사람들로부터 스트레스를 받을 때마다 운동할 계획을 세워라. 정해진 일상 외에도, 1분에서 5분 정도의 짧고 격렬한 움직임은 당신의 몸을 빠르게 정화시켜준다. 이런 운동은 통증을 막고 식욕을 줄이며 심지어 희열을 느끼게 하는 엔도르핀을 생성시킨다. 당신에게 효과적인 격렬한 운동의 종류를 찾아라. 잠시 파워워킹을 하거나 달려라. 다소 어려운 요가 자세, 댄스, 달리기, 스쿼트, 줄넘기 등을 시도할 수도 있다. 이러한 시도는 불안이나 분노 또는 다른 불편한 감정들을 순식간에 태워 없애는 데 도움을 준다. 당신의 신체에 도전적이고 근육이 타오르는 느낌을 유발하는 운동을 선택하라.

나는 스트레스를 빨리 해소하고 싶을 때 짧고 강렬한 운동을 할 것이다. 이것은 원치 않는 감정들을 쫓아내는 데 도움이 될 것이다.

May
26

몸의 통증에 집중해볼 것

우리 몸의 각 부분이 통증이라는 비명을 지르기 전까지 관심을 기울이지 않는 사람이 많다. 하지만 증상이 나타나기 전에 신체를 돌봐야 한다. 건강한 신체는 행복의 필수 조건이기 때문이다.
당신의 신체는 정교하게 조율된 악기다. 그래서 문제가 생겼다면 조율사의 손이 필요할 수도 있다. 에너지가 부족하거나 만성적인 육체적 또는 감정적 증상을 경험하고 있다면 지체하지 말고 병원을 찾자. 미용실이나 네일 숍만큼 병원을 친숙하게 여기고 가볍게 갈 수 있어야 한다. 당신을 치료해줄 전문가들이 존재하고, 당신은 고통과 통증과 우울과 불안을 떨칠 수 있다.

나는 신체의 불편함을 느낀다면 병원을 찾을 것이다. 행복을 유지하기 위해 내 몸에 항상 관심을 기울일 것이다.

나는
무엇이 두려운 걸까

May
27

어떤 두려움은 우리가 살아남도록 도와준다. 어려운 상황에서 최악의 사태를 상상해야 할 수도 있다. 그렇기 때문에 두려움을 다루기는 까다롭다. 그러나 다른 사람의 두려움까지 떠맡아 자신의 공포를 부채질하지는 말자. 이는 극도의 피로로 이어질 뿐이다.

"두려움은 진짜처럼 보이는 거짓이다"라는 말이 있다. 두려움은 당신이 먹이를 주어야만 커진다. 두려움을 놓아주고 용기를 키우는 것이 감정적으로 강해지는 방법이다.

무엇이 두려운가? 금전적인 부족함이나 외로움과 같은 당신만의 두려움을 다섯 가지 적어라. 그런 다음 그것들 중 하나를 놓아주기로 결정하고 이렇게 말하면서 두려움을 떨쳐버리자. 예를 들어 "나는 재정적 안전을 제공하는 알맞은 직업을 찾을 것이다" 또는 "나는 외롭다고 느끼지 않도록 친구들에게 더 자주 연락할 것이다"와 같이 말하자. 당신이 마치 그런 것처럼 연기하고 있다 해도 그것은 훌륭한 첫걸음이다. 이렇게 함으로써 당신은 서서히 두려움을 놓아주기 시작할 것이다.

나는 내 두려움이 무엇인지 파악하고 긍정적으로 전환할 것이다.
더 이상 두려움에 먹이를 주지 않고 해방될 것이다.

마음이 가는 대로 해라

May 28

때로는 느슨하고 즐겁게 지내고, 걱정거리를 잊는 연습을 하라. 그냥 놀아라. 반드시 붐비는 해변이나 파티에 가야 한다는 의미는 아니다. 당신이 어디에 있든 자신만의 즐거움을 찾아라. 이번 주말을 아무 걱정하지 않는 시간으로 정하라. 자주 생각하고 있었지만 주중에는 시간이 없어서 할 수 없었던 즐거운 일을 하라.
어쩌면 자연을 즐기며 하이킹을 하거나 공을 던지며 놀거나 예술 작품을 만들 수도 있다. 영혼이 갈망하는 방식으로 내면을 탐구할 수 있는 날을 지정하면 건강하고 영감을 주는 자극이 될 것이다. 일상의 의무는 제쳐두고 컴퓨터를 끄고 뉴스를 피하라. 당신을 둘러싼 삶의 향연을 즐겨라.

나는 영혼의 자유를 느낄 것이다. 나는 두려움으로 위축되기보다는 기쁨에 나를 내던질 것이다. 그냥 마음대로 내버려둘 것이다.

변하지 않는 것은 없다

May 29

계절이 오고 가듯이 삶에는 주기가 있고, 당신이 성장의 단계마다 경험하는 변화들이 있다. 어떤 것도 고정된 것은 없다. 변하지 않는 것은 없다. 이런 순환을 받아들일 때 모든 것이 괜찮아질 거라는 사실을 믿을 수 있다.

변화를 앞두고 불안할 수도 있다. 지금 어려운 상황에 처해서 어찌할 바를 모를 수도 있다. 하지만 이 모든 굴곡이 자연의 변화가 주는 장엄함처럼 아름답다. 자신감을 가지고 나아가자. 살아간다면, 삶 자체가 당신에게 지혜를 줄 것이다.

나는 나를 지지하고 있는 근거 없는 근거가 있음을 알고 있다. 비록 내가 두려워하는 순간에도 그것은 항상 거기에 있다. 나는 내 삶의 여정이 주는 지혜를 신뢰할 것이다.

사랑의 힘은 언제나 강하다

May 30

우리에게는 각자 내부에 강력한 전사가 있다. 이 전사는 당신이 옳다고 믿는 것을 위해 싸우고 부당한 것으로부터 당신을 지켜준다. 사랑의 전사도 전사다. 사랑의 힘은 강하다. 사랑은 온순하지도 연약하지도 않다. 이런 사랑의 힘을 가진 사람의 가장 큰 장점은 공감과 세상을 이해하고자 하는 욕망이다.

사랑의 전사로서 자신의 평화에 영양을 공급하고, 삶의 전쟁에서 받은 상처를 치유하자. 더 나아가 공동체의 일원으로서 더 이상 전쟁이 없는 날을 기원하자. 우리가 서로에게 자비를 베풀기를, 모든 사람에게 공감할 수 있기를 바란다.

나는 전사만큼 강하다. 나는 내 안의 사랑과 선한 힘을 지키며 주변 이들을 이해하고 공감할 것이다.

작은 자아를 초월하라

우리 안의 작은 자아는 스스로를 두려움과 불안감에 가둔다. 당신이 이보다는 훨씬 더 대단하다는 걸 당신의 큰 자아는 알고 있다. 날마다 당신 안의 작은 자아를 초월하기 위해 연습하라. 고군분투하는 일상생활보다 더 높이 솟아올라라. 긍정적인 것에 집중하면 자신의 작은 자아를 초월하는 데 도움이 된다. 부정적인 생각이 끼어들면 하늘의 구름처럼 떠다니게 놔두어라.
의식적으로 "나는 내가 투쟁하는 것 이상의 존재가 될 수 있다. 나는 내 안에서 평화를 찾을 수 있다"고 말하자. 자신을 작게 유지하길 원하는 어떤 사람이나 감정보다도 자기 자신을 확장할 수 있을 것이다.

나는 나의 두려움과 작은 자아를 초월하는 데 전념할 것이다. 그곳에서 힘과 평화를 찾을 것이다.

적당한 때에 놓아주는 것

Jun. 01

당신의 삶에서 무리하게 일을 밀어붙였지만 결과가 없었던 일들을 돌이켜보라. 프로젝트가 중단되었는가? 당신은 아들이 대학에 진학하길 바라는데 아이는 싫다고 하는가? 당신이 바라는 것보다 부상에서 회복하는 속도가 느린가?

적당한 시기에 놓아주는 것이 성공의 비결이다. 그것은 목표를 달성할 길을 명확히 밝혀줄 수 있다. 놓아줄 수 있을 때 기쁨이 밀려온다. 당신이 좌절을 느낀 일을 떠올려보고 이렇게 말해보라. "나는 잠시 쉴 것이다. 나는 그냥 놓아줄 것이다." 그런 다음, 삶의 다른 영역으로 초점을 옮겨 결과에 연연하는 마음을 풀어라. 그저 열린 마음으로 기다리면서 무슨 일이 일어나는지 지켜보라.

나는 움켜쥐려 하지 않고 자연스럽게 흐르는 삶을 살 것이다. 억지로 일을 성사시키려 하기보다는 자연스럽게 놔둘 것이다.

예술에서 영감을 얻기

Jun. 02

예술은 감동과 영감을 주고, 상상력과 창의력을 자극해 삶을 풍요롭게 만든다. 마추픽추Machu Picchu를 방문하든, 박물관 전시회를 보든, 아니면 놀라운 사진집을 즐기든, 그 어떤 것이라도 좋다. 당신은 어떤 종류의 예술에 반응하는가? 채색된 필사본, 고대의 영적 문헌들, 자연 사진? 모네Monet, 반 고흐van Gogh, 미켈란젤로Michelangelo, 다빈치da Vinci 같은 거장들의 작품은 어떤가? 이렇게 찬란한 작품들에게서 위안과 영감을 이끌어내라.

나는 오늘 내게 감동과 영감을 주는예술 작품을 찾아나설 것이다. 이를 위해 나는 창의적이고 긍정적인 예술 작품을 감상할 것이다.

심장박동의 울림

Jun. 03

북은 가장 원시적인 악기다. 쿵쿵거리는 북 소리는 태어나기 전 자궁에서 들었던 어머니의 심장박동을 연상시킨다. 생각이 너무 많거나 스트레스를 받을 때 머리까지 지끈거리곤 한다. 자꾸만 강박적이고 두려운 생각이 더 많이 들고, 그럴수록 두통은 더 심해져만 간다. 이럴 때 북 또는 드럼을 가까이 하면 머릿속 생각에서 벗어나 안정감을 느낄 수 있다.

북 소리를 당신의 삶 속에 들여놓는 일은 재미있으면서도 쉽다. 집에 알맞은 작은 북을 사도 좋다. 마음을 진정시키고 싶을 때 심장의 속도를 닮은 일정한 리듬으로 북을 두드려라. 직접 연주할 수 없다면 드럼 연주를 들어도 좋다. 이처럼 일정한 템포는 다음과 같은 메시지를 전한다. "두려워할 것 없어. 이것은 당신의 내면에 있는 느리고 진실한 울림이야."

나는 나 자신을 안정시키기 위해 드럼이나 북 연주를 해볼 것이다.
내 몸의 자연스러운 리듬과 일치하는 드럼 리듬을 찾을 것이다.

동물에게서 배우다

Jun. 04

동물은 각기 다른 특성을 가지고 있다. 사자는 용기를 갖고 있고, 재규어는 용맹하며 신뢰할 수 있다. 어떤 동물을 떠올리거나 영상을 보면서 편안하거나 영감을 받는 기분을 느낀 적이 있는가? 그렇다면 그 동물의 좋은 특성을 찾아 배우려고 해보자.

기운을 빼서 지치게 만드는 사람들이나 스트레스를 주는 상황에서 벗어나 보호받고 싶을 때, 조용한 곳에서 숨을 몇 번 들이쉬고 자세를 편하게 한 다음 눈을 감는다. 숨을 쉴 때마다 그날 하루의 생각과 스트레스를 내보낸다. 마음이 안정되고 진정되었다고 느끼면 당신이 좋아하는 동물을 떠올리자. 그 동물이 당신에게 위로를 해준다고 느낄 수도 있고, 힘을 주거나 보호해준다고 느낄 수도 있다. 당신이 얼마나 안전한지 느껴라.

나는 주위를 감싸는 안전한 테두리와 보호가 필요할 때 좋아하는 동물을 떠올리고 명상을 할 것이다.

어떤 삶을 살았다고 말할 수 있을까

Jun. 05

어떤 선택을 해야 할 상황인데 결정할 수가 없어 망설이고 있는가? 혹은 어떻게 살아가야 할지 막막한가? 우리는 삶의 많은 질문에 맞닥뜨리지만, 어디서 답을 구해야 할지 알 수 없어 방황한다. 이럴 때 당신이 가장 먼저 할 일은 삶의 비전을 갖는 것이다. 북미 인디언 부족에서는 청소년기 아이들이 성인기로 들어설 때 자신을 인도해줄 비전이나 꿈을 찾기 위해 황야로 나서는 문화가 있다고 한다. 자신을 정면으로 마주할 수 있는, 성인으로 가는 통과의례와 같은 의식인 셈이다.

당신은 인생의 마지막 순간에 어떤 삶을 살았다고 말하고 싶은가? 여기에서부터 질문을 시작하자. 분명한 비전이 생기면 방황은 줄어들고 보다 안정적으로 살아갈 수 있을 것이다.

만약 내가 명확한 결정을 할 필요가 있거나 삶의 어떤 측면에 대한 지침을 원한다면, 나는 내 삶의 비전을 진지하게 고민할 것이다.

스스로의 몸을 사랑하는 연습

Jun.
06

자신의 신체를 어떻게 인식하고 있는가? 이는 당신의 자존감과 매력도에 영향을 준다. 신체 이미지는 당신 가족의 믿음, 미디어, 문화적 이상에 의해 형성된다. 자신의 모습을 있는 그대로 사랑하려면 이런 것들에 흔들리지 않는 것이 중요하다. 자신을 더 사랑하기 위해 외모를 바꿔야만 한다고 생각하는 것은 오해다.
나는 자신이 뚱뚱하다고 믿는 마른 환자들, 그리고 자신의 체중을 대수롭지 않게 여기는 플러스 사이즈 환자들을 만나왔다. 당신의 신체를 어떻게 인지하는가는 당신에게 달려 있다. 긍정적인 신체 이미지를 강화하기 위해, 막대기처럼 마른 모델이나 근육질의 남성들이 등장하는 미디어를 멀리하라. 또한 비교하지 마라. 대신 긍정적인 자기 대화를 연습하라. 건강에 좋은 음식을 먹고, 살을 빼고 싶어 하는 것은 괜찮지만, 그 과정을 밟는 자신을 연민으로 대해야 한다는 사실을 명심하자.

나는 내 몸을 사랑하고 내 외모 그대로를 인정할 것이다. 나는 나 자신에게 초점을 맞출 것이고, 다른 사람들과 나를 비교하는 일을 자제할 것이다.

고통받은 내 몸 치유하기

Jun. 07

당신의 몸은 당신이 느꼈던 모든 고통스러운 감정과 경험을 지니고 있다. 고통받은 몸을 치유하자. 첫 번째 단계는 당신의 몸이 지쳤거나 고통받고 있다는 사실을 인식하는 일이다. 고통스러운 생각이 떠오르거나 사소한 상황에 과도하게 반응한다면, 이것은 고통의 몸이 활성화되었다는 신호다. 이것을 의식하는 것이 중요하다. 모든 고통은 서로 연결되어 있다. 예를 들어 허리를 다치자 갑자기 다른 곳에서 보이지도 않던 고통이 나타날 수 있다. 한 가지 고통스러운 사건이 해결되지 않은 다른 고통스러운 사건을 부지불식간에 불러일으킬 수도 있다.

따라서 통증이 나타나면 자신을 잘 관찰해야 한다. 작가 에크하르트 톨레Eckhart Tolle는 말한다. "당신이 현재에 존재한다면 고통의 몸은 당신의 생각이나 다른 사람들의 반응을 먹고살 수 없다. 당신은 그저 관찰하면 된다. 그러면 고통의 에너지가 줄어들 것이다."

내가 고통을 느낄 때, 나는 그것을 알아차리고 고통의 원인을 치유하는 데 초점을 맞출 것이다. 몸 밖으로 고통을 풀어내기 위해 심호흡을 할 것이다.

내면 아이를 따뜻하게 바라보는 연습

Jun. 08

어떤 사람들은 예민한 감수성을 가지고 태어난다. 그들의 공감 능력과 직감은 타고난 기질의 일부다. 만약 이런 사람들이 정서적 또는 신체적 방치나 학대를 당하며 자랐다면 자신들이 유해한 환경에 더 노출되었다고 느끼며 세상에서 보호받지 못한다고 느꼈을 것이다.

예민해서 상처를 잘 받는 사람은 있지만 모두 치유될 수 있다. 긍정적으로 양육되었다면 더할 나위 없이 좋겠지만 우리 모두가 이렇게 양육되지는 못한다. 따라서 당신은 반드시 자기 연민을 가지고 경계를 설정하는 법을 배워야 한다. 내가 이 책에서 제시한 마음챙김 방법을 활용해보자. 또한 상처받은 내면 아이를 따뜻하게 바라보며 긍정적인 자기 대화를 통해 건강한 방법으로 자신을 다시 양육할 수 있다. 이에 더해, 당신을 따스하게 품어줄 자상하고 너그러운 사람들을 가까이하자.

나는 내면 아이에게 사랑이 가득한 나만의 부모가 될 것이고, 내가 안정감을 느끼고 받아들여진다고 느끼게 만드는 사람들을 선택할 것이다.

모든 것이 정지된 시간

Jun. 09

당신이 무리하고 있다고 느낀다면 외부에서 오는 자극을 줄여야 할 필요가 있다. 일정에 따라 10분 또는 주말 전체의 일을 뺄 수도 있다. 문을 닫고 불빛을 차단하고, 이불 속으로 파고 들어가 잠을 잔다. 또는 영화를 보거나 반려동물과 놀면서 오후를 보낼 수도 있다. 말도 하지 않는다. 아무 소식도 듣지 않는다. 최소한의 의사소통만 하거나 전혀 소통을 하지 않는다. 너무 자극적인 정보가 침입하지 못하도록 한다. 오롯이 평화로움을 만끽한다.

자극을 최소한으로 제한한 이런 기간은 몸에도 도움이 될 것이다. 한가한 시간을 가지면 심박수가 낮아지고 긴장이 풀리며 천연 진통제이자 기분 좋게 느끼는 신경화학물질인 엔도르핀을 만들기 시작한다. 빈 공간, 빈 시간, 사람이나 요구가 없는 상황은 원기를 회복해준다.

내가 지나치게 흥분했다 싶을 때는 휴식을 취할 것이다. 최대한 빨리 자극 강도를 낮추거나 내가 선택한 외부 입력에만 나 자신을 노출할 것이다.

지나치게 간섭하지 마라

Jun. 10

당신이 직접 하지 않으면 일이 제대로 풀리지 않을 것이라고 느끼는가? 이런 사람은 다른 사람에게 일을 위임하지 않으려 한다. 커다란 그림보다 세부사항에 집착하면서, 다른 사람들이 본인의 일을 잘해낼 수 있다는 사실을 믿지 못한다. 그러니 자신도 피곤할 수밖에 없다. 팀을 이룬 상황에서 이런 행동을 하면 다른 사람들의 사기를 떨어뜨리기까지 한다. 만약 당신이 파트너나 가족, 동료의 일을 일일이 간섭하려 든다면 관계는 악화시킬 것이다.

사람들이나 상황들을 지나치게 통제하려 하지 말자. 보다 나은 관계를 위해 "내가 왜 사소한 일까지 간섭하지?"라고 질문해보라. 직원이나 가족 구성원들에게 당신의 목표를 분명히 밝히는 것도 중요하다. 당신이 그들을 신뢰한다는 사실을 전하고, 그들이 빛을 발하도록 기회를 주자.

나는 세세하게 관여하는 나의 성향에 주목할 것이다. 내가 그들을 신뢰하고 있으며, 통제하려 하지 않는다는 사실을 그들에게 보여줄 것이다.

Jun. 11

현재에 집중하는 마음챙김

마음챙김은 현재의 순간에 집중하는 것이다. 동시에 자신의 느낌과 생각과 몸의 감각 등을 그대로 인정하는 것이다. 삶과 싸우거나 통제하려고 애쓰거나 불평하지 않고, 삶을 있는 그대로 받아들이는 것이 마음챙김의 본질이다. 자신을 책망하거나 다른 사람들과 비교하기보다는 친절하게 자신을 바라보는 것이다.

'지금' 그대로의 자신을 알고 받아들이는 것이 도움이 된다. 미래나 과거에 초점을 두지 말자. 이렇게 마음챙김을 연습하면 마음의 건강을 유지할 수 있다. 혼란이나 역경 속에서 중심을 잃지 않고, 자신을 포함해서 모든 것을 연민으로 바라볼 수 있다.

나는 오늘, 마음챙김 수련을 할 것이다. 무슨 일이 있어도 나는 현재의 순간에 집중하고 나 자신을 관대하게 대할 것이다.

자애로움의 천국

매일 모든 상호작용에 자애로움을 불어넣음으로써 삶을 천국으로 만들 수 있다. 물론 때로는 불안이나 두려움에 빠져들 수도 있다. 하지만 자애로움이 분노와 두려움을 어떻게 부드럽게 만드는지 항상 상기하자. 마음을 열고 사람들과 자애로움을 주고받아라. 나는 자애로운 사람들을 존경하고, 그런 사람들을 곁에 두려고 노력한다.

자신을 자애롭게 대하기 위해 다음과 같은 명상을 수련하자. 이것을 다른 사람에게 적용하고 싶으면 '나'를 '당신'으로 바꾸기만 하면 된다.

내가 행복하기를.
내가 잘 지내길.
내가 무사하기를.
내가 평화롭고 편안하기를.

자신과 타인을 어떻게 대하느냐에 따라 지상에서도 천국을 만날 수 있다. 당신이 어떤 시련을 견뎌왔든, 과거가 어떠했든, 당신을 고통에서 벗어날 수 있다.

나는 나 자신과 다른 사람들을 자애로움으로 대할 것이다. 어쩌다 불안이나 두려움에 빠지더라도 자애로움의 힘으로 이겨낼 것이다.

영화를 보는 즐거움

Jun. 13

나는 때때로 일상에서 탈출해 영화를 보러 가는 것을 좋아한다. 극장에서, 영화 속 다양한 인간 군상들 속에서 헤매는 동안 오히려 안심이 되면서 일상생활의 번잡함에서 벗어난다. 영화 속 캐릭터들이 경험하는 감정의 시련과 돌파구를 생생하게 느끼며 정서적으로 공감할 수 있다.

피로하거나 단지 일상적인 요구에서 벗어나 휴식이 필요하다고 느낄 때, 당신을 행복하게 하는 영화를 보자. 자신에게 알맞은 영화를 고르면 마음이 따스해지면서 정신이 산뜻해진다. 극장에 가도 되고, 온라인 스트리밍으로 봐도 된다. 내가 가장 좋아하는 영화는 〈베를린 천사의 시〉다. 이 영화는 공중 곡예사와 사랑에 빠져 그녀와 결혼하기 위해 인간의 형상을 하게 되는 한 천사에 관한 이야기다. 내가 좋아하는 또 다른 영화로는 〈사랑과 영혼〉, 〈늑대와 함께 춤을〉, 〈반지의 제왕〉 등이 있다. 자신이 좋아하는 영화를 파악하고, 영화를 통해 영감과 행복감을 얻자.

나는 행복감을 주는 영화를 골라 보고 잠시 세상의 나머지 것들에 대해 잊어버릴 것이다. 나는 이야기와 드라마 그리고 코미디가 선사하는 재미에 몰두할 것이다.

나에게 맞는 향기

Jun. 14

후각이 유독 예민한 사람들이 있다. 은은한 향기는 우리를 편안하게 해줄 수 있지만, 과도하고 자극적인 향은 숨이 막히는 느낌을 줄 수도 있다. 향은 아주 개인적인 취향이다. 어떤 향이 당신의 마음을 치유하는지 탐색해보라.

아로마테라피는 식물의 추출물을 이용해 긴장을 풀고, 불안을 줄이며, 수면의 질을 높이고 마음을 진정시키는 치료법이다. 숨으로 들이마시거나 피부에 문지르거나 목욕물에 몇 방울 떨어뜨릴 수도 있다. 에센셜 오일은 꽃이나 허브 또는 나무껍질에서 얻는다. 식물을 향기롭게 하는 세포는 식물의 '에센스'라고 불린다. 합성 오일보다 순수한 에센셜 오일을 사용하자.

라벤더, 캐모마일, 유칼립투스, 레몬, 페퍼민트 등 에센셜 오일의 종류는 다양하고 각각 용도가 다르다. 예를 들어 라벤더는 수면과 휴식을 촉진하고, 페퍼민트는 우울증에 도움을 준다. 에센셜 오일이 지닌 특성을 통해 몸과 마음을 치유하자.

나는 여러 가지 에센셜 오일을 사용해보고 마음이 차분해지거나 내게 활력을 주는 오일을 찾을 것이다. 각 향이 주는 특성과 기쁨에 초점을 맞출 것이다.

두려움을 떨치자

Jun. 15

당신은 무엇을 두려워하는가? 당신의 마음속 싶은 곳에서 두려워하고 있는 것을 적어보자. 예를 들어 당신은 버림받거나 성공하지 못할까봐 두려워할 수도 있다. 내 환자들 몇몇이 가졌던 두려움은 정서적으로 너무 상처를 입어서 건강한 관계를 맺기 힘들지도 모른다는 것이었다. 그들에게도 말했지만, 아무리 깊은 상처를 입었다 해도 다시 마음을 여는 법을 배울 수 있다.

단지 당신이 두려워하기 때문에 두려운 것이다. 과거의 상처가 미래를 바꿀 거라고 두려워하지 말자. 아직 일어나지도 않은 일을 앞서 두려워하지도 말자.

나는 나의 두려움을 인식하고 그것을 떨쳐낼 것이다. 내가 두려워하지 않으면 두렵지 않다는 것을 기억할 것이다.

불행한 가정에서 자랐다면

가족은 살아 있는 유기체다. 구성원들의 건강과 행위는 가족의 전반적인 안녕에 기여한다. 건강한 가정에서는 자신의 요구와 감정을 명확히 밝히는 법을 배운다. 말하자면 당신은 부모님에게서 일관되고 사랑이 담긴 메시지를 받는다. 그리고 당신이라는 존재 자체가 가치 있게 여겨진다. 반면 역기능 가정에서는 명확한 경계가 부족하다. 그들의 의사소통은 미숙하고, 수치스럽거나 비난받는 일이 생긴다. 한 가족 구성원이 희생양이 되거나, 부모가 정신적 우울이나 트라우마에 시달리는 상황일 수도 있다.

만약 당신이 역기능 가정 출신이라면 가족 구성원 개개인의 한계를 받아들이고 기대치를 낮추는 것이 현명하다. 유해한 행위에 대해서는 예의 바르지만 단호한 선을 긋는 것이 좋다. 또한 친척들이 당신을 어떻게 감정적으로 자극하는지 인식한 다음, 어떻게 대응할지를 선택하라. 가족 모임에서는 침착하고, 냉정하고, 중립적인 태도를 유지하라. 가족을 통제하지 못할 수는 있지만, 당신 자신의 행위를 책임질 수는 있다.

나 자신이 가족의 역기능적인 역학관계에 감정적으로 말려드는 것을 용납하지 않을 것이다. 나는 친척들과 분명한 경계를 설정할 것이다. 가족을 바꾸는 것은 내가 할 일이 아니다.

있는 그대로의 나를 안아주는 연습

Jun. 17

만약 당신의 어떤 측면이 다른 사람보다 약하다고 여긴다면 자기 수용을 훈련하라는 신호다. 자기 수용은 자신의 강점은 물론 여전히 성장이 필요한 영역을 포함해 있는 그대로의 자신을 포용하는 것을 의미한다. 우리는 모두 독특하다. 당신이란 존재는 세상에서 한 명뿐이다. 자신을 다른 사람들과 비교하거나 깊은 인상을 주기 위해 거짓 가면을 쓰려고 하지 말고, 여유를 갖고 느긋하게 진정한 자신이 되어라. 굳이 다른 사람인 척할 필요가 없다.

자신의 외모에 자신감이 생기면 행복할 수 있다. 자기 수용은 당신이 정체되거나 발전을 멈춘다는 의미가 아니다. 진정한 자신이 되어 자기만의 방식으로 나아갈 뿐이다. 완벽한 사람은 없다. 그렇기 때문에 우리 모두가 흥미로운 존재다.

나는 매일 나를 더 많이 받아들일 것이다. 나의 장점에 감사하며 해롭지 않은 내 약점에 미소 지을 것이다. 나는 계속 성장할 것이다.

감수성이 풍부한 남자들

Jun. 18

어린 시절 여자아이 같다고 놀림을 당한 적이 있는 남자들이 있을 것이다. 당신에게 상처를 주거나 수치심을 준 사람이 있다면 그들을 용서해주기 바란다. 당신을 괴롭힌 사람들은 그저 당신의 힘과 열린 마음을 두려워했을 뿐이다.

자신의 느낌을 드러내는 것을 두려워하지 않고 사랑을 표현할 수 있는 용감한 남자들은 대단히 가치 있는 존재들이다. 그들은 약속을 두려워하거나 자주 만날 수 없는 존재가 아닌, 상호작용할 수 있는 존재들이다. 그들은 비슷한 기질을 가진 많은 남성의 롤모델이 될 수 있다.

나는 인생을 살아가면서 감수성이 풍부한 남자들을 만나면, 그가 얼마나 대단한 롤모델인지를 그에게 말할 것이다.

나쁜 부모에게서 배운 것

Jun. 19

부모의 역할은 사랑받고 보살핌을 받는 것에서부터 마음의 상처와 버림을 극복하는 것에 이르기까지 다양한 교훈을 우리에게 주는 것이다. 아무도 어려운 부모를 선택하고 싶지 않겠지만, 그 또한 우리가 성장할 기회를 줄 수 있다.
그 점을 염두에 두고, 부모가 가르쳐준 것을 숙고해보자. 일기장에 두 개의 세로줄을 만든다. 한 줄은 긍정적인 교훈을 위한 공간이고 다른 한 줄은 고통스러운 교훈을 위한 공간이다. 긍정적인 관점에서, 당신의 부모는 성실함, 일관성, 강점 그리고 사랑할 수 있는 능력을 보여주었는가? 만약 그렇다면 그런 가치들을 어떻게 당신에게 전달했는가? 아니면 당신의 부모는 정서적으로 통하지 않거나 상처를 주거나 비판적이거나 자신에게만 몰두하는 사람이었는가? 그렇다면 다시 한번 스스로에게 물어보자. "그들이 이런 문제 행동을 통해 내게 가르쳐준 것은 무엇인가?" 역시 부모가 된 당신은 자녀들과 더 많은 시간을 보내게 되었거나 배우자에 대해 덜 비판적이 되었을지도 모른다. 여러분이 무엇을 배웠든, 이러한 경험으로 인해 당신은 더욱 친절한 사람이 되었을 것이다.

내 부모가 사랑을 주었든 아니든, 나는 그들을 스승으로 여길 것이다. 나는 그에게서 배운 것을 생각하고, 이러한 교훈을 통해 나 자신을 사랑하고 더 나은 사람이 될 것이다.

새로운 계절처럼 다가올 변화

오늘은 빛이 절정을 이루는 하지 전날이다. 본격적으로 여름으로 들어서는, 커다란 변화를 앞둔 것이다. 오늘 밤에는 달을 올려다보자. 명상을 하며 새로운 계절을 기대하자. 당신의 몸 안에 강하지만 부드러운 달의 빛을 느껴보기도 하라. 달빛이 당신에게 양분을 공급하고 당신의 피로를 없애도록 하라. 앞으로 다가올 빛으로 충만한 계절과 앞으로 겪게 될 모든 일을 설렘으로 받아들이자. 마찬가지로 당신 자신의 변화에 대해서도 기대해보길.

나는 오늘 밤 달을 바라보며 그 광채가 나를 채우도록 할 것이다. 나는 새로운 계절과 나의 변화를 기꺼이 맞이할 것이다.

마음속 열기를 발산하라

Jun. 21

하지夏至는 빛이 절정을 이루는, 1년 중 낮이 가장 긴 날이다. 이 시기는 내면의 열정을 뿜을 수 있는 때이기도 하다. 최대한 당신 자신이 되어라. 필요한 것을 크게 말하라. 당신을 지치게 만드는 것들은 과감하게 거절하라. 창의력을 표현하라. 당신이 열정을 지녀왔던 프로젝트를 적극적으로 진행하라. 당신을 화나게 하는 것들에 대해 파트너에게 말하라. 소리 내어 웃어라. 마음을 열어라. 마음속 열기를 느끼고 주저하지 마라. 모든 두려움을 지워내고 힘이 솟는 것을 느껴라. 당신의 힘을 소유하고, 그것이 얼마나 자연스럽고 좋은 느낌인지 경험하라.

나는 오늘 가장 크고 밝은 사람이 될 것이다. 나의 모든 광채를 발산할 것이다. 나는 모든 사람과 모든 것에 담긴 빛을 볼 것이다.

천천히 걷기

Jun. 22

더 길어진 여름의 낮 동안, 규칙적으로 천천히 산책을 하라. 이러한 시간은 자신의 몸을 주의 깊게 의식하고 생각이 마음껏 뻗어나가도록 놔둘 수 있는, 드문 호사를 누리는 시간이다. 당신은 급하지 않고 어떤 식으로든 압박을 받지 않는다. 약속 시간을 지키려고 서두르지 않는다. 메시지를 확인하지도 않는다.

유산소 운동의 강도 높은 형태인 파워워킹과 달리 천천히 걷기는 격렬한 운동을 하려는 게 아니다. 오히려 천천히 걷기를 통해 좀 더 안정적인 생체 리듬을 만들고 마음을 고요하게 할 수 있다. 천천히 걷는 동안, 부드러운 여름 공기를 들이마시고, 위안을 주는 태양의 온기를 느끼고, 몸의 감각을 깨워라. 무엇이 보이는가? 어떤 느낌인가? 어떤 냄새가 나는가? 아이들이 웃고 노는 걸 보면 기분이 좋아질 것이다. 꽃들과 벌새들 그리고 나비들이 이루는 찬란한 아름다움을 만끽하라.

나는 천천히 호화로운 산책을 할 것이다. 내가 마주치는 광경과 소리와 향기들을 천천히 음미할 수 있도록 속도를 늦출 것이다.

내면의 모험가를 깨워라

Jun. 23

우리 내면에는 깨어나기를 갈망하는 내면의 모험가가 하나씩 있다. 당신은 자신의 이런 대담한 부분을 잊었을지도 모른다. 계속되는 의무와 끊임없는 일이 당신의 자유로운 정신을 억눌렀을 것이다.

내면의 모험가는 미지의 영역을 탐험하는 것을 좋아한다. 엄격한 일정이나 틀에 박힌 일상에 구애받기를 원하지 않는다. 모험심 충만한 자아를 일깨우자. 이렇게 질문해보자. "내가 항상 하고 싶었지만 억제당하고 있던 것이 무엇일까? 산에 오를까? 해변에서 모래성을 쌓을까? 티베트로 여행을 갈까? 서핑을 할까? 탱고를 출까?" 뒤로 물러서거나 왜 이것을 할 수 없는지 그럴듯한 핑곗거리를 찾는 대신 일단 해보자. 하이킹을 하거나 새로운 박물관을 방문하는 것과 같은 간단한 모험부터 시작하라. 그런 다음 새로운 활동을 시도해서 편안함을 느끼는 수준을 확장하자. 너무 깊이 생각하지 마라. 당신 내면의 모험가가 인생을 더욱 생동감 있게 만드는 길을 안내할 것이다.

나는 내면의 모험가를 알게 될 것이다. 그저 내게 옳다고 느끼는 일들을 할 것이다. 나는 결코 모험심을 잃지 않을 것이다.

마음껏
춤추자

춤은 머리에서 벗어나 몸을 살필 수 있도록 해준다. 춤은 면역력, 체력, 유연성, 심혈관 건강을 증진하는 데 도움이 될 뿐 아니라 기분도 좋아진다. 방법은 그냥 마음대로 춤추면 된다.

약간 어색하게 느껴지면 한 번에 조금씩 춤추도록 해보라. 가볍게 시작하는 방법은 자기만의 공간에서 좋아하는 음악을 틀어놓고 천천히 움직이기 시작하는 것이다. 우선 팔을 들고 다리를 뻗으면서 박자에 맞춰서 빙글빙글 돌기도 해본다. 춤을 추면서 슬픔이나 좌절 또는 기쁨을 포함한 깊은 감정이 생길 수도 있다. 계속 춤을 추면서 그러한 느낌이 흐르도록 놔둔다. 이처럼 감정을 발산하면 억눌린 기운이 맑아지는 데 도움이 된다.

다양한 종류의 춤을 알아보자. 당신의 몸에 좋게 느껴지는 형태의 춤을 찾아라. 살사도 좋고 탱고나 줌바도 괜찮다. 록 음악에 맞춰 춤을 출 수도 있다. 춤을 추면서 당신 안의 열정을 만날 수 있을 것이다.

나는 내 몸을 움직이는 것을 두려워하지 않을 것이다. 나는 재미를 위해 춤을 추며 자유를 느낄 것이다. 춤이 얼마나 좋은지 맘껏 즐길 것이다.

큰 소리로 외치기

Jun. 25

때로는 큰 소리를 내고 마음껏 함성을 지르거나 노래를 부르는 것이 스트레스를 해소해준다. 고요한 시간을 보내거나 명상을 하는 것과 달리 역동적인 방식으로 자신을 치유할 수 있다.

좋아하는 가수의 공연에 가서 열정적으로 외쳐보자. 함께 노래를 부르거나 팬들 사이에 약속된 구호를 외칠 수도 있다. 야구장 같은 경기장에 가서도 마찬가지다. 응원 구호를 외치고 함성을 지르자. 군중과 함께하는 것이 더욱 즐거울 것이다. 마음속에 답답하게 쌓여 있던 것이 시원하게 뻥 뚫릴 것이다.

나는 스트레스를 줄이기 위해 공연장이나 경기장을 찾아 크게 소리칠 것이다. 눈치 보지 않고 마음껏 외치며 답답한 마음을 발산할 것이다.

가끔은 정처 없이 돌아다녀볼 것

Jun. 26

가끔 어슬렁거리며 돌아다니는 것만으로도 기분이 좋을 때가 있다. 특정한 방향으로 출발할 필요는 없다. 직감이 이끄는 방향으로 걸으면 된다. 그저 본능에 따라 흐름을 따라가는 것이다.

여름날 아침, 나는 베니스 해변에 있는 집을 나와서 그냥 걷기 시작한다. 내가 어디를 가려는 것인지 전혀 모른다. 그것이 재미의 일부다. 나는 여러 가지에 반응한다. 모퉁이에 벌새 한 마리가 보여서 무작정 따라간다. 멀리서 파도 부서지는 소리가 들려서 몸을 돌려 그 물결을 바라본다. 풍겨오는 향기를 맡으며 그 원인을 찾아본다. 내가 무엇을 만날지, 심지어 누구를 만날지 결코 알 수가 없다.

당신도 여기저기 돌아다녀보기 바란다. 당신의 이웃, 공원, 해변 근처, 호수 옆 또는 도시 한복판에서도 이렇게 할 수 있다. 당신은 아무 데도 매이지 않은 자유로운 사람이다. 세상 잡다한 근심 없이 돌아다녀라. 휴대폰을 끌 수 있다면 훨씬 더 좋을 것이다. 내면의 목소리에 몸을 맡겨라.

나는 내 직감이 나를 어디로 데려가는지 보기 위해 배회하는 즐거움에 참여할 것이다. 내 옆을 지나가는 사람들과 내가 탐험하고 있는 동네를 주의 깊게 살펴볼 것이다.

존재의 가벼움

Jun. 27

당신이 지나치게 심각한 경향이 있다면 다음 말을 하면서 존재의 가벼움을 느끼자. 당신의 심각함이 가벼워졌다고 느낄 때까지 원하는 만큼 반복하라.

나는 깃털처럼 가볍다.
나는 근심 걱정이 없다.
나는 안전하고 보호받고 있다.
나는 바람처럼 달린다.
나는 새처럼 날아오른다.
나는 나비처럼 펄럭인다.
나는 고마워한다.
나는 보살핌을 받고 있다.
나는 웃을 수 있다.
나는 평화롭다.

심각해지기 쉬운 나는 이런 말을 반복할 것이다. 나의 더 가벼운 면과 내 존재의 본질적인 가벼움을 계속 떠올릴 것이다.

일과 놀이의 균형을 유지하라

Jun. 28

여름은 순수와 놀이의 시간이다. 일과 재미의 균형을 보다 능숙하게 맞추는 방법을 찾으려면 당신의 일정을 점검해보고 우선순위를 제대로 정하라. 아무리 스트레스가 많은 일을 할지라도, 오후 시간이나 근무가 없는 날을 보내는 방법을 잘 생각해보아라. 달력에 이러한 계획들을 표시해둔다면 놀이를 위한 시간이 더욱 현실적으로 느껴질 것이다.

여름은 또한 휴가와도 관련이 있다. 예민한 사람들은 일상에서 주기적인 휴식을 취할 때 생기가 살아난다. 그렇지 않으면 그들은 지치고, 압도되고, 나가떨어질 위험이 있다. 만약 당신이 감수성이 강한 내향적인 사람이라면 숲속의 조용한 호숫가 오두막집에서 휴식을 취하는 것을 선호할 수도 있다. 감수성이 강한 외향적인 사람이라면 뉴욕이나 파리 등 대도시의 열기에 끌리면서도 그 강렬함을 완화하기 위해 규칙적인 휴식을 취할 수도 있다. 일과 놀이의 균형을 잘 맞출수록 당신의 몸은 당신에게 더욱 고마워할 것이다.

나는 즐거움과 모험을 위한 시간을 낼 것이다. 내 일정을 주의 깊게 살펴보고, 즐거운 활동과 즉흥적인 휴식을 위한 여유를 만들 것이다.

Jun. 29

나에게 편한 옷을 입자

날씨가 따뜻해지면서 옷이 가벼워진다. 여름옷은 옷감이 부드럽고 가볍다. 반바지, 티셔츠, 가벼운 면 원피스, 수영복, 샌들을 착용하면 더 자유롭고 더 시원함을 느낄 수 있다. 그러나 어떤 옷은 당신을 더 자신감 있게 만들 수도 있는 반면 어떤 옷들은 입으면 자의식이 더 강해지고 불안정하게 느껴질 수도 있다.

너무 노출이 심한 옷은 부담스럽게 느낄 수도 있다. 비키니나 반바지를 입거나, 맨다리나 맨팔을 심하게 드러내거나, 배꼽티를 입는다는 생각에 불안감을 느낀다면 자신에게 맞는 선택을 하면 그만이다. 거부감을 느낄 정도로 자신을 드러내지 않고도, 감각적이면서 시원한 소재로 된 옷을 입을 수 있다. 여름에는 자신의 몸에 만족하지 못하는 문제가 발생하기 쉽지만, 자신이든 남이든 몸에 대한 판단은 거두자. 이 계절을 수치심이나 비난 없이 자신에게 맞는 옷을 고르는 좋은 기회로 삼아라.

나는 나에게 어울리는 여름옷을 고를 것이다. 어떤 옷을 입어야 하는지에 대해 사람이나 사회가 주는 압력에 짓눌리지 않을 것이다. 다른 사람의 신체에 대한 판단을 그만둘 것이며 내 몸에 대한 판단도 멈출 것이다.

플러그를 뽑고 쉬게 하라

Jun. 30

당신은 배관공이 도착하기를 기다리는 일에서부터 프로젝트를 제출하는 일, 아이들을 데리러 가는 일에 이르기까지 인생의 모든 의무에 휩쓸리게 된다. 해야 할 일의 목록이 끝이 없어 보일 수도 있다. 일상생활에서 해야 할 일들로부터 규칙적으로 떠나도록 자신을 허락하라.

끝장을 보겠다는 시도를 계속하지 마라. 매일 그렇게 하기에는 이런 노력은 진을 빠지게 하고 거의 불가능에 가깝다. 최선을 다하는 것에 만족하라. 그리고 완료해야 할 과제들이 한가득 쌓였다 할지라도 최소한 한 시간 정도는 플러그를 뽑고 자신을 쉬게 해주어라.

달리던 세상을 멈추고 잠시 내려와라도 괜찮다. 스스로를 돌보는 시간을 '미 타임me time'이라고 한다. 규칙적으로 플러그를 뽑고 쉬는 습관을 만들면, 쉴 수 있다는 사실을 아는 것만으로도 안도감을 느낄 것이다.

나는 나의 일정을 검토하고 의무와 스트레스로부터 분리되기 위해 주기적인 휴식을 계획할 것이다. 이러한 자비로운 휴식은 나의 행복을 키워준다.

하루 동안 반항아가 되어라

Jul. 01

때때로 내면의 반항아를 깨우자. 오랫동안 지켜온 뿌리 깊은 것에 의문을 제기하고, 진정으로 당신이 이해할 수 있는 삶을 찾자. 이것은 무언가의 비위를 맞추는 것과는 정반대의 행동이다.
전화벨이 울린다고 다 받지 마라. 대담한 옷을 입어라. 큰 소리로 노래하라. 검열되지 않은 당신의 견해를 친구에게 말해보라. 세상의 관습이나 제도를 의심하라. 작은 규칙을 몇 가지 어겨보라. 당신의 섬세함을 폄하하는 어떤 내적 혹은 외적 목소리도 거부하라. 누구보다 당당하게, 당신의 힘에 집중해보자.

나는 내게 진실하게 들리지 않는 것이라면 무엇이든 그것에 반항하고 의문을 품을 것이다. 내면의 반항아는 나의 자유로운 정신과 열정을 깨울 것이다.

더 이상 사람들의 비위를 맞추지 마라

당신은 항상 사람들이 행복하길 바라는가? 다른 사람의 요구를 자신의 요구보다 우선시하는 경우가 잦은가? 당신은 모든 사람의 비위를 다 맞추려 드는 사람이다. 그러나 이렇게 되면 습관적으로 비위 맞추는 사람이 될 가능성이 높다.

다른 사람들에게 최선을 다하고 싶은 마음은 칭찬할 만하지만, 사람들의 비위를 맞추다 보면 자신을 극단적으로 몰고 갈 위험이 있다. 이런 경향은 낮은 자존감, 갈등에 대한 혐오감, 당신이 지나치게 주지 않으면 거부당하리라는 두려움의 반영일 수도 있다. 어쩌면 당신은 자라면서, 인정을 받기 위해 사람들의 비위를 맞추는 데 익숙해졌을지도 모른다. 그래서 다른 사람들의 호감을 얻으려고 노력한다. 당신은 또한 누군가의 정서나 신체 상태에 대해 책임감을 느낄 수도 있다. 만약 당신이 사람들의 비위를 맞추는 사람이라면 당신 자신을 너무 많이 내주면서 욕구와 감정을 억누르고 있을 수도 있다.

이런 패턴에서 벗어나려면 작은 일을 거절하는 것부터 시작하라. 또한 친구나 가족의 의견과 다르더라도 당신의 의견을 표현하라. 감정적으로 덜 부담되는 문제부터 시작하면 된다. 자기주장을 확실히 하면 자신감이 생긴다. 사람들을 항상 기쁘게 할 필요는 없다. 당신은 있는 그대로 호감과 존중을 받을 자격이 있다.

나는 사람들의 비위를 맞추는 나의 성향을 인식할 것이다. 나 자신의 욕구를 표현하는 일과 타인을 위하는 일 사이의 적절한 균형을 찾을 것이다.

상호의존과 공동의존

Jul. 03

우리는 많은 사람과 함께 살고 있다. 진심이 느껴지고 행복감을 주는 사람들도 있고, 까다로운 사람들도 있다. 사람들한테 종속적으로 의존하는 공동의존보다는 조화로운 상호의존을 이룰 수 있도록 편안한 방식으로 관계 맺는 법을 찾는 것이 중요하다.

상호의존 관계에 있을 때, 개인 생활과 직장 생활 등에서 우리는 건강한 의존성을 갖게 된다. 우리는 서로 지지와 존중을 얻기 위해 의지하며, 프로젝트나 아이 양육, 단체 운동 같은 과제를 수행하기 위해서도 서로 의존한다. 이와 달리 공동의존은 건강하지 못한 형태의 의존성이다. 이것은 당신이 자신의 문제보다 다른 사람의 삶과 문제에 더 집중했을 경우 발생한다. 당신은 결과가 두려워서, 자신의 요구를 주장하거나 명확한 경계를 설정하기를 꺼린다.

시간을 내서, 당신의 관계에 대한 일기를 써라. 어느 관계가 상호의존적인가? 어느 관계가 공동의존적인가? 공동의존적인 관계를 보다 균형 있게 만들기 위해 취할 수 있는 몇 가지 건설적인 조치를 생각해보자. 예를 들어 누군가를 확인하는 횟수를 줄이거나 명확한 경계를 설정하거나 다른 사람들이 그들 자신의 실수에서 배우도록 하는 것 등이다. 하나씩 살펴보면서, 공동의존적인 관계는 재구성하고 상호의존적인 관계는 유지하자.

나는 나의 공동의존성 문제를 검토하고 수정할 것이며, 나의 관계에서 건전한 상호의존성을 추구할 것이다. 다른 사람의 삶 때문에 내 삶을 소모하지 않을 것이다.

정서적 자유를 누려라

Jul. 04

역기능적인 관계와 부정적인 생각에서 벗어날수록 정서적 자유는 커진다. 당신에게 가장 편한 시간을 택해 정서적 자유를 누려라. 당신은 좋은 음식과 연대감과 웃음을 위해 가족이나 친구들과 함께하는 것을 기뻐할지도 모른다. 아니면 콘서트나 박물관처럼 감각 친화적인 조용한 활동을 선택할 수 있다. 애정 어린 방식으로 초대를 거절하거나 갇혀 있다고 느끼지 않도록 사교에 쏟는 시간을 제한하는 연습을 하라. 집에 있는 것도 괜찮다. 영화를 보거나, 동물들과 껴안고 뒹굴거나 명상을 하거나 맛있는 음식을 요리하거나 음악을 듣거나, 아니면 그냥 쉬어도 좋다. 휴일에는 속도를 늦춤으로써 시간을 늘려라.

나는 오늘 자신을 잘 돌보고 나의 에너지에 대해 현명한 결정을 내릴 것이다. 부정적인 관계나 감정적인 패턴 또는 힘든 상황에서 벗어나 자유로워지는 방법을 찾을 것이다.

부모님의 부정적인 발언에서 벗어나라

Jul. 05

어린아이의 뇌는 여전히 성장하는 중이고 감수성은 매우 예민하다. 그래서 많은 어린이가 부모의 믿음이나 비판적인 의견에 세뇌당한다. 어른이 되어서 자신의 것이 아닌 믿음을 버리기 위한 작업을 하지 않는 한, 어린 시절에 들은 것이 당신에게 영원히 달라붙어 있을 수 있다.

당신이 자유로워질 수 있도록 그런 발언들을 다시 프로그래밍하라. 당신의 부모님이 보낸 부정적인 메시지를 쓰고, 당신이 그것을 어떻게 그것들을 받아들였는지 써라. "나는 허약해." "나는 실망시키는 사람이야." "나는 내 배우자와 아이들을 비판해야만 해, 그렇지 않으면 그들은 결코 나아지지 않을 거야." 이처럼 다시 프로그래밍하고 싶은 믿음이나 생각을 다섯 가지 적어보자.

그런 다음, 커다랗게 숨을 들이마셔라. 이렇게 강력한 메시지는 고통을 유발할 수 있다. 그런 의견들을 강화하지 마라. 그것들은 진짜가 아니다. 대신 스스로에게 말하라, "나는 언제나 사랑이 있는 곳으로 이끌린다. 나는 부모님의 비난이 내 머릿속 공간을 차지하도록 하지 않을 것이다." 오래된 발언에 대항하기 위해 다음과 같이 새로운 확언들을 써라. "나는 지적이고 배려심이 많고 강하다." "나의 삶이 중요하다." 상처를 받은 말들을 애정 어린 생각들로 덮자.

나는 나의 어머니가 아니다. 나는 나의 아버지가 아니다. 나는 그들이 내게 전달했던 부정적인 믿음이 아닌 긍정적인 믿음을 선택할 것이다.

용기를 키워라

Jul. 06

용기는 두려움을 중화시킨다. 용기는 장애를 극복하는 데 필요한 명료함과 강인함을 준다. 반드시 두려움이 없다는 의미가 아니라, 오히려 두려움을 느끼지만 어쨌든 계속 나아가는 것이다.

용기를 불러일으키기 위해 용감한 사람들을 기억하는 게 도움이 된다. 나는 넬슨 만델라Nelson Mandela와 마틴 루터 킹 주니어Martin Luther King Jr. 그리고 달라이 라마Dalai Lama를 떠올린다. 그들의 용기는 나를 북돋아준다. 가수 조니 미첼Joni Mitchell이 "나는 겁내지 않는 사람들에게 끌린다"고 말한 것에 동의한다. 당신도 힘을 얻을 수 있는 사람들을 찾아보자.

또한 당신이 용감했던 상황을 돌이켜봐라. 다른 사람들의 반대에도 불과하고 원하는 직업을 선택했을 수도 있다. 곤경에 처한 친구를 지지했거나, 기분이 안 좋을 때도 변함없이 일하러 갔을 수도 있다. 이 모든 것이 용기 있는 행동이다. 용기를 계속 키우고 두려움을 거부하라.

나는 강하다. 나는 능력이 있다. 자신에 대한 확신이 서지 않을 때, 용기 있는 사람을 떠올리거나 내가 용기 있었던 때를 떠올릴 것이다.

자신을 못살게 구는 짓을 멈춰라

Jul.
07

정신과 의사로서 나는 우리 모두가 스스로를 얼마나 힘들게 할 수 있는지 알고 있다. 자신을 못살게 구는 짓을 매일 조금씩 줄여나갈 때 진전이 일어난다. 가혹한 생각을 점차 친절한 생각으로 대체해나간다. 부족한 것보다는 감사해야 할 것에 집중하자.

자신보다 다른 사람들에게 친절하게 구는 것이 더 쉬운 경우가 많다. 그것이 바로 인간의 본성이다. 그러나 매일 더욱 부드러운 말로 자신을 감싸자. 예를 들어 "나는 어려운 상황인데도 일을 매우 잘했어"라거나 "오늘은 피곤해서 페이스를 조절했어"라고 말하자. 자신에게 엄격하게 굴면 활력만 떨어뜨릴 뿐이다. 자신을 사랑하는 것이 항상 쉽지만은 않지만, 가치 있는 목표다. 다양한 방법으로 자신을 괴롭히는 것에 대한 위안이 되어줄 것이다.

나는 스스로를 못살게 굴 때를 의식할 것이다. 그리고 내가 잘한 일에 초점을 맞춰 칭찬할 것이다.

소름이 전하는 말을 들어라

Jul. 08

소름 돋는 것을 경험하는 것은 직관의 한 형태다. "그래, 이것은 내게 영감을 주고 잘 맞는 것 같아" 또는 "이것은 뱃속을 불편하게 만들어"라고 말하는 것은 몸의 소통 방식이다. 소름이 돋을 때는 주의를 기울여라. 소름은 당신이 어떤 것에 대해 강한 긍정이나 부정적인 반응을 보일 때 나타나고, 투쟁 혹은 도피 반응과 관련이 있다. 소름은 당신에게 지금 무슨 일이 일어나고 있는지 신경 쓰라고 말하는 것이다.

나는 위대한 음악가인 퀸시 존스Quincy Jones를 만난 적이 있다. 그때 그는 말했다. "나는 소름 끼치는 것으로 살아갑니다. 뭔가가 정말로 나를 감동시킬 때마다 나는 소름이 돋아요. 그럼 내가 옳은 결정을 내렸다는 걸 알죠. 소름이 끼치지 않는다면 말할 가치도 없어요."

당신도 그런 일을 경험하게 된다면 정신을 바짝 차려라. 그런 다음 스스로에게 질문하라. "방금 무슨 일이 일어났지? 나한테 무슨 의미가 있는 거지?" 예를 들어 당신은 감동적인 노래를 듣고 나서 소름이 돋을 수도 있다. 스트레스를 받거나 공포를 유발하는 상황에서도 소름이 돋을 할 수 있다. 소름이 돋는 것은 중요한 신호일 수 있다.

나는 소름이 돋을 때를 의식해서 소름이 전하는 직관적인 메시지를 평가할 것이다. 내 몸의 메시지를 경청할 것이다.

데자뷔가 말해주는 것

Jul. 09

분명 처음 보는 사람인데도 강한 친근감을 느껴본 적이 있는가? 아니면 어떤 상황에서 전에 똑같은 상황을 겪은 것 같은 느낌을 받았는가? 그렇다면 이는 '데자뷔déjà vu'라고 말하는 직관이다. 데자뷔는 프랑스어로 '이미 본 것'이라는 뜻이다.

데자뷔를 스스로 인식하도록 자신을 훈련하라. 너무 바쁘거나 산만하면 데자뷔를 놓치거나 무시하기 쉽다. 그러나 데자뷔를 탐구하기 위해 속도를 늦추는 것은 엄청난 의미가 될 수 있다. 영혼의 친구, 평생에 걸친 헌신적인 동맹자를 만날지도 모르기 때문이다. 당신이 무슨 얘기를 하든지 그들은 다 이해할 것이다. 또는 사업이나 건강 문제 같은 특정한 상황에 더 주의를 기울여야 할지도 모른다. 데자뷔를 인정하면 인생의 신비에 한발 가까워진다.

만약 내가 데자뷔를 경험한다면 나는 특별한 주의를 기울여 그것이 전달하는 메시지를 연구할 것이다. 나는 나 자신을 의심하지 않을 것이고, 너무 바빠서 이러한 경험에 주의를 기울이지 못하는 경우도 없을 것이다.

별
바라보기

Jul. 10

내가 가장 좋아하는 종류의 밤 생활은 클럽이나 시끄러운 레스토랑에 가는 것과 반대로 별을 보는 것이다. 반짝이는 별과 행성을 보는 것은 경외심을 불러일으킨다. 그중 일부는 수백만 광년 떨어진 곳에 있다. 어린 소녀였을 때부터, 별들은 항상 내게 친구처럼 느껴졌다. 나는 예민한 아이로서 때로는 사람보다 달과 별하고 지내는 것을 더 좋아했다.

당신도 나처럼 별을 바라보며 밤하늘에서 영원의 느낌을 감지하는 것을 좋아할지도 모른다. 별똥별을 보며 스트레스를 날려버릴 수 있다. 또한 행성과 별자리를 익히는 것도 매혹적인 일이다. 밤하늘을 관찰하면 끝없는 경이로움을 발견할 수 있다. 고대 문화는 하늘에 경의를 표하고, 달과 태양과 하지와 동지의 단계가 건축학적으로 일치하도록 이집트의 피라미드나 페루의 마추픽추 같은 건축물을 지었다.

물리학자인 스티븐 호킹Stephen Hawking은 말했다. "고개를 들어 하늘의 별을 보라, 당신의 발만 보지 말고." 그러니 하늘을 보아라. 우리가 우주의 한 점에 불과하다는 사실을 알면 존재의 깊이를 경험할 수 있다.

나는 오늘 밤 시간을 정하지 않고 별들을 하염없이 바라볼 것이다. 심호흡을 하고 우주의 광활함을 느낄 것이다.

시원하게 지내기

Jul. 11

온도와 강렬한 빛에 민감한 사람이라면 여름에는 더위와 더 밝아진 햇빛이 힘들 수 있다. 어떤 사람들에게는 더운 날씨가 활력을 줄 수 있지만, 어떤 사람들에게는 진을 빠지게 만들어, 명료하게 생각할 수 없는 지경에 이를 때도 있다.

만약 여름의 열기와 눈부심과 습기로 인해 탈진한다면 몸을 시원하게 유지하고 햇빛 노출을 최소화하는 계획을 세워라. 여러 다른 방식으로 이 계획을 실험하라. 예를 들어 모자나 선글라스 그리고 열을 반사하는 흰색의 가벼운 옷을 입을 수 있다. 시원한 소나기라도 자주 내리면 도움이 된다. 수영장이나 호수나 바다에서 수영하면 몸을 과열시키지 않으면서 운동할 수 있다. 실내에서는 에어컨을 사용할 수 있다. 그렇지 않다면 낮 동안 햇빛을 차단하기 위해 커튼을 쳐라. 매일 충분한 물을 마시고, 커피는 과하게 마시면 탈수되기 쉬우니 조심하라. 차가운 음료와 차가운 음식도 당신을 좀 더 시원하게 해줄 수 있다.

더위 때문에 불편하다면 나는 여러 가지 방법을 시도해보면서 내 몸의 요구를 들어줄 것이다.

식물과 교감하라

Jul. 12

나무와 관목과 꽃 그리고 모든 자연과 교감할 수 있다. 자라나는 녹색 식물들과 꽃들과 함께 시간을 보내라. 당신은 그들의 아름다움에 감탄할 수 있을 뿐만 아니라 감각을 확장할 수도 있다. 식물을 보며 우리는 생명력과 기쁨을 느끼고 위로받을 수 있다.

당신이 그들 옆에 앉거나 서 있을 때 직관적으로 무엇을 느끼는지 보라. 나무의 몸통에 손바닥을 살며시 얹어 안정감을 느껴라. 나뭇가지와 잎의 관능적인 움직임을 관찰하라. 나무와 식물은 공기의 흐름에 따라 춤을 춘다. 그들의 움직임과 생명력은 치유력을 가진다.

나는 나무와 식물과 꽃을 소중하게 여길 것이다. 나는 자연에 관심을 갖고 그것에서 활력을 얻을 것이다.

바다와 조수潮水의 움직임을 느끼자

Jul. 13

파도 소리라는 원시적인 소리는 당신의 영혼 깊은 곳에서 안도감을 느끼게 하면서 진동할 수 있다. 당신이 지쳤거나 그저 마음을 진정시키고 싶을 때, 바다에 가서 파도 소리에 귀를 기울여보자. 우리 중 일부는 바다 근처에 살 수 있는 축복을 받았지만, 만약 당신이 내륙에 거주하고 있다면 위안을 주는 바다 풍경과 소리를 담은 사진이나 오디오, 비디오를 즐길 수도 있다.

조수는 달의 중력에 의해 발생하는 바다의 리듬감 있는 상승과 하강을 의미한다. 매일 두 번의 만조와 두 번의 간조가 있다. 속도를 늦추고 직관을 발휘하면 조수의 힘을 느낄 수 있다. 당신이 가진 감수성이라면 이 정도는 자연스럽게 다가올 것이다. 바다의 오래된 감각적인 움직임을 느끼면서 당신은 회복될 수 있다.

나는 자신을 되살리기 위해 바다로 향할 것이다. 파도와 조수의 치유 에너지로 나란 존재를 다시 채울 것이다.

가끔은 꿈과 이야기에 빠져보자

내가 꿈을 사랑하는 이유는 내가 깨어 있는 상태에서 하는 것처럼 과거나 미래에 대해 생각하지 않고 꿈이 보여주는 세상에 온전히 몰입할 수 있기 때문이다. 그래서인지 나는 어릴 적부터 항상 꿈에 이끌렸다. 매일 아침 잠에서 깨면 책상 앞으로 달려가 일기장에 꿈을 적곤 했다. 꿈을 꿀 때만큼은 평범한 시간은 존재하지 않는다.

당신도 꿈이 보여주는 세상에 흥미를 느끼고 있진 않은가? 여름은 꿈을 꾸고 꿈을 기억하기에 환상적인 시기다. 잠을 잘 수 있다는 사실에 감사하고 꿈을 즐기자. 그리고 오늘부터 일주일, 꿈을 기록해보자. 나도 모르는 사이에 내 눈앞에 펼쳐졌던 마법 같은 세상들이 상상력을 더 풍부하게 해줄 것이다.

나는 내 꿈에 관심을 가질 것이다. 꿈이 나의 일상과 행복에 어떤 통찰력을 주는지 들여다볼 것이다.

초콜릿 한 조각의 효과

Jul. 15

초콜릿은 당신의 기분을 빠르게 변화시키고 상승시킬 수 있다. 그것은 우리 몸의 천연 항우울제인 세로토닌을 증가시키기 때문이다. 초콜릿은 또한 다른 사람의 감정이나 스트레스를 흡수했을 때 당신의 에너지를 상승시키기도 한다.

초콜릿의 유형에 따라 차이가 있다. 다크초콜릿은 카페인을 더 많이 함유해 과민반응을 일으킬 수 있지만 유제품과 설탕은 덜 함유하고 있다. 유제품과 정제 설탕으로 만든 밀크 초콜릿은 건강에 좋지 않다. 초콜릿의 좋은 대안은 생 유기농 카카오다. 인공 감미료 없이 식물성 철분과 항산화제를 다량 함유하고 있어 슈퍼푸드로 꼽힌다.

소량의 초콜릿이나 유기농 카카오는 좋은 에너지 부스터다. 다만 너무 많이 섭취하면 과도한 당이나 카페인을 섭취하게 되어 좋지 않으니 스트레스를 받을 때, 소량의 초콜릿이나 카카오를 특별 선물이자 기분 안정제로 사용하자.

나는 피곤하거나 짜증 날 때 적은 양의 초콜릿이나 유기농 카카오를 먹을 것이다. 나는 과도한 카페인이나 당은 피할 것이다.

관자놀이를 마사지하라

Jul. 16

불안하거나 피곤하거나 스트레스를 받으면 관자놀이를 누르거나 마사지해 긴장을 풀어주고 마음을 고요하게 하는 습관을 들여라. 이 간단한 기술은 관자놀이 부근의 근육을 이완하고, 두통을 완화하며, 그 부위의 순환을 증가시킨다. 그것은 또한 강박적인 생각과 마음의 재잘거림과 두려움을 깨뜨릴 수 있다. 다음과 같은 방법으로 진행하면 된다.

잠들기 전이나 어느 때라도 깊은 호흡을 해서 마음을 안정시키자. 그런 다음 눈썹과 헤어라인 사이, 얼굴 양쪽에 위치한 관자놀이에 손가락 두세 개를 대고, 기분 좋게 느껴지는 정도의 압력으로 가볍게 누른다. 당신은 한결 온화해지고 정신이 맑아질 것이다. 길게 숨을 내쉬고 놓아주며 그러한 경험을 즐겨라.

나는 긴장을 풀고 중심을 잡기 위해 관자놀이를 누르거나 마사지하는 습관을 들일 것이다. 심호흡과 함께 마음을 안정시킬 것이다.

Jul. 17

당신의 의지력을 활용하라

머리에서 벗어나 마음으로 들어가라는 말이 현명한 조언일 경우가 많다. 그러나 의지력 또한 부정적인 파도를 물리칠 수 있는 정신적 강인함을 줄 수 있다. 그러므로 의지를 활용하는 법을 배우자. 마음을 칼처럼 집중시키고 스스로에게 말하라. "나는 이 위협을 막을 능력이 있다. 그것은 나를 해칠 수 없다." 그러면 의지력이 당신의 동맹이 된다.

용기는 마음에서도 우러나지만 정신에서도 생긴다. 다른 사람이나 세상의 부정성과 스트레스를 물리치기 위해 두 가지 자원을 모두 사용하자. 의지를 가진 당신은 단단하다. 불친절한 말, 비판적인 언급 등이 당신에게서 바로 떨어져 나가 아무런 영향도 미치지 못한다.

나는 강한 정신과 마음을 키울 것이다. 의지력이 필요할 경우 나는 내 안에 있는 의지력을 활용할 것이다.

나에게 필요한 영양분을 공급하는 법

Jul 18

영양분은 여러 가지 형태를 띤다. 당신이 먹는 음식만이 아니라 당신이 듣는 것과 보는 것 그리고 친구들의 존재 역시 영양분이 될 수 있다. 육체적 영양분은 식이요법과 운동과 적절한 수면을 통해 몸을 잘 돌보는 것을 의미한다. 감정적인 영양분은 다른 사람들의 배려나 긍지, 우정이나 가족애 등이다. 영양분은 내부에서 나오기도 한다. 당신이 머릿속으로 지어내는 부정적인 이야기 대부분이 실제가 아님을 깨달을수록 당신은 더 많은 만족감을 느끼게 된다.

자신에게 물어보라. "내게 영양분을 공급하기 위해 나는 무엇을 할 수 있을까?" 그런 다음 휴식, 명상, 좋은 친구와 함께 있기, 자연 속에서 걷기 등과 같은 한 가지 행동을 선택하라. 자신에게 영양을 공급하는 법을 알면 당신의 에너지와 편안함의 수준을 높일 수 있다.

나는 매일 몸과 정신에 영양분을 줄 것이다. 나는 적극성과 연민의 힘을 활용함으로써 강하게 성장할 것이다.

생각이 당신을 지치게 한다

Jul. 19

부정적이고 스트레스를 주는 생각은 중독성이 있어 그런 생각을 멈추는 것은 어려울지도 모른다. 그런 생각은 강박적이고 반복적이며 하루 종일 끈질기게 당신의 마음속에서 재생될 수 있다. 이런 행위는 당신을 지치게 할 수 있다! 그렇기 때문에 당신 스스로 통제권을 장악해야 한다.

이런 생각들은 일종의 자해다. 그것들이 당신 자신과 세상을 보는 방식을 정의하도록 내버려두지 마라. 왜냐하면 그것들은 진짜가 아니기 때문이다. "이런 생각들이 진짜가 아니라는 것을 안다면 내 인생이 어떻게 변할까?"라고 스스로에게 물어야 한다. 시간을 갖고 그것에 대해 일기를 써라. 이런 생각들이 보내는 거짓 메시지를 계속 믿게 되면 당신은 피곤하고 불행해지기 쉽다. 대신 "너는 망상의 그물이 낳은 허구일 뿐이다"라고 말함으로써 통제권을 가져라. 존 레논John Lennon이 말했듯, 유일한 현실은 사랑이며, 그것이 우리가 집중해야 하는 것이다. 당신을 보잘것없게 만드는 목소리를 추방하라.

나는 내 생각이 나를 지치게 하거나 나를 깎아내리지도 못하게 할 것이다. 나는 스트레스와 장애물에 부딪칠 때 나 자신을 친절하게 대할 것이다.

바위처럼 단단하게

Jul. 20

압도당했다고 느끼거나 생각이 산만해진 경우, 시각화를 연습해서 자신의 중심을 세울 수 있다. 심호흡을 몇 번 하라. 몸에서 힘을 빼라. 생각이 끼어들면 계속 깊게 숨을 쉬어 하늘의 구름처럼 생각이 떠다니게 놔두어라. 그 생각에 집착하지 마라. 호흡의 리듬이 몸에 완전히 정착할 수 있도록 하라.

바위처럼 단단해지고 싶은가? 그렇다면 바위를 시각화해보자. 온갖 모양과 크기의 고귀한 돌과 바위로 가득 찬, 거대하고도 장엄한 붉은 바위 협곡을 걷는 당신의 모습을 상상해보라. 어떤 것들은 수천 년 된, 강하고 현명한 것이다. 완벽한 기온의 아름다운 날, 이렇게 아름다운 곳을 돌아다니기에 딱 알맞은 그런 날이다. 당신은 어떤 암석의 형상에 끌리는가. 손바닥이나 몸 전체를 그 바위에 대라. 그들의 힘을 느끼고 그것에 드러누워라. 바위에 앉아도 안정감과 따뜻함과 실체를 느낄 수 있다. 당신은 바위처럼 단단하고 굳건해질 수 있다.

나는 스스로 기반을 잡고 싶을 때 바위의 굳건함을 시각화할 것이다. 나는 바위처럼 단단하게 살아갈 것이다.

변신을
거듭하는 나비처럼

Jul.
21

나는 군주나비를 키운 적이 있다. 애벌레의 먹이인 밀크위드 식물을 사서 용기에 넣어 밖에 놓아두면 군주나비들이 그것을 찾아와 알을 낳는다. 작은 애벌레가 잎을 먹고 자라 번데기가 되고, 2주 후 군주나비가 된다. 나는 이 사랑스러운 창조물들을 자유롭게 놓아주었다. 그들은 이내 자신들의 운명을 성취하면서 하늘 높이 날아올랐다.

나비의 놀라운 변신을 지켜보면 커다란 기쁨을 얻을 수 있다. 나비는 애벌레에서 황금 구슬이 박힌 작은 녹색 번데기가 되었다가 놀라운 나비로 변신을 거듭한다. 나비는 급진적인 변혁을 상징하기도 한다. 기독교에서 나비는 부활을 상징하고, 아메리카 원주민들에게는 변화와 희망을 상징한다. 우리는 나비에게서 자유와 변화의 가치를 배울 수 있다.

나는 나비의 상징에 대해 생각할 것이다. 나비의 자유와 변화의 여정에 영감을 받을 것이다.

Jul. 22

당신의 개인 공간을 정의하라

우리는 각자 자신에 맞는 편안한 공간을 결정하는 보이지 않는 경계선을 갖고 있다. 이를 침범당할 때는 진이 빠지거나 불안감을 느낄 수 있다. 이 공간을 소중히 여기면 당신 스스로를 보호할 수 있고, 원하지 않는 감정과 감각을 흡수하는 것을 예방할 것이다. 다른 사람들의 신체적, 감정적 스트레스로부터 대피할 개인 공간을 계획해보자. 당신이 다른 사람들과 대화하거나 가까이 있을 때 선호하는 거리는 어느 정도인지 생각해보라. 상황이나 문화에 따라 달라질 수 있다. 공항이나 대기실과 같은 공공장소에서 내가 생각하는 이상적인 거리는 60센티미터 정도다. 친구들과 함께라면 그 절반쯤 된다. 당신의 개인 공간에는 무엇이 필요한가? 어떤 것이 편하게 느껴지는가? 이것은 당신 자신을 알기 위한 중요한 정보다.

나는 상황마다 다른 필요에 따라 이상적인 개인 공간을 결정할 것이다. 나는 마음이 편해질 수 있도록 이를 유지하기 위해 최선을 다할 것이다.

피곤한 수다쟁이를 멀리 하라

Jul. 23

당신은 모임에서 다른 사람이 자기 인생 이야기를 늘어놓는 사람에 의해 궁지에 몰린 적이 있는가? 또는 그저 이야기를 제발 멈췄으면 하고 바라게 만드는 사람이 있는가? 그 사람은 당신이 끼어들까봐 숨도 쉬지 않고 말한다. 당신이 안절부절못하는 모습을 보여도 이러한 수다쟁이들은 비언어적인 암시 따위에는 아랑곳하지 않는다. 당신은 다른 사람들의 기분을 상하게 하고 싶지 않아서 참을 것이다. 하지만 그 후에는 지쳐서 낮잠을 자야 할지도 모른다.

당신의 삶에서 이런 피곤한 수다쟁이를 가려내라. 시어머니, 친구, 직장 동료 또는 미용사인가? 그들이 누구인지 식별하고 그들이 당신을 포로로 잡기 쉬운 환경을 주목하라. 예를 들면 가족 식사, 점심 시간, 아니면 전화 통화?

관계를 원활하게 하기 위해, 고질적인 수다쟁이들이 당신을 습격하는 것을 미리 막는 전략을 개발하라. 웃으며 말해보자. "말하는 도중에 미안한데, 나 약속 시간에 늦었어." 내가 사용하는, 사회적으로 용인되는 또 다른 출구 전략은 "미안해요. 화장실 좀 가야겠어요"라고 말하는 것이다. 당신에겐 피곤한 수다쟁이와의 경계를 설정할 권리가 있다.

나는 피곤한 수다쟁이를 거절하는 연습을 할 것이다. 이렇게 해야 나의 에너지를 보존하고 소모적인 수다에 갇히는 것을 피할 수 있을 것이다.

별것 아닌 일로 호들갑 떠는 사람들

Jul. 24

심한 감정 기복으로 당신을 진 빠지게 만드는 사람들이 있다. 그들은 일상적인 사건들을 위기 상황으로 둔갑시킨다. 그들은 자주 이런 말로 얘기를 시작한다. "세상에 맙소사, 방금 무슨 일이 있었는지 넌 못 믿을 거야!" 또는 상사가 자신이 한 일을 즉시 칭찬하지 않았다고 해고라도 당한 듯이 흥분해서 외친다. 그들이 상황을 과장하기 위해 쏘아올리는 조명탄은 당신을 태워버릴 수 있다.

그런 드라마 퀸/킹drama queen/king에게 어떻게 지내느냐고 제발 묻지 말기 바란다. 사실 알고 싶지도 않다. 그들이 휘몰아치기 시작하는 순간, 숨을 들이쉬고 중심을 잡아라. 그들의 눈을 뚫어지게 쳐다보면 그들에게 이야기를 계속하라고 부추기는 셈이 되므로 눈은 되도록 마주치지 말자. 이렇게 하면 당신이 바쁘다는 신호가 된다. 직장이나 모임에서 마주친다면 '나는 관심이 없다'는 듯한 보디랭귀지를 사용할 수도 있다. 의도적으로 그들에게서 몸을 돌린다던가 해서 더 이상의 상호작용을 막아라.

나는 드라마 퀸이나 킹이 있는 자리에서 호흡을 가다듬으며 중심을 잡을 것이다 나는 그들의 드라마에 끼지 않을 것이다.

곁에 있어주기

Jul. 25

힘든 시기를 겪고 있는 사람이 있다면 함께 있어주는 것이 큰 힘이 된다. 물론 어려움에 처한 모든 사람에게 당신이 그래야 하는 건 아니다. 지나치게 관여하지 말고, 그들을 바꾸려고 노력하지도 말자. 그들을 판단하려고 해서도 안 된다. 대신 그들을 사랑으로 바라보고 마음으로 들어주는 것이다. 곁에 가만히 있어주는 것만으로 당신에게서 그들에게로 사랑이 뻗어나간다. 이것은 속 깊은 치유의 방법이 될 수 있다.

나는 힘들어하는 누군가를 위해 함께 있을 것이다. 관여하거나 바꾸려고 하지 않은 채 가만히 곁을 지켜줄 것이다.

우리는 육체 이상의 존재다

Jul. 26

육체와 물질세계가 전부인 것처럼 보일지도 모른다. 그러나 당신은 육체적 자아보다 훨씬 더 큰 존재다. 우리의 본질은 정신이다. 나는 살아 있는 존재의 주된 목적은 정신적으로 성장하는 것이라고 믿는다. 두려움을 이겨내고 점점 더 고통에서 해방될수록 우리는 더욱 빛나게 된다. 그러므로 육체와 물질에 너무 집착하지 말자. 우리가 더 가꿔야 할 것은 정신이고, 더 모아야 할 것은 지혜다. 당신의 자아가 작은 육체 안에 갇혀 있는 것은 아닌지 돌아보자. 육체와 달리 정신에는 한계가 없다. 당신은 정신을 단련하면서 무한하게 뻗어나갈 수 있다.

나는 나 자신이 내 몸 이상의 존재라는 것을 안다. 내 정신이 얼마나 큰지, 얼마나 확장할 수 있는지 이해할 것이다. 나는 내 존재의 확장성을 느낄 것이다.

고통으로 배우고 진화한다

Jul. 27

나는 인생이 진화할 기회를 갖는 학교라고 생각한다. 여기서 우리는 어려운 감정을 치유하고 역경 속에서도 자신을 강화하는 법을 배운다. 부처는 "인생은 고통이다"라고 말했다. 그러나 인생의 고통은 자신의 투쟁에 대한 연민을 배우고 다른 사람에 대해 공감할 수 있는 마음을 배우는 기회다. 모두가 자신이 할 수 있는 최선을 다하고 있다. 사람들이 짊어지고 있는 짐을 볼 수는 없지만, 누구나 헤쳐 나갈 문제를 가지고 있다.

마음을 열고 공감하는 능력을 키울 때 두려움을 비롯한 당신의 어두운 면을 치유할 수 있다. 세상에 나쁜 일들이 벌어지는가? 물론 그렇다. 하지만 당신은 그런 공포에 얽매이지 않는 사람이 될 수 있다. 공감 능력을 기르고 선함을 믿음으로써 당신 자신과 세상을 변화시킬 수 있다.

나는 내 인생의 모든 경험을 내가 좀 더 친절하고 현명하게 성장할 수 있는 학습의 일부로 여길 것이다.

삶의 장애물을 넘어서기

Jul 28

장애물은 삶의 일부다. 그것을 어떻게 다루느냐가 얼마나 쉽게 도전을 정복하는지를 결정할 것이다. 멱살을 쥐거나 싸우지 않고 어려움을 해결하는 법을 배우는 것은, 행복을 위한 핵심이다.

장애물을 맞닥뜨렸을 때 밀치는 것이 정답은 아니다. 억지로 밀거나 저항하려고 하지 말고 한걸음 물러서서 숨을 내쉬자. 장애물이 무엇인지, 그것을 극복하기 위해 어떤 조치를 취해야 하는지 곰곰이 생각해보자. 그 걸림돌은 당신이 정신을 차리고 무슨 일이 일어나고 있는지에 주의를 기울여야 한다는 신호일 수도 있다.

장애물은 궁극적으로 당신에게 도움이 될 수 있다. 예를 들어 너무 피곤하거나 아파서 일을 진행할 수 없다면, 그건 "제발 자신을 보살피고 쉬세요"라고 말하는 것일 수 있다. 난관에 봉착할 때는 항상 스스로에게 물어라. "이것이 내게 무슨 의미인가? 용기를 내서 새로운 해결책을 찾으라는 요청을 받고 있는 건가?" 어떻게 해야 최선일지 당신의 직관이 충고해줄 수도 있다.

나는 "내가 마주한 장애물에서 무엇을 배울 수 있을까?"라고 자문할 것이다. 장애물은 내가 취해야 할 올바른 행동을 찾게 해주는 신호다.

수면이 가진 치유의 힘

Jul. 29

단순하고 강력한 진리는 피곤할 때 쉬는 것이다. 잠깐의 깊은 낮잠으로도 당신을 소생시킬 수 있고, 지치지 않도록 예방할 수 있다. 만약 휴식을 취하지 않는다면 완전히 번아웃burnout 상태에 이를 수 있다. 매 순간을 감사해도 인생은 당신을 지치게 할 수 있다. 매일의 스트레스에 대한 정기적인 수리가 필요하다.

수면은 몸을 상쾌하게 만든다. 셰익스피어의 『맥베스』에서는 잠이 '삶의 향연을 위한 자양분'이라고 했다. 잠은 산소, 음식, 물만큼 중요하다. 잠자는 동안에는 스트레스가 희미해진다. 신진대사가 느려지고 감각이 잠잠해지고 몸이 스스로를 치유한다. 잠은 기억력과 학습 능력을 향상시키고, 피부 세포를 재생하며, 노화와 자외선 복사로 인한 손상을 회복해주기도 한다.

그러므로 충분한 수면을 취하자. 피로와 과도한 자극에 시달리지 않도록 자신의 신체적, 정서적 한계를 알고 있어야 한다. 쉬는 것은 그만두는 것을 의미하지 않는다. 수면이라는 휴식을 통해 당신은 원기를 회복할 수 있다.

나는 더 질 좋은 잠을 자고 바쁜 낮에는 짧은 낮잠을 잘 것이다. 나는 내 신체적, 정신적 한계를 알고 배려할 것이다.

선함에 대한 신념

우리는 선함의 힘을 믿는다. 선한 사람은 다른 사람들에게 친절하며 건전한 방법으로 베풀며, 자기 자신에게도 좋은 사람이다. 당신이 선함을 소중히 여길 때 당신은 다른 사람들에게 소중한 존재가 된다. 그러나 선한 사람이 반드시 순진한 사람은 아니다. 의식적으로 오만이나 탐욕 또는 다른 사람을 해치는 짓을 거부하는 것이다. 선함이 다른 사람들뿐 아니라 우리 자신에게도 유익하다는 것을 믿기 때문이다.

성공을 이루기 위해 고결함을 훼손한 사람들보다 당신이 열등하다고 느낄 이유가 전혀 없다. 비록 당신의 소득이 그들보다 적더라도. 그러한 고결함을 위반한 대가는 크다. 가장 높은 수준의 성장은 선한 사람이 되는 것이다.

나 자신과 타인 안에 있는 선함을 존중받아야 할 자질로서 소중히 여길 것이다. 나는 모든 결정을 할 때 진실성을 위배하지 않도록 조심할 것이다.

경험의 즐거움

Jul. 31

즐거움을 탐구하는 데 주의를 기울이자. 기분 좋고 긍정적인 감각, 아이디어, 아름다움 그리고 즐거운 경험을 할 수 있는 능력을 키우는 것이다. 기쁨보다 고통에 집중하는 것이 더 쉬울 때가 있다. 그러나 지금은 무엇이 멋지게 느껴지는지, 무엇이 당신을 행복하게 하는지에 집중하자.

여름에 누릴 수 있는 호사에는 더 길어진 낮과 더 많은 놀이 시간 그리고 존재의 가벼움이 포함된다. 밤에 피는 재스민과 장미와 다른 향기로운 꽃들의 달콤한 향을 맡아라. 나비와 벌새와 반딧불을 보라. 산책을 하는 동안 산들바람이 당신의 몸을 어루만지도록 하라. 땅거미 질 때의 색채들을 감상하라. 밤에는 여름 달의 우아한 변화를 관찰하라. 이 계절의 쾌락을 탐구하고, 여름의 변덕과 놀이로 활기를 느껴라.

나는 오늘 즐거움을 탐구하는 데 전념할 것이다. 다양한 종류의 즐거움을 찾아 마음껏 누릴 것이다.

웃음이라는 약

Aug. 01

웃음은 좋은 약이다. 지나치게 진지한 경향이 있는 민감한 사람들에게는 특히 그렇다. 나는 많은 환자에게 웃음을 처방한다. 신체적인 차원에서 웃음은 근육의 긴장을 줄여주고 억눌려 있는 부정, 불안, 우울증을 푸는 데 도움을 준다. 또한 면역반응을 향상시키고 신체의 자연 진통제인 엔도르핀을 증가시킨다. 감정적인 차원에서 웃음은 긴장감, 두려움, 걱정에서 벗어나 살아 있다는 것의 재미있는 면에 초점을 맞추도록 해준다. 웃음 치료의 아버지 노먼 커즌즈Norman Cousins는 관절 질환으로 고통받았는데, TV에서 코미디 방송을 보면서 매일 10분씩 웃는 것으로 고통을 치료했다. 킥킥거릴 만한 것을 발견할 수 있을 때, 당신은 머리에서 벗어나 가슴으로 커다란 안도감을 느끼게 될 것이다.

나는 일상생활에서 웃을 만한 일을 찾거나 재미있는 영화를 볼 것이다. 일단은 근심을 접어두고 마음껏 웃을 것이다.

장난기 많은 자신의 모습을 재발견하라

Aug. 02

우리는 대개 청구서를 지불하고, 직장에 출근하고 다른 사람들과 의식적인 관계를 갖는 헌신적이고 목표 지향적인 모습의 성인 자아로 움직인다. 물론 이 모든 것이 만족스러울 수도 있다. 그러나 나이가 몇 살이든 당신 안에는 사랑스럽고 귀여운 장난기 넘치는 아이가 있다. 당신이 마흔, 쉰, 예순 또는 그 이상의 나이가 된다 해도, 장난기 어린 부분은 여전히 살아 있다. 만약 이런 면이 당신의 나머지 부분과 격리된다면 삶은 힘들고 단조롭게 보일지도 모른다.

그러니 오늘은 당신의 장난기 많은 자아를 밖으로 소환하라. 기억을 불러일으키려고 어린 소녀나 소년이었던 자신의 사진을 꺼내 봐도 좋다. 명상을 하거나 일기를 쓸 때, 속으로 이런 질문을 할 수도 있다. "너는 자신을 어떻게 표현하고 싶어? 공원이나 바다로 가서 휴식을 갖고 싶어? 장신구를 만들고 싶어? 그림을 그리고 싶어? 수영을 하는 건 어때?" 응답을 주의 깊게 듣고 기록하라. 당신의 장난기 많은 면을 자유롭게 풀어놓아라. 마음껏 웃고 즐겨라.

나는 쉬지 않고 계속해서 어른이 될 필요는 없다. 지나치게 진지하면 나의 행복에 해가 된다. 나는 내면의 아이를 불러내 잠시 놀면서 홀가분한 기분을 느낄 것이다.

더욱 젊어지기

나를 찾아오는 이들 중에는 스스로를 너무 몰아붙여 피곤한 30~40대도 환자들도 있고, 기분이 나아진 적이 없다고 호소하는 70대 환자들도 있다. 따라서 마음챙김은 나이에 상관없이 모두에게 필요하다. 시작하기에 너무 늦은 나이란 없다. 신체적으로는 어떤 라이프 스타일을 선택하느냐가 중요하다. 얼마나 잠을 자고, 운동하고, 명상을 하느냐 그리고 얼마나 건강한 식품을 먹느냐가 커다란 차이를 만든다. 감정적으로는 태도가 중요하다. 현재의 순간에 집중하라. 마음속으로 노화나 미래에 대한 무서운 이야기를 지어내지 말자.

당신 내면에 대부분의 사람이 의식하지 못하는 불씨가 있다는 사실을 깨달아야 한다. 명상하는 동안, 또는 조용한 순간에 당신의 척추 밑바닥에서 솟아오르는 불꽃을 상상해보라. 그것의 따뜻함, 야성 그리고 힘을 느껴라. 이것은 어떤 나이에도 활기차게 해주는 당신의 생명력이다.

나는 건강하고 낙천적인 느낌에 집중할 것이다. 내 내면에 불을 붙이겠다. 나는 나의 생명력이 점점 더 밝아지고 강해지는 것을 경험할 것이다.

받아들여진다고 느끼기

Aug. 04

예민한 아이들은 부모님이나 선생님 또는 가족들이 자신을 제대로 보아준다고 느끼지 못한다. 그들의 예민함은 귀중하고 독특한 능력이라기보다는 규범에서 벗어난 일탈에 가까운 취급을 당한다. "더 뻔뻔해져라" 또는 "강해져라"라는 말을 듣고, 감정이입을 잘하는 우리 본성에 뭔가 문제가 있다고 생각한다.

반면 당신이 받아들여진다는 느낌은 해방감을 준다. 다른 사람들이 당신을 있는 그대로 완전히 받아들인다. 당신을 평가하거나 비난하거나 과소평가하지 않는다. 당신이 진정으로 받아들여질 때 비로소 당신은 안도할 수 있다. 당신은 변화할 필요가 없다. 어떤 것도 다르게 할 필요가 없다. 성장이 필요한 부분을 포함해, 당신은 있는 그대로 당당하다. 누군가에게서 무조건적으로 받아들여지는 것은 경이로운 느낌이다.

나는 나 자신을 애정 어린 눈으로 볼 것이다. 나는 또한 나를 진정으로 보아주는 사람들과 함께할 것이다.

사람을 만나는 게 피곤하다면

Aug. 05

나는 사람들과 함께 있는 것을 즐기지만 대체로 짧게 시간을 보낸다. 나는 또한 큰 모임에 참여하는 것보다 한 사람이나 아주 소수의 사람과 함께 있는 것을 더 좋아한다. 얼마나 많은 사람과 시간을 보내는 것이 당신에게 가장 적합한지, 얼마나 많은 조용한 시간을 필요로 하는지를 명확히 하면 삶의 질을 향상시킬 수 있다. 다른 사람과 교제하는 시간을 제한할 수 있는 권한을 자신에게 주자. "이번 주말에 한두 시간 정도 차를 마실 수 있으면 좋겠어"라는 등의 말로 당신의 요구를 구체화하는 것이 도움이 된다. 그런 식으로 당신의 친구들이 가질지도 모르는 기대를 현실적으로 정의하는 것이다. 서로 신뢰가 있는 사이라면 이렇게 말해도 좋다. "나는 널 보는 게 정말 좋지만, 나는 어느 정도 시간이 지나면 쉽게 피곤해지는 성향이야." 그러면 당신과 친한 사람들은 당신이 모임에서 일찍 자리를 떠난다고 해도 뭔가 잘못되었다고 생각하지 않을 것이다. 당신의 진정한 자아를 친구들과 더 많이 공유하게 되었다는 사실은 추가로 얻을 수 있는 이점이다.

나는 사람들과 짧은 시간만 함께 있어도 된다고 스스로에게 허락할 것이다. 내가 편안하게 느끼는 것보다 더 오랜 시간을 다른 사람과 어울리도록 자신을 압박하지 않을 것이다.

나만의 시간을 갖고 나를 돌보는 일

Aug. 06

자신을 잘 돌보기 위해 필요한 요건은 무엇이고, 어떻게 하면 그 요건을 충족시킬 수 있을까? 스스로에게 물어보라. 그런 다음 내면의 목소리에 귀를 기울이고, 들은 대로 행동하라. 당신이 자기만의 시간을 갖기를 꺼릴 때면 다음을 원하는 만큼 반복하라.

나는 나만의 시간을 가지면서 자신을 돌보고 있다.
나는 이기적이지 않다.
나는 자신에게만 몰두하고 있지 않다.
나는 마음챙김을 하고 있다.
나는 고요함이 필요하다.
나는 휴식이 필요하다.
나는 영양가 있는 음식을 먹어야 한다.
나는 명상해야 한다.
나는 노래해야 한다.
나는 사랑을 나눠야 한다.
나는 베풀어야 한다.
나는 잠을 잘 자야 한다.

나는 매일 달라질 수도 있는 나만의 욕구를 밝히고 존중할 것이다. 나는 나만의 시간을 즐길 것이고 나 자신을 이렇게 잘 돌보고 있다는 사실에 행복을 느낄 것이다.

별에게 소원을 빌어라

여름은 밤하늘을 관찰하기 좋은 기간이다. 오늘 밤, 당신이 가장 끌리는 별을 찾아 그것에 집중하라. 그 별이 어떻게 반짝이는지 보아라. 그런 다음 다시 어린아이처럼 되자. 가슴에 손을 얹고 그 별에게 소원을 빌어보는 것이다. 모든 불신을 잠시나마 멈추고 아이처럼 소원을 빌어보면서 자신의 소망을 확인할 수 있다. 소리 내어 말해도 좋고 조용하게 해도 괜찮다. "건강하게 해주세요"라거나 "내 삶의 다정한 동반자가 있었으면 좋겠어요" 또는 "내 섬세함에 어울리는 일자리를 찾고 싶어요"라는 식일 수 있다. 망설이지 말고 당신이 가장 바라고 있는 바를 얘기하라. 고르고 골라 가장 절실한 한 가지 소원만을 빌어라. 별은 당신의 소원을 가장 아름다운 방법으로 빛내준다.

나는 어린아이의 마음으로 별에게 소원을 빌 것이다. 보이지 않는 모든 힘에 마음을 활짝 열고 내 절실한 소망을 확인할 것이다.

논리와 직관을 결합하자

Aug. 08

매우 직관적이고 감정적인 사람들이 있다. 이러한 성향은 비범한 자질들이지만 균형을 잡으려면 논리와 상식도 중요하다. 논리는 A+B=C라는 것을 아는 힘이다. 어떤 결정을 내릴 때 직관과 논리를 둘 다 활용해보자.

당신이 현재 결정해야 하는 문제에 대해 적어보자. '논리'라고 분류한 칸에는 그 문제에 대한 논리적인 정보나 지식 등을 적는다. '직관'이라는 칸에는 직관적인 사항들, 즉 이미지나 느낌 또는 당신이 받은 신체적인 신호 등을 적는다. 그런 다음 두 칸을 검토한다. 만약 논리와 직관이 향하는 곳이 일치한다면 훌륭하다. 그러나 그 선택이 논리적으로 옳은 것처럼 보여도 당신의 직관이 "속도를 늦춰"라거나 "뭔가 좋지 않은데"라고 말한다면 그것에도 주의를 기울여라.

나는 선택을 할 때 내 내면에 있는 모든 형태의 지혜, 즉 나의 논리와 직관을 둘 다 참고할 것이다. 내 삶을 향상시키기 위해 그 둘이 어떻게 함께 작용할 수 있는지 탐구할 것이다.

나에게 보내는 러브레터

Aug. 09

오늘은 시간을 내어 자신에게 러브레터를 써라. 일기장이나 편지 윗부분에 '친애하는 000'이라고 이름을 적어라. 그런 다음, 당신이 자신에 대해 고마워하는 모든 특성을 적는다. 예를 들어 다음과 같이 쓸 수 있다. "나는 내 눈을 사랑한다. 나는 사람들과 친해질 수 있다는 것이 좋다. 나는 좋은 친구고 헌신적인 파트너다. 나는 시간을 들여 마음챙김을 하고 있다. 나는 배워서 성장하고 있다."
당신이 사랑하는 자신의 모든 면을 검토하자. 또한 당신의 삶에서 직면했던 도전들과 그것들을 어떻게 극복했는지에 대해서도 적어라. 예를 들어 "나는 인내하며 오랜 탐색 끝에 훌륭한 직업을 찾았다"거나 "거부당하는 것이 두려웠지만, 나는 내 욕구를 표현했고 상대방이 이해했다"고 쓸 수 있다.
이러한 연습은 완벽함에 도달하는 것과는 상관이 없다. 오히려 당신이 누구인지를 수용하는 것과 관련이 있다. 이렇게 자기애로 샤워를 하면 지친 자신을 사랑과 이해로 어루만지는 효과를 얻을 수 있다.

나는 자신에게 보내는 러브레터에 관심과 부드러움을 담을 것이다. 방해가 되는 부정적인 발언은 모두 추방할 것이다. 나는 무조건적인 이해심을 갖고 내 여정에 집중할 것이다.

당신이 상처받았다니 미안합니다

Aug. 10

당신은 다른 사람들의 냉담함이나 둔감함에 상처받았을지도 모른다. 당신의 부모님은 당신의 공감 능력을 지지하지 않았을지도 모른다. 그들은 당신이 예술적인 직업을 추구하지 못하도록 단념시키고 대신 로스쿨에 가도록 몰아붙였을지도 모른다. 당신에게 많은 고통을 준 연인 때문에 마음이 찢어졌을 수도 있다. 친구들이 당신을 실망시켰거나 무례하게 대했을 수도 있다.

당신에게 상처준 적이 있는 모든 사람을 대표해서 나는 사과한다. 당신이 상처받았다니 미안하다. 사람들이 당신을 진심으로 이해하지 못했다니 미안하다. 당신의 느낌이 무시당했다니 미안하다. 당신이 수치스러움을 느꼈다니 내가 미안하다. 부디 내 사과를 받아주고 당신이 섬세하고 사랑스러운 사람이라는 사실을 알았으면 한다. 나는 당신에게 감탄한다. 나는 당신을 자랑스럽게 여긴다. 나는 당신을 존경한다.

나는 기꺼이 과거의 상처를 치유하고 성장할 용의가 있다. 나는 공감하는 내 능력이 번성하도록 놔둘 것이다.

닫힌 마음의 문을 다시 한 번 여는 법

Aug 11

어떤 사람에게서 배신감이나 거부감을 느꼈다면 사람을 다시 신뢰하기가 어려울 수 있다. 특히 몇몇 환자들이 실연을 당한 직후에 마음의 문을 닫아버리는 것을 보았다. 새로운 사람에게 마음을 주기가 너무 고통스럽게 느껴졌을 것이다. 그들은 묻는다. "내가 또 상처받으면 어쩌라고 문을 열라고 하는 거예요?"

이별과 상실로 인해 가슴 깊이 파고드는 슬픔. 나는 이것이 얼마나 고통스러운지 안다. 하지만 사랑을 위해 싸우고, 사랑에 마음을 열어놓을 만큼 강해지고 싶다는 사실도 잘 알고 있다. 당신은 또 상처받고 실망할 수도 있다. 삶이란 본래 그런 것이다. 하지만 당신은 다시 사랑하고 행복해질지도 모른다.

당신이 그 사람을 신뢰하는지 제대로 파악해라. 누군가 친절하고, 책임감과 배려심이 있고, 일관성이 있는지 알아보기 위해 관계를 천천히 진전시켜라. 서두르면 안 된다. 그가 당신의 신뢰를 얻도록 하라. 다만 계속 관찰하는 동안에도 수용적인 자세를 유지해야 한다. 대담하게 사랑에게 다시 한번 기회를 주자.

나는 내 마음이 영원히 닫히도록 놔두지 않을 것이다. 언제든 준비가 되면 나는 적당한 사람이나 상황에 다시 마음을 열고 신뢰할 것이다.

누군가의 말이 아닌 행동을 관찰하라

Aug. 12

누군가가 신뢰할 만한지 그 사람과 다정한 친구나 짝을 이룰지 결정할 때는 그 사람이 다른 사람들을 어떻게 대하는지 주목하라. 본인이 얼마나 성숙한 사람인지 말로 듣는 것보다 그가 점원, 동료, 아이들 또는 장애인을 대하는 행동 방식을 보자. 이는 그들이 궁극적으로 당신에게 어떻게 행동할 것인지를 보여주는 진정한 지표다.

아무도 보고 있지 않다고 생각할 때 혹은 친절하게 대해봤자 얻을 게 없다고 생각할 때 그가 얼마나 사려 깊게 행동하는지 지켜보자. 그들은 횡단보도를 천천히 건너가는 노인의 행동을 참을성 있게 기다리는가? 뒤늦게 타려는 사람을 위해 엘리베이터 문을 열고 기다려주는가? 이러한 행동들은 모두 그 사람이 진짜 어떤 사람인지 보여주는 명백한 증거다.

나는 누군가를 이상화시키지 않고 그 사람 자체를 온전하게 볼 것이다. 나는 누군가의 행동이 그가 한 말들을 뒷받침하고 있는지 아닌지 알아차릴 것이다.

당신과 비슷한 친구를 찾아라

Aug. 13

남에게 오해받는 일에 너무 익숙해져서 다른 이에게 손을 뻗기 어려울 수도 있다. 그러나 손을 뻗는 것은 비슷한 성향을 가진 사람들을 찾는 용감한 시작이다.

정서적인 지지를 받으면 당신은 비판을 받을 염려 없이 성장할 수 있다. 그러면 당신은 혼자가 아니라는 생각이 들 것이다. 그 사람에게는 당신의 예민함을 정당화할 필요가 없고, 그의 파장과 당신의 파장과 같을 수도 있다.

어떻게 친구를 찾을까? 동호회나 직장에서 당신과 비슷한 성향의 사람들을 찾아라. 그런 다음 내향적인 사람들에 대한 주제를 자연스럽게 꺼내라. 모임에서도 그런 사람들을 쉽게 찾을 수 있다. 그들은 종종 구석에 혼자 있기 때문이다. 어색한 기분이 들더라도 다가가서 인사를 건네자.

나는 다른 사람에게 손을 뻗는 것을 아직 어색하게 느끼지만 새로운 친구들을 찾는 것에 열린 마음을 가질 것이다.

Aug. 14

도움을 청하는 것도 연습이 필요하다

도움을 청하면 다른 사람에게 부담을 줄까봐 두려운가? 받는 것보다 주는 것이 더 편하게 느껴지는가? 성장하면서 도움을 청해야 할 때 불안감을 느낀 사람이 많다. 왜일까? 부모님에게 괴로움을 더하고 싶지 않았거나 당신의 욕구가 중요하지 않다고 믿었을지도 모른다.

그러나 도움을 요청하지 못한다면 당신이 지치고 불안해질 때 더욱 고립되고 힘들어질 것이다. 그러므로 받는 것과 주는 것의 균형을 맞추는 연습을 해보자. 당신이 사랑하는 사람들에게 도움을 요청할 수 있는지 실험해보자. 이웃에게 시장에서 과일 좀 사다 달라고 부탁하라. 아들에게 장미에 물을 주라고 부탁하라. 당신이 슬플 때 파트너에게 정서적 지원을 요청하라. 일단 익숙해지면 당신에게 기쁨이 될 것이다.

나는 도움을 요청하기 꺼려진다고 해도 도와달라고 손을 뻗는 연습을 할 것이다. 다른 사람에게서 뭔가를 받는 걸 허용할 것이다. 나는 나의 인간관계가 균형 잡히고 온전하기를 원한다.

마음이 동요할 때는 쉬어라

마음이 복잡하거나 흔들릴 때, 우리는 중심을 잃고 과민반응을 할 수도 있고 나중에 후회할, 상처 입히는 말을 불쑥 내뱉을 수도 있다. 다른 사람들의 분노나 좌절감은 당신을 괴롭히고 질식시키는 원치 않는 불안정한 침입처럼 느껴질 수 있다.

긴장된 상황이라면, 특히 불안감을 느낀다면 잠시 멈추는 것이 중요하다. 동요로 인한 아드레날린의 돌풍을 상쇄하기 위해 잠시 멈춰 중심을 잡아라. 진정될 때까지 전화, 대화, 이메일 및 문자 발송을 자제하는 것이다. 중립적인 어조로 이렇게 말할 필요가 있을지도 모른다. "이것에 대해 생각해봐야겠어요. 제가 다시 연락할게요." 아니면 회의실이나 다른 방과 같은 다른 장소로 이동하라. 자극을 줄이면 다시 중심을 잡을 수 있을 것이다. 조명을 어둡게 하거나 마음을 달래는 음악을 듣거나 명상을 하는 것도 좋다. 이렇게 마음을 가다듬고 나면 어떤 문제에도 성숙하게 대응할 수 있을 것이다.

나는 마음이 동요할 때면 열까지 셀 것이다. 내가 후회할 만한 어떤 것도 충동적으로 하거나 말하지 않을 것이다.

관계 속에서 자신을 잃지 않기

Aug. 16

당신은 파트너의 문제나 삶에 너무 관여해서 정작 자신의 문제를 소홀히 하는가? 당신은 파트너의 요구에 항상 순응하는가? 이 관계에 너무 많은 시간을 할애하고 있어서 친구들과 멀어지고 있는가?

이런 일들은 사랑에 빠진 사람에게 흔히 일어날 수 있는 문제들이다. 당신은 독립심과 균형감을 잃을 수도 있다. 소중한 동반자이자 로맨틱한 파트너를 원하지만, 자신을 너무 많이 내팽개치고 있다. 이것은 당신을 괴롭힐 수 있고, 어느 순간 당신은 안절부절 못하거나 질식할 것 같은 느낌을 받을 수도 있다.

파트너에게 주는 것뿐만 아니라 당신 자신의 욕구도 충족시키도록 유의해야 한다. 친구와의 시간, 내 시간, 일 그리고 파트너와의 특별한 시간 등의 균형을 어떻게 맞출 수 있을지 적어보자. 이렇게 하려면 지속적인 마음가짐과 두 사람 사이의 충분한 의사소통이 필요하지만 결과는 만족스러울 것이다. 서로의 욕구가 충족되면 사랑하는 관계를 유지하면서도 각자 자기 자신이 될 수 있다.

나는 정체성을 지키는 관계를 유지할 것이다. 만약 내가 자신을 잃고 있다는 사실을 알아차린다면 나는 균형을 찾기 위해 다시 마음을 가다듬을 것이다.

버림받을지 모른다는 두려움

Aug. 17

만약 당신이 가족의 보살핌을 받지 못했거나 방치, 학대를 경험했다면 당신은 버려진 기분을 느끼며 성장했을 수도 있다. 이 고통스러운 두려움은 깊숙이 남아 어른이 되어서도 여러 관계에 영향을 줄 수 있다.

그렇다면 자신에게 솔직하게 물어보라. "내가 버림받을까봐 두려워하고 있나? 내 인생에서 어떤 때에 이런 두려움이 나타나는가?" 예를 들어 당신이 다시 싱글이 되거나 직장을 그만두거나 가족과의 경계를 설정할 때 발생하는가? 당신은 남자친구가 전화하는 것을 잊어버리거나 친구가 만나기 직전에 계획을 취소하는 것과 같은, 버림받는 것과 유사한 어떤 것에 지나치게 화를 내는가?

그런 다음 '두려움이 없다면 내 삶은 어떨까?'를 생각해보라. 당신이 경험할 평온함과 편안함을 상상해보라. 두려움을 떨치자. 왜냐하면 당신이 자신을 버리지 않는다면 아무도 당신을 버릴 수 없기 때문이다.

나는 버림받는 것에 대한 두려움을 인식하고, 천천히 그러나 확실히 그것을 치유할 것이다. 이런 두려움이 찾아오면 나는 당황하기보다는 즉각 마음을 가라앉히고 지지를 호소할 것이다.

당신은 혼자가 아니다

Aug. 18

당신이 두려움이나 외로움을 느끼는 순간, 자신감을 되찾기 위해 다음의 말을 반복해보자.

나는 혼자가 아니다.
나는 보살핌을 받고 있다.
사랑하는 힘이 나를 감싸고 있다.
내 심장이 고통스러울 때,
내 두려움이 나를 이길 때,
나는 연민으로 나 자신을 감쌀 것이다.
나는 사랑의 품에 안긴다.
모든 것이 괜찮다.

나는 어떤 감정도 감당할 수 있다. 나는 내 두려움보다 크다. 나는 나 자신을 보호할 수 있다.

명상으로 아침을 시작하는 하루

짧은 아침 명상으로 하루를 시작하는 것은 중심을 잡는 데 좋은 훈련이다. 잠에서 깨자마자 나는 곧장 조용한 공간으로 가서 5분 정도 명상한다. 이것은 내가 수면 상태에서 현실 세계로 부드럽게 전환하도록 도와준다. 나는 조용히 앉아, 천천히 호흡하며 나의 심장에 초점을 맞춘다. 생명이라는 선물과 하루 더 배우고 성장할 수 있는 기회를 얻었다는 사실에 감사한다.

매일 아침 명상을 해보는 실험을 해보길 권한다. 잠깐이면 된다. 5분에서 10분이면 충분하다. 해야 할 일들과 그에 따른 근심에 사로잡혀 침대에서 뛰쳐나오는 것보다 마음을 가다듬으며 하루를 시작할 수 있다. 아침 명상은 당신이 하루를 탄탄하게 시작할 수 있도록 도와줄 것이다.

나는 아침에 깨어나자마자 바로 명상할 것이다. 나는 낙관적이고 평온하게 하루를 시작할 것이다. 이것이 하루 종일 나의 행복을 얼마나 증가시키는지 지켜볼 것이다.

두려움에 먹이를 주지 마라

Aug. 20

용기나 두려움은 선택이다. 매일 배우고 더 깨어 있기를 추구한다고 해서 두려움에 면역이 되는 것은 아니다. 그러나 두려움이란 감정에 용기 있게 이겨낼지 움츠러들지는 우리 모두가 할 수 있는 선택이다. 자유는 용감한 선택을 하는 데서 온다. 강해지기로 결심하고 두려움을 이겨내는 훈련을 하면 용기가 생긴다. 마음을 가다듬기 위해 두려움보다 더 큰 긍정적인 힘에 의지하자.

두려움을 무력화하기 위해 심호흡을 몇 번 하고 자신을 진정시켜라. 눈을 감고 이렇게 반복하라. "나는 두려움보다 더 크다." 상황이 위협적일 수는 있지만, 목표를 달성하기 위해 두려움을 극복해낼 자신감이 붙을 것이다. 기억하라. 두려움은 당신이 그것에 먹이를 줄 때만 힘을 발휘한다.

비록 나의 두려움이 강할지라도, 나는 그것에 먹이를 주지 않을 것이다. 두려움은 내가 정복할 삶의 일부분이다. 나는 그것이 내가 꿈을 이루는 것을 막도록 허용하지 않을 것이다.

한가한 시간을 갖자

Aug.
21

오늘 약간의 시간을 내자. 그리고 지속적인 업무와 의무를 제외한 모든 것에 집중하자. 숨을 쉬어라. 수영하라. 산책을 하라. 일시 중지 버튼을 누르자. 마음이 자유롭게 노닐도록 놔두자. 채울 것이 없는 열린 공간을 상상해보라. 걱정이 없다. 신경 쓸 일도 없다. 당신은 홀가분하고 근심 걱정이 없다. 당신 혼자만의 시간을 갖는다! 말할 사람이 없다. 내릴 결정이 없다. 긴장을 푸는 것 외에는 할 일이 없다. 쉬는 동안 심호흡을 하라. 어깨와 등에서 긴장이 풀리는 것을 느껴라. 발가락을 흔들어라. 양팔을 하늘로 뻗어라. 기지개를 켜라. 스트레스를 풀고 미소를 짓자. 당신의 에너지와 낙천주의가 되돌아오는 것을 느끼자.

내가 어떤 계획을 세웠든 약간의 휴식 시간을 가짐으로써 원기를 회복할 것이다. 이것을 규칙적으로 할 수 있으면 압력을 완화할 수 있기 때문에 나는 스트레스의 압력밥솥에서 살지 않아도 될 것이다.

현재에 몰두하라

Aug. 22

매일 시간 관리를 실천하면 당신은 감성은 지키면서 삶의 질을 향상시키고, 필요한 휴식을 취할 수 있다. 하루 24시간을 잘 배분해서 계획해놓으면 다른 것을 해야 한다는 불안이나 걱정 없이 지금 해야 하는 일에 몰두할 수 있다.

지금 이 순간에 몰입해보자. 지금 하고 있는 일에 몰두해보자. 느긋하게 목욕하는 동안 무아지경에 빠져들거나 공상에 잠겨 길을 잃기도 한다. 몰입 상태에 있는 예술가들처럼, 당신은 자신이 하고 있는 일에 완전히 빠져서 시간 가는 줄 모른다. 그 순간에 자신을 내어주는 것은 영원을 경험하는 일이다.

나는 어떤 일에 몰두해 시간 가는 줄 모를 것이다. 내 상상력이 창의력을 자극하는 영원한 곳으로 여행을 떠날 것이다. 나는 자유로울 것이다.

부정적인 생각에서 깨어나라

각성은 '깨어나는 것'이다. 자신을 가두고 위축되게 하는 생각, 나는 안 될 거라는 부정적인 마음에서 깨어나는 것이다. 그리고 세상과 타인과 삶에 대한 통찰력을 얻는 것이다. 그러면 당신은 더 큰 내면의 평화를 경험할 수 있다. 다음 말을 되뇌며 어두웠던 과거의 자신에게서 깨어나자.

나는 깨어났다.
나는 알고 있다.
내 마음은 열려 있다.
나는 행복에 마음을 열 것이다.
나는 내가 행복해지도록 허락할 것이다.
내가 볼 수 있다.
나는 알 수 있다.
나는 사랑할 수 있다.

나는 나 자신을 일깨울 것이다. 나를 속박하고 얽매던 나쁜 생각에서 깨어나 통찰력과 마음의 평화를 얻을 것이다.

내면의 그림자에 맞서자

Aug. 24

당신은 너무나 고통스러운 트라우마나 갈등을 감추는가? 마치 없었던 일처럼 여기면서 살아가지만 마음속이 언제나 요동치고 있지 않은가? 자기방어를 위해 이처럼 회피하는 사람들이 있다. 내 환자들 중 몇몇은 내가 부드럽게 지적하기 전까지 자신이 그렇게 하고 있다는 사실조차 깨닫지 못한다.

슬퍼하지 않은 채 슬픔에서 치유될 수는 없다. 왜 화가 났는지 표현하지 않고서는 화를 풀어낼 수가 없다. 내면에 두려움을 간직한 채 평화로움을 기대할 수는 없다. 언제나 행복한 사람은 없다. 누구에게나 그림자 같은 면이 있다. 당신이 그것을 피하면 결코 마음의 평화를 얻을 수 없을 것이다.

당신이 회피하고 있을지 모르는 모든 문제를 정직하게 밝히자. 배우자나 부모님에 대한 분노인가? 버려질지 모른다는 두려움 또는 열등감인가? 그런 다음 당신의 난해한 감정에 대해 천천히 그리고 연민을 가지고 글을 써라. 우리 인간은 가볍고 어두운 두 가지 감정적인 면을 모두 가지고 있다. 이런 양극을 탐구하는 것은 당신을 더 흥미롭고 성숙한 사람으로 만들 것이다.

나는 나의 긍정적인 감정과 더욱 난해한 감정을 모두 알 것이다. 나는 내가 치유해야 할 어떤 감정도 회피하지 않도록 주의할 것이다. 용기를 갖고 그러한 감정들을 다룰 것이다.

문제를 해결할 힘은 당신 안에 있다

Aug. 25

당신이 너무 피곤해서 여러 문제를 해결할 수 없을 때, 희망을 지니기에는 너무 슬플 때, 사랑을 하기에는 지나치게 위축되어 있을 때, 두려움이 당신을 능가할 때, 뭔가 하려고 하지 말고 그냥 놔둬라. 울거나 잠을 자거나 이불 속에 숨거나 혼자 있도록 스스로에게 허용하라. 준비가 될 때까지 아무도 당신을 찾을 수 없도록, 당신만의 동굴에서 몸을 웅크려라.

긴장을 풀고 그렇게 유능하거나 완벽해지려고 노력하지 않음으로써, 당신은 당신 자신으로 돌아갈 수 있다. 부처의 말처럼 "외부 피난처는 없다." 당신의 영혼에서 피난처를 찾으면 숨어 있는 힘을 발견할 수 있을 것이다. 당신 안에 이미 그 힘이 있기 때문이다.

나의 안식처는 내 안에 있다. 나는 내 안의 힘과 연민을 깨우기 위해 혼자만의 동굴에 웅크리는 시간을 가질 것이다.

기쁨을 얻는 법

Aug. 26

도파민은 쾌락과 연관된 신경전달물질이다. 연구에 따르면 내향적인 사람들은 외향적인 사람들에 비해 행복을 느끼기 위해 필요한 도파민이 적다고 한다. 그래서 그들은 외향적인 사람들이 크고 활기찬 행사에 참석하며 얻는 만큼의 도파민이 필요하지 않다. 외향적인 사람들은 콘서트에 가거나 바쁘고 붐비는 식당에서 생성되는 도파민에 의해 행복해지지만 내향적인 사람들은 혼자 있거나 작은 모임에서 가장 행복하다. 물론 내향적인 사람들 중에도 사교를 즐기는 사람도 있지만, 그 후에는 그들 역시 고독과 조용한 활동으로 에너지를 보충할 필요가 있다.

오늘은 당신만의 방식으로 도파민을 맘껏 분출하라. 혼자만의 시간을 만들거나 친구를 만나 숲속을 산책하자. 또는 더 큰 규모로 사람들과 어울려라. 무엇이 당신을 가장 행복하고 가장 편안하게 하는지 알게 되면 여러 가지 방법으로 기쁨을 얻을 수 있다.

나는 나만의 방식으로 도파민을 분출할 것이다. 다른 사람의 요구에 연연하기보다는 내가 즐거움을 느낄 수 있는 수준의 사교를 추구할 것이다.

공감은 위대한 치유자다

공감 능력은 대단한 자산이다. 다른 사람들에게 무슨 일이 일어나고 있는지 생생하게 느낀다면 당신은 그들에게 더 많은 연민을 가질 수 있다. 이때 당신은 '나'에서 '우리'로 갈 수 있다. 우리 모두 같은 인류이고 공통점이 많은 것을 알 수 있다. 가치관이나 문화가 다르더라도 서로에 대한 공감을 보여줄 때 우리의 삶과 세상은 치유될 것이다.

오늘은 당신이 좋아하는 사람이나 잘 아는 사람뿐만 아니라 만나는 모든 사람에게 공감하도록 연습해보라. 어떤 사람이 마트 계산대에 길게 늘어선 줄에서 당신 바로 앞으로 끼어드는 짜증나는 행동을 하더라도, 그들을 그렇게 하도록 몰아붙이는 스트레스나 공황 상태를 이해해보자. 물론 당신이 이해한다고 해도 그 사람의 행동을 해명할 수 있는 것은 아니다. 분명히 그 사람은 무신경하고 무례했다. 하지만 더 깊이 들어가려고 노력하자. 이를 통해 인간의 본성과 우리를 강요하는 감정적인 힘에 대해 배울 수 있다.

나는 공감의 눈으로 모든 사람을 볼 것이다. 비록 내가 누군가를 좋아하지 않더라도, 그의 동기를 이해하려고 노력할 것이다.

감정 표현에 솔직해지자

Aug. 28

당신은 무엇인지 제대로 파악도 안 될 만큼 매일 너무 많은 감정을 느낄지도 모른다. 아니면 아무도 자신을 이해하지 못할까봐 두려워서 감정들을 무시하거나 억누르려고 할 수도 있다. 배우자나 친구들이 '너무 지나치다'고 우려할까봐 반응을 자제했을 수도 있다. 그런 시간이 지속되면 친밀한 관계에서조차 진정한 나 자신이 아니게 된다.

감정적으로 정직해질 필요가 있다. 이는 자신의 감정을 받아들이고 존중할 수 있다는 것을 의미한다. 먼저 스스로에게 질문해보자. "오늘 내가 경험한 다섯 가지 지배적인 감정은 무엇이었는가? 기쁨, 두려움, 행복, 불안 아니면 설마 공황 상태?" 무엇이라도 괜찮다. 격하게 느끼는 것이 부끄러운 일은 아니다. 당신은 열린 마음을 가지고 있다. 당신은 자유롭다.

감정을 잠재우기보다는 인정하라. 울고 웃고 베개를 주먹으로 쳐라. 만약 당신의 가족이나 친구들이 들어줄 준비가 되어 있다면 그들에게 당신의 감정을 전달하라. 감정 표현을 삶의 자연스러운 일부로 여겨라.

나는 내가 강렬하고 다양한 감정을 느낀다는 점을 인정한다. 내 감정에 대해 자신에게 솔직해지고, 나를 지원해주는 사람들과 그러한 감정을 공유할 것이다.

햇볕을
쬐자

Aug
29

우리 몸을 포함하여 모든 자연은 태양에너지로 움직인다. 태양이 없으면 음식도 없다. 태양은 또한 '햇빛 비타민'이라고 불리는 비타민 D의 1차 공급원이기도 하다. 그래서 어떤 음식이나 보충제보다 햇볕을 쬐는 것이 필요하다. 매일 5분에서 15분 정도만 햇볕에 노출해도 충분하다. 햇볕을 너무 많이 쬐어도 위험할 수 있기 때문이다. 태양이 제공하는 에너지와 빛에 대해 감사하자. 그리고 새벽에 해가 뜨고 황혼에 해가 지는 것을 지켜보며 살아 있음을 느끼자.

나는 태양의 선물에 감사할 것이다. 매일 햇볕을 쬐어 마음과 몸을 치유하고 태양에너지를 얻을 것이다.

어른이 되는 즐거움

Aug. 30

어른이어서 느끼는 즐거움은 많다. 연륜이 쌓이면서 여러 관계와 일 그리고 다른 선택에 대해 안목과 요령이 생기게 된다. 그리고 세상을 헤쳐나갈 지혜를 축적하게 된다. 자신이 원하는 게 뭔지, 그것을 어떻게 표현해야 하는지 더 잘 알게 된다. 당신은 여전히 장난기 많은 내면 아이를 양육해야 할지도 모르지만, 당신 안의 아이가 당신의 삶이나 관계에 큰 혼란을 일으키게 두지 않는다. 성장한다고 해서 지루하거나 의무만 있고 놀이가 없는 삶을 살 필요는 없다. 자신에게 맞지 않는 생활방식에 갇혀 있을 필요도 없다. 성장한다는 것은 당신이 누구인지에 대한 선택권을 갖는 것을 의미한다. 그리고 점점 더 많은 공감 능력과 연민을 가질 수 있게 된다.

나는 나의 지혜와 성숙함을 인정할 것이다. 세월이 내게 제공한 자기 인식과 성장 기회와 사랑에 감사할 것이다.

자유롭다고 느끼기

Aug. 31

당신에게 자유롭다는 것은 어떤 의미인가? 전화와 이메일을 잠시 무시하는 것인가? 편하게 지낼 수 있는 충분한 돈이 있는 것인가? 예술에 몰두하는 것인가? 산에 오르는 것인가? 누구의 방해도 받지 않고 목욕할 수 있는 자유를 사랑하는 건 아닐까?

자유롭다고 느끼는 것은 당신의 일상적인 마음가짐이 될 수 있다. 그것은 어쩌다 한번 경험하는 것이 아니다. 두려움이라는 감옥에서 마음을 자유롭게 하면 존재는 가벼워지고 자유로워질 것이다. 내면의 자유를 느끼기 위해 매일 몇 분 동안 이런 식의 호흡을 연습해보자.

잔잔한 느낌을 들이마셔라.
공포와 걱정과 부족하다는 관념을 내뱉어라.
고요함을 들이마셔라.
당신 자신에 대한 낡은 판단들을 내뱉어라.
어떤 것이든 가능하다는 느낌을 들이마셔라.
구속이나 제한의 모든 감정을 내뱉어라.

나는 자유를 느끼고 행복을 지지하는 활동에 집중할 것이다. 나의 가장 크고, 가장 넓은 자아에 거주할 것이다.

변화를 준비하라

Sep. 01

삶이 흥미진진하고 어쩌면 약간 불안한 이유는 모든 것이 끊임없이 변화하기 때문이다. 우리의 삶과 계절, 신체와 감정이 모두 변한다. 그래서 여름의 마지막 몇 주 동안 우리는 변화를 준비한다. 많은 사람에게 가을이 다가옴은 일과 학교로 되돌아가는 신호일 뿐만 아니라 속도를 올리는 신호일 것이다. 일과 성취와 포부에 집중하는 쪽으로 기어를 바꾸는 것이다.

여름이 준 선물과 가을이 다가옴에 감사하자. 낮이 점점 짧아지기 시작할 때는, 당신의 성장을 평가하고 앞으로 다가올 변화를 환영할 시간이다. 앞으로 펼쳐질 당신의 여정을 위해 원대한 희망을 품어라.

나는 인생의 유일한 상수가 변화라는 사실을 받아들인다. 나는 깨어 있을 것이고 여유를 가질 것이다. 계절의 변화를 위해 기어를 바꿀 것이다.

목격자가 되어 자신을 보라

당신이 뭔가에 갈등하고 있다면 마치 목격자처럼 떨어져서 자신을 보는 것이 도움이 된다. 난처한 감정이나 상황에 갇혀 있지 말고 몇 걸음 뒤로 물러나 자신을 상황을 바라보자. 예를 들어 어머니가 당신을 비판하거나 연인이 당신을 실망시킬 때, 당장 드는 감정에 사로잡히기보다는 제3자가 된 듯이 상황을 보는 것이다. 이렇게 넓은 시야를 갖게 되면 당신은 두려움, 불안, 분노 등에서 분리되어 중심을 잡을 수 있을 것이다.

스트레스를 받거나 주눅 들어 있는 자신을 발견하면 스스로에게 말하라. "이 감정은 나 자체가 아니다. 나는 나의 감정과 내 상태를 애정을 갖고 관찰할 수 있다." 어떤 감정도 당신을 규정하지 않는다는 사실을 깨달으면, 당신의 내면에 있는 지혜를 만날 수 있을 것이다.

나는 감정을 어떻게 다룰지 선택할 수 있다. 감정의 버튼이 눌렸을 때 단순히 반응하지 않도록, 나는 절망스럽거나 속상할 때 나의 감정을 목격할 것이다.

내가 상관할 일이 아니다

Sep. 03

다른 사람의 문제를 해결하거나 고통을 없애주려고 노력하면서 자신들의 중요한 에너지를 너무나 많이 희생하는 사람들이 있다. 당신의 에너지를 극대화하려면 다른 사람들의 일에 지나치게 관여하기보다는 자기 자신을 주시하라. 당신이 아무리 넓은 마음으로 다른 사람들의 시련에 공감한다고 해도, 자신의 에너지를 어디에 써야 하는지 현명한 선택을 해야 한다. 그러니 자신을 친절히 대하고 에너지를 잘 활용하라.

이런 말이 있다. "세상에는 세 가지 종류의 일이 있다. 내 일, 당신의 일, 내 일이 아닌 일." 내 일이 아니라는 확신이 서지 않는다면 명확하게 알 때까지 아무것도 하지 않는 것이 현명하다. 또한 모든 사람은 자신만의 길을 가지고 있고, 헤쳐나갈 힘을 가지고 있다는 사실을 깨달아라.

나는 내가 속하지 않은 곳에 간섭하는 '오지라퍼'는 되지 않을 것이다. 돕는 게 타당한 일이라면 돕되, 계속 나 자신에게 집중하고, 다른 사람의 일에 신경 쓰지 않을 것이다.

다른 사람과 짐을 나눠라

당신이 직접 하지 않으면 제대로 되지 않을 거라고 생각하는가? 당신은 다른 사람들에게 도움을 요청하거나 통제력을 포기하는 것이 두려운가? 모든 훌륭한 지도자는 위임의 중요성을 안다. 다른 사람에게 위임하면 당신은 사소한 일에 얽매이지 않아도 되고 지나친 책임감에서 해방된다. 게다가 이는 다른 사람들이 빛날 수 있는 기회다. 번아웃을 방지하려면 작업을 보다 효과적으로 위임하는 방법을 생각해보라. 통제권을 넘기는 것에 대한 걱정을 덜기 위해 작은 임무로 시작하라. 세차를 직접 하지 말고 세차장으로 차를 가져가라. 가족에게 식기 세척기를 그릇을 넣어달라고 요청하라. 가능하다면 집을 청소할 사람을 고용해라. 항상 친구들을 태워주기만 하지 말고 친구가 운전하도록 하라.

일단 이것에 익숙해지면 더 큰 문제에 접근할 수 있다. 동료들이 손대지 않고 버려둔 일을 당신이 나서서 하지 말고, 그들이 프로젝트에서 자기 몫을 하도록 내버려두어라. 만약 당신이 건강상 어려움을 겪고 있다면 친구들에게 도움을 요청하라. 그들이 당신과 다르게 일을 하거나 더 천천히 하더라도, 그들의 도움에 감사하는 것에 집중하라. 이처럼 위임하는 것은 당신의 짐을 가볍게 하고 부담스러운 책임감을 덜어주는 놀라운 방법이다.

나는 더욱 균형 잡힌 삶을 살기 위해 어느 정도 책임을 위임하는 연습을 할 것이다. 다른 사람들이 나를 돕도록 허용할 것이다.

누구나 실수를 한다

Sep. 05

우리는 모두 실수를 한다. 어느 누구도 완벽하지 않다. 때때로 사람들은 최선을 다하지만 여전히 상황은 좋지 않다. 다른 사람들이 프로젝트에 전력을 기울이지 않을 수도 있고, 오류가 발생하기도 한다.

다른 사람이 실수를 했다면 질책하지 말고 안아 일으켜주자. 화를 내거나 트집을 잡는다면 제대로 할 마음이 사라지기 쉽다. 누군가가 실수를 했을 때 그 사람에 대해 많은 것을 알게 된다. 실수를 하고서 변명만 늘어놓거나, 적대적이고 방어적으로 굴거나, 문제 해결을 포기해버리는 사람이 있다. 그런 사람이라면 기대치를 낮추거나, 그와 미래를 도모하는 일을 자제할 필요가 있을 것이다.

만약 당신이 실수를 한다면 바로잡아라. 그러나 항상 자신에게 연민의 마음을 가져라. 당신이 저지른 실수보다 당신이 자신을 어떻게 대하느냐가 더 중요하다. 실수를 교훈으로 여긴다면 실수를 통해 당신은 더욱 성장할 수 있으며 연민을 배울 수 있는 기회가 될 것이다.

다른 사람이 실수를 하더라도 질책하지 않고 스스로 바로잡을 기회를 줄 것이다. 만약 내가 실수를 한다면 해결하려 노력하되 자신에게 연민을 가질 것이다.

갈등을 해결하는 말하기

Sep. 06

성공적인 의사소통은 상호 존중을 바탕으로 한다. 다른 사람들, 특히 사랑하는 사람들에 대한 감사와 찬사를 정기적으로 표현하라. 그들이 잘못한 일 말고 그들이 잘한 일을 찾아라. 누군가의 긍정적인 면을 찾는 것은 그들에게서 최상의 것을 이끌어내는 데 도움이 된다. 그들의 결점을 지적하거나 개선할 것을 지적한다면 그들을 위축되게 할 뿐이다.

만약 가족이나 친구와 충돌이 일어났다면 '나' 진술을 사용해 대화하자. "'당신'이 나를 이렇게 대하다니 너무 배려심 없어"라고 말하는 대신 "'나'는 네가 너무 바빠서 나를 무시하면 상처받아. 우리 함께 좋은 시간을 만들도록 계획해보자"라고 말하는 것이다. 상대를 비난하는 대신 '나'의 감정을 이야기하자. 당신의 내면 아이는 정말로 무시당했다고 느낄 수도 있다. 그러나 당신이 해결 지향적으로 의사소통을 한다면 당신의 요구를 충족시킬 더 나은 기회를 갖게 될 것이다.

나는 나의 감정과 욕구를 표현할 때 다른 사람들에게 감사를 표하고 '나' 진술 방식으로 말할 것이다. 누군가를 원망하거나 창피하게 만들지 않을 것이다.

모든 문제를 한 번에 해결할 수는 없다

Sep. 07

당신은 자신을 화나게 하는 행동에 강하게 반응할 수도 있다. 편치 않은 감정이 남아 있어, 어떤 것을 그냥 지나치기가 어려울지도 모른다. 그러나 문제를 꺼내서 논의할 때는 우선순위를 정해야 한다.

자신에게 물어보라. "내 배우자나 동료를 이 일에 끌어들일 가치가 있는가? 내가 무엇을 얻거나 잃는가?" 친한 관계에서는 문제가 매일같이 일어날 수 있다. 그렇다면 이렇게 자문해보라. "우선적으로 다룰 가장 중요한 문제는 어느 것인가? 상황이 가장 좋아지려면 무엇부터 해결해야 할까?" 이렇게 정한 우선순위에 따라 한 번에 한 문제만 다루자. 다른 불평거리들은 끌고 오지 않아야 대화를 더욱 효과적으로 할 수 있다. 작은 문제부터 시작해서 시간을 두고 큰 문제까지 해결하라. 사소한 문제로 다른 사람을 지나치게 몰아붙이지 말고, 단호하면서도 친절하게 자신의 생각을 말하라.

나는 문제를 해결할 것이지만 모든 문제를 한 번에 해결할 수 없다는 사실을 깨달을 것이다. 한 번의 대화에서 너무 많은 정보나 다양한 문제를 제기해서 상대방을 몰아붙이지 않을 것이다.

성취감을 주는 직업

당신은 하루에 여덟 시간 이상을 직장에서 보낼지도 모른다. 남들보다 스트레스에 더 취약한 경우 일에서 지쳐버리면 회복하기가 더 어렵다. 당신은 만족스럽게 일할 자격이 있다. 그것은 당신의 태도와 에너지에 큰 영향을 미칠 수 있기 때문이다.

당신의 직업 환경을 평가해보라. 긍정적인 면과 부정적인 면에 대해 써보라. 부정적인 면을 개선하기 위해 직업의 일부를 바꾸는 방법을 생각해보라.

어쩌면 더 만족스러운 직업을 상상해보는 것도 좋을 것이다. 안정성과 퇴직금도 중요하지만 싫어하는 직업에 갇혀 있는 것은 건강하지 못하다. 당신의 욕구와 일치하는 일을 찾는 게 좋다. 예민한 사람은 기업의 공동 환경보다는 재택근무를 선호하는 경우가 많다. 감수성이 풍부하다면 글쓰기, 연기, 영화 또는 디자인 등 창작 예술 분야에서 일을 더 잘할지도 모른다. 공감 능력이 높다면 심리학, 간호학, 의학, 교사 등 도움을 주는 직업에서 성공할 수도 있다. 이직을 고려하고 있다면 그 목표에 도달하기 위해 필요한 단계들에 대해 브레인스토밍을 시작하라.

나는 현재의 직업 환경에서 어떻게 성취할 수 있는지 탐구하거나 나에게 더 잘 맞는 다른 직업을 찾는 것을 고려할 것이다. 변화를 시도하기에 너무 늦은 때란 없다.

일 중독에서 벗어나기

Sep. 09

당신은 과도하게 일하거나 쉬는 시간에도 불안감을 느끼는가? 직책에 따라 자신을 정의하고 직책에 따라 자존감이 좌우되는가? 만약 그렇다면 당신은 일 중독자일지도 모른다.

당신은 일을 잘해서 상사와 동료들의 인정을 받고 싶을 것이다. 일에 열정을 갖고 모든 것을 바치는 것은 존경할 만하지만, 피로를 방치하거나 만성적인 피로를 용인하는 습관은 건강에 좋지 않다. 어떤 중독이든 생명력을 갉아먹고 시간을 지배한다. 일 중독자가 되는 것 또한 육체적이고 정서적인 타격을 준다. 강박적으로 일에 몰두하는 것은 당신의 나머지 생활과 내면의 감정을 무시하는 구실이 될 수도 있다. 항상 일만 한다면 누구와도 친밀한 관계를 맺기 어렵다.

해결책은 균형이다. 취미와 재충전을 위한 시간을 확보하라. 당신의 일정에서 특정 지점을 지정해서 휴식하라. 현명한 시간 관리로 일 중독의 습관을 깨야 한다. 규칙적으로 휴식을 취하면 사무실이나 그 밖의 장소에서도 더 건강하고 행복하다고 느끼며 활력을 되찾게 될 것이다.

나는 매일 일정한 시간을 정해서 휴식할 것이다. 나는 나의 일 그 이상의 존재다. 나는 원만한 삶이 주는 행복을 누릴 자격이 있다.

동료들과의 거리를 설정하라

Sep. 10

동료들이 자신들의 모든 문제를 당신에게 얘기하는가? 당신은 그들의 부탁을 지나치게 들어주거나 양보하는가? 당신이 잘 들어주는 사람이라면 동료들이 자신들의 고통스러운 얘기를 당신에게 자주 털어놓고자 하는 것도 무리는 아니다.

당신은 그들에게 도움이 되고 싶겠지만, 동료들과의 관계에 한계를 정해 지치지 않도록 하는 것이 좋다. 일단 자신을 보호할 수 있게 되면 직장은 더욱 안전하고 충실한 환경이 될 것이다.

동료들에게 친절하게 거절해도 된다고 스스로 용인해야 한다. 당신의 말투와 표현이 중요하다. 다음과 같이 부드럽게 말해보라. "미안해요. 너무 바빠서 더 일을 맡을 여유가 없어요." 또는 이런 식으로 말할 수도 있다. "당신과 함께해서 기쁘지만, 마감일이라 몇 분밖에 들을 시간이 없습니다." 두 경우 모두 당신은 건강한 경계를 갖고 의사소통하고 있다. 변명하거나 길게 설명할 필요는 없다. 그저 한계를 설정하고, 그 사람에게 약간의 호의를 표하고, 계속해서 자신의 일에 집중하라.

나는 동료들과의 사이에 친절하지만 확고한 거리를 설정할 권리가 있다. 그들이 자기 이야기를 계속하거나 무리한 부탁을 할 때, 나는 예의 있지만 명확한 말로 거절할 것이다.

보호막을 상상하라

Sep. 11

과부하에 걸리거나 진이 빠진다고 느끼거나 스트레스와 부정적인 감정에 휩싸이는가? 그럴 때 당신의 주변에 공기방울 같은 보호막이 생기는 이미지를 시각화하면 도움이 된다.

조용히 앉아서 몇 번 길게 심호흡을 하라. 긴장을 풀어 몸과 마음을 편안하게 하라. 그런 다음, 여러분의 피부에서 약간 떨어져 있는 투명하고 둥근 공기방울 안에 안전하게 앉아 있는 자신을 상상해보라. 밖도 잘 보이고 공간도 넉넉하다. 이 보호막은 독성이 있거나 불쾌한 감정이나 감정은 들어오지 못하게 막아주지만 긍정적인 에너지는 통과할 수 있다. 이런 보호막을 필요할 때마다 새로 만들 수 있다. 외부 환경이 압도적일 때 당신의 보호막이 안전한 장소가 될 수 있다.

나 자신을 보호하고 싶을 때, 나는 스트레스나 다른 사람들의 원치 않는 감정을 막기 위해 보호막을 시각화할 것이다.

돈의 가치는 사용하는 사람에 달렸다

돈을 어떻게 사용하느냐가 모든 차이를 만든다. 돈은 위안을 주고 좋은 교육 기회를 제공할 수 있다. 돈은 최고 수준의 건강 관리와 건강에 좋은 음식을 구입할 여유를 준다. 돈이 있으면 매달 청구서를 지불할 수 없을지도 모른다는 두려움을 덜게 된다. 또한 돈이 있으면 멀리 떨어져 있는 사랑하는 사람들을 방문할 수도 있다. 게다가 돈은 다른 사람을 돕고 세상에 선을 창조하는 수단이다. 그러나 비축하거나 탐욕을 위해 사용되거나 다른 사람과 세상에 해를 끼칠 때, 금전적인 부는 파괴와 부정성을 만들어낸다.
따라서 돈에 대한 당신의 태도가 돈이 가진 효과를 규정한다. 당신은 돈으로 인한 이점을 누릴 자격이 있다. 돈을 잘 활용하면 좋은 인연이 생길 수도 있다. 당신이 가진 것을 잘 쓴다면 그것은 베푼다는 아름다운 형태가 된다. 그러나 부나 빈곤이 당신이라는 사람의 궁극적인 성공을 규정하지 않도록 하라. 돈이 지닌 모든 장점뿐만 아니라 위험이나 탐욕을 포함한 돈의 단점을 인식하라.

나는 재정적으로 풍요로울 가치가 있다. 나는 항상 돈을 선하게 사용할 것이다. 그리고 내 마음과 삶을 풍요롭게 하기 위해 돈을 사용할 것이다.

베푼 만큼 거둔다

Sep. 13

돈은 계속 흘러야 한다. 그러나 불행히도 일부 부자들은 다른 사람들에게 거의 기부하지 않는다. 이것은 그들의 삶의 흐름을 막히게 만든다. 그런 인색함은 결핍이나 낮은 자존감이나 탐욕 또는 권력의 부족함을 느끼는 데서 기인할 수 있다. 이런 사람들은 그저 더 축적하기만을 원하고 감정적 구멍이 부유함이나 물건으로는 결코 채워지지 않는다는 사실을 깨닫지 못한다.

당신이 얼마나 부자든 자선 단체와 가치 있는 곳에 기부하면 당신의 삶에 긍정적인 에너지가 충전된다. 마음에서 우러나 베푸는 행위는 기쁨을 돌려준다. 나는 특히 익명으로 선물하는 것을 좋아한다. 가끔 화장실이나 대기실 같은 공공장소에 잔돈을 둔다. 그러면 사람들은 그것을 발견하고 행운이라고 느낄 수 있다. 관대함은 전염성이 있다. 당신이 하면 다른 사람들도 그렇게 할 것이다.

나는 내가 감당할 수 있는 만큼 가치 있는 대의를 위해 기부하거나, 마음에 드는 다른 방식으로 기부할 것이다. 나는 이런 행동이 만들어내는 긍정적인 에너지를 즐길 것이다.

성취를 수확하라

Step 14

내부에서부터 성장해서 이뤘다면 외적인 성취도 당신의 행복을 증진시킬 수 있다. 하지만 당신이 자신에 대해 나쁘게 느낀다면 당신의 경력이나 그 밖의 어떤 면에서 아무리 많은 성취를 이뤘다고 해도 궁극적으로 당신을 만족시킬 수 없을 것이다. 그러니 좋은 사람이 되고 당신이 좋아하는 방식으로 사는 것에 집중하라. 완벽한 존재가 되라는 의미는 아니다. 우리는 모두 과정에 있는 작품과 같으니까. 그러나 당신이 진실하게 노력하는 것을 가치 있게 여긴다면 당신은 긍정적인 방향으로 가고 있는 것이다. 두려움에서 벗어났다면 세속적인 성공보다 훨씬 더 기쁠 것이다.

당신의 내적인 성취와 외적인 성취에 대해 생각해보라. 더 창의적으로 일을 했거나 회사를 확장했거나 당신의 욕구를 더 잘 뒷받침할 수 있는 작업 환경을 발견했을지도 모른다. 당신의 발전에 감사하면서 양팔을 벌려 계속되는 풍요로움에 마음을 열어라.

나는 노력으로 받은 보상을 인정할 것이다. 정도에 상관없이 내 모든 성공에 감사할 것이다.

Sep. 15

소박한 삶의 방식을 고려하라

어떤 사람들은 성공을 향해 경쟁적이고 까다로운 사다리를 오르는 위해 수십 년을 보내기보다는 소박한 삶의 방식을 선택한다. 그들은 저택이나 근사한 자동차나 사치품, 빚이라도 내서 가고 싶은 이국적인 휴가를 필요로 하지 않는다. 대신 그들은 더 작은 생활공간을 선택하고, 적게 벌고 적게 쓰며 소박하게 산다.

당신도 나이가 몇 살이든, 언제든 이렇게 할 수 있다. 일부 사람들 사이에서는 더 유목적인 생활방식을 지향하는 움직임까지 나타나고 있다. 그들은 자동차에서 살고 일하며 어디든 자유롭게 이동한다.

당신은 스트레스가 많고 값비싼 생활 수준이라는 인위적인 문화 규범에 부합할 필요는 없다. 사회적 기대라는 압박에서 벗어나라. 당신만의 길을 개척하고 당신의 욕구에 가장 적합한 라이프 스타일을 탐색하라.

나는 성공을 위해 다람쥐 쳇바퀴 돌리는 다람쥐가 될 필요는 없다.
나는 더 단순하고 더 만족스러운 생활방식을 영위할 수 있다.

긍정적인 사람과 장소에 다가가라

어떤 사람들은 너무 긍정적이어서 전염성이 있을 정도다. 그들의 에너지는 실제로 당신에게 전달될 수 있다. 당신은 그들의 인생관과 행동, 그리고 그들이 발산하는 좋은 분위기에서 배울 수 있다. 그들은 나의 역할 모델이 된다. 나는 그들을 관찰한다. 그들을 느낀다. 그들의 행동과 에너지 유지 방법을 마음에 새겨서 나도 할 수 있을 것이다.

창의력이나 열정 같은, 당신이 찬탄해 마지않는 자질을 가진 사람을 적어도 한 명은 찾아라. 그들을 통해 당신의 열정을 불러일으켜라. 또한 행복감을 주는 장소를 방문해도 좋다. 그런 장소의 긍정적인 에너지가 당신에게 영향을 미칠 것이다. 내 환자는 별을 보러 전망대에 간다고 한다. 영혼에 영양을 공급하는 장소를 선택하고, 그곳의 모든 좋은 에너지를 흡수하라.

나는 긍정적인 사람들과 장소를 찾을 것이다. 나는 영감을 주는 그들의 분위기에서 받은 긍정적 에너지를 즐길 것이다.

인생의 오르막길 앞에서

Sep. 17

당신의 삶에서 오르막길은 필연적으로 등장할 것이다. 그럴 때 당신의 마음이 어떤 문제에 사로잡혀 공포의 불꽃을 부채질하고 있다면 당신의 여정은 더욱 어려울 것이다. 당신이 계속 내일을 생각하고 있다면 산을 오르기가 훨씬 더 어려워질 것이다.

하지만 당신의 태도는 고통을 줄일 수 있다. 힘겹게 인생의 오르막길을 올라야 할 때, 우아하고 최소한의 고통으로 오르는 가장 좋은 방법은 문제를 지나치게 생각하지 않는 것이다. 자신에게 말하라. "나는 언덕에 대해 알고 있다. 전에도 등반한 적이 있다. 고난에 연연해 여정을 더 악화시키지 않을 것이다." 멀리 있는 산꼭대기가 아닌 당신이 지금 있는 곳에 집중하라. 당신이 오르고 있는 암벽과 바위들 사이에서 자라고 있는 섬세하고 작은 꽃들을 찾아라. 좋아하는 노래를 크게 또는 속으로 불러라. 비록 천천히 가더라도 확실히 정상을 향해 나아가자.

나는 걱정이 아닌 가벼운 마음으로 역경에 다가갈 것이다. 미래에 대한 두려움에 전전긍긍하면서 스트레스받는 상황을 악화시키지 않을 것이다.

불안감
가라앉히기

불안감을 달래는 비결은 그것이 탄력을 받지 않도록 막는 것이다. 불안감이 느껴지자마자 의식적으로 숨을 쉬어라. 천천히 깊게 호흡하면서 긴장을 쫓아 불안이 당신의 몸에 자리 잡지 않도록 하라. 그런 다음 긍정적인 혼잣말을 연습하라. "이것은 일시적인 상황이다. 나는 그것을 처리하는 가장 좋은 방법을 찾을 것이다. 다 잘될 거야." 친절하게 자신을 위로하자.

그런 다음 그 느낌에서 몇 걸음 뒤로 물러나라. 자신이 불안해하는 것을 알아차렸을 때, 심장 중심부에 손을 얹고 스스로에게 말하라. "나는 중심을 잡고 압도된 상태에서 차분히 벗어날 것이다. 이 역시 지나갈 것이다." 당신의 심장에 다시 집중하면 긴장이 풀리면서 도움이 될 것이다.

나는 불안한 생각과 감정을 다스릴 힘이 있다. 나는 호흡과 생각을 활용해 나의 마음을 가라앉힐 것이다.

현명한 선택을 하라

때로는 전문가의 조언을 요청하거나 상황에 대한 장단점을 논리적으로 분석할 필요가 있다. 이렇게 하면 긍정적인 측면과 부정적인 측면을 파악하고 적절한 선택을 할 수 있다.
그러나 논리로는 부족할 때도 있다. 여러 번 검토했는데도 여전히 결정하기가 힘들다. 그렇다면 이제 내면의 목소리에 귀를 기울여야 한다. 그것은 당신이 처한 상황에 대한 더 깊은 진리를 드러낼 것이다. 직업 선택이 괜찮다고 느끼는가? 관계는 괜찮은가? 지나치게 생각하는 대신 당신 마음과 직관에 귀를 기울이는 것이다. 당신이 겸손하고 인내심 있고 성실할 때 해답은 올 것이다. 당신의 선택에 더욱 자신감을 얻으려면 다음과 같이 말해보자.

나는 강하고 강력한 사람이다.
나는 나의 직관을 존중할 것이다.
나는 논리에 귀를 기울일 것이다.
나는 많은 지혜를 모아 섞을 것이다.
올바른 선택을 하기 위해,
나의 정신과 육체와 영혼을 위해.

나는 논리와 직관을 활용해 옳다고 생각하는 현명한 결정을 내릴 것이다. 불안하거나 조급해서 어쩔 수 없이 선택하지는 않을 것이다.

후회를 놓다

인생은 일련의 가르침을 제공한다. 돌이켜보면 당신은 자신이나 다른 사람이 한 행동에 대해, 또는 가지 않은 길을 후회할 수도 있다. 헤어짐, 해고, 배신, 놓쳐버린 기회들이 감당하기 어려울 수 있다. 그래도 그것을 자신을 질책하거나 사랑에 대한 믿음을 잃거나 세상에서 물러나기 위한 핑계로 삼지 마라.

당신이 어떤 일을 후회하는지 일기장에 써보자. 당신의 첫사랑을 지키지 못했던 것? 자신감 부족으로 꿈의 직장을 거부한 것? 거절당할 것이 두려워 다른 사람들과의 관계에 선을 긋지 못한 것? 후회되는 일을 명확히 밝히는 이유는, 유사한 문제가 생겼을 때 어떻게 접근할지 통찰력을 줄 수 있기 때문이다.

후회는 자연스러운 일이지만 언제까지고 후회에 매달리면 에너지가 고갈된다. 자기 자신의 단점이나 타인의 단점을 용서하라. 놓친 기회를 성장할 수 있는 근거로 바라보자. 당신은 희생자가 아니다. 오히려 그 길을 따라 발전하고 배우는 아름다운 사람이다.

나는 후회에 매달리지 않을 것이다. 나는 이제 더 많은 기회와 관계를 더욱 충실히 이행하기 위해 과거의 실수에서 배울 것이다.

멈추어야 다시 나아갈 수 있다

Sep. 21

전사들은 전투에 무작정 뛰어들기보다는 적절한 시기를 기다린다. 그들은 결과를 강요하지 않는다. 『역경』에서는 '행동하지 않음'의 지혜를 가르치는 산에 대해 말한다. 당신 삶의 어떤 기간에는, 멈추고 기다리는 것이 가장 현명한 선택일 수 있다. 아무리 목표를 추구하고 싶어도 앞으로 나아갈 때가 아닌 것이다. 오히려 나아가는 것이 시간 낭비일 때가 있다. 대신 산이 되어 목표나 결정을 잠시 멈추어라. 이것은 게으름이 아니다. 언제 행동해야 할지 그리고 언제 가만히 있어야 할지를 아는 것은 큰 지혜다.

멈춘 동안에는 당신의 힘을 집중하라. 당신에게 어떤 일이 자연스럽게 일어나는지 보라. 어떤 것이 스스로 드러날 기회를 주는 것이다. 이것이 당신이 애써 추구하는 것보다 훨씬 더 강력할 수도 있다. 주기가 바뀌고 흐름이 돌아오면 당신은 다시 나아갈 수 있을 것이다.

삶이 흐르지 않을 때, 나는 가만히 있는 산이 될 것이다. 나는 자신을 믿고 그저 기다릴 것이다.

변화의 도전

Sep. 22

가을바람이 불기 시작하고 나뭇잎이 떨어질 때, 자연은 또 한번의 변신을 준비한다. 자연은 변화에 저항하지 않는다. 나무가 잎을 떨구듯 당신 또한 관련 없는 것을 털어낼 때다. 그리고 봄이 오면 자신만의 재탄생을 준비해보자.

변화를 준비하자. 마음과 몸의 균형을 이루는 것이 중요하다. 또한 당신의 논리적이고 직관적인 자아가 균형을 잡아야 한다. 이처럼 중심을 단단히 잡으면 다가올 변화에 대응할 수 있을 것이다.

나는 변화에 저항하지 않고 준비할 것이다. 나의 정신과 신체, 논리와 직관이 균형을 이루도록 할 것이다.

노화가 아닌 진화

Sep.
23

나이를 먹는 것은 막을 수 없지만, 어떻게 나이를 먹느냐는 당신이 통제할 수 있다. 연구 결과는 질병이 반드시 나이와 관련되지는 않는다는 사실을 보여준다. 건강한 생활 습관과 식이요법을 따르고 건강검진을 받으며, 가족이나 친구들과 긍정적인 방식으로 교제하면 건강을 유지할 가능성이 크다. 당신이 몇 살이든 상관없이 신체에 긍정적인 변화를 일으킬 수 있다.

노화를 통해 당신의 인생관도 변한다. 자신이 더 많은 것을 가졌다는 사실을 알게 된다. 나는 '노화'라는 말 대신 '진화'라고 하고 싶다. 그렇다고 해서 노인이 되는 것에 대한 우리 사회의 고정관념을 바꾸기는 어렵겠지만, 정신적으로 성숙하는 인생의 여정에 관해 좀 더 건설적으로 접근할 수 있다.

나는 노화를 두려워하지 않을 것이다. 늙어간다는 구시대적인 고정관념은 배격하고, 더욱 긍정적으로 진화한다고 맹세할 것이다.

당신은 누구의 위도 아래도 아니다

겸손은 낮은 자존감이 아니라 힘의 한 형태다. 나르시시즘이나 오만과는 정반대다. 겸손이란 하나밖에 없는 자신의 존재를 사랑하면서도, 동시에 자신이 작은 존재라는 사실을 인정하는 것이다. 겸손과 공감은 서로 맞물린다. 겸손한 사람들은 남을 배려하고 우리 모두가 동등한 관계라는 사실을 깨닫는다. 그 누구보다도 더 중요한 사람이란 없다.

겸손은 당신이 틀렸을 때를 인정하고 다른 사람들에게 마음을 열도록 해준다. 겸손은 당신을 경직되지 않고 융통성 있게 만들어준다. 할 수 있는 한 겸손하고 배려하라. 공자는 "겸손은 모든 덕목의 근본이다"라고 말했다.

나는 내 삶에서 겸손함을 실천하고 세상에 선한 공헌을 할 것이다. 나는 자존심이나 탐욕에 현혹되지 않을 것이며, 누구의 위나 아래에 나 자신을 두지 않을 것이다.

눈물로 정화하기

Sep. 25

눈물은 남녀 모두에게 용기와 힘과 진실의 표시다. 나는 치료를 할 때 눈물의 치유력을 여러 번 목격했다. 눈물은 당신의 몸에서 스트레스, 슬픔, 우울, 불안 그리고 좌절을 해방시킨다. 기쁨의 눈물을 흘리거나 어려움이 지나갔을 때 안도의 눈물을 흘릴 수도 있다.

눈물은 건강상의 이점도 있다. 바다와 마찬가지로 눈물은 소금물로 구성되어 있다. 눈물은 눈을 매끄럽게 하고 자극을 제거함으로써 눈을 보호하지만 스트레스 호르몬도 제거한다. 눈물은 병원균과 싸우는 항체를 포함하고 있다.

무엇보다 나는 눈물을 흘릴 때 나 자신을 정화하는 느낌을 받는다. 눈물을 흘리면 억압된 감정이 피로나 통증과 같은 스트레스를 흘려 보내는 것 같다. 활기차게 지내며 스트레스를 풀고 싶다면 나는 당신에게 울기를 권한다. 마음이 내킬 때 울어라. 만약 눈물이 나지 않는다면 당신을 화나게 했던 것에 집중해서 눈물을 흘려라. 행복한 상황에서는, 눈물이 당신의 기쁨을 자발적으로 드러내는 표현이 되도록 하라.

나는 눈물을 흘리며 스트레스를 제거하고 내면을 정화할 것이다.
나는 눈물을 제지하지 않고 자유롭게 흐르게 할 것이다.

좋은 사람이 되어라

Sep
26

좋은 사람이 되는 것에 집중하라. 좋은 사람은 당신 자신과 다른 사람들에게 친절하고 관대한 사람이다. 어떻게 하면 좋은 사람이 될 수 있을까? 충실히 살아가는 것으로 충분하다. '인생'이라고 불리는 이 시기 동안, 당신은 정성과 사랑을 쌓을 수 있다. 이런 자질을 갖추면서 당신은 좋은 사람이 될 수 있다. 당신이 인생 경험에서 배운 모든 것은 당신이 좋은 사람이 될 수 있도록 해준다. 당신이 겪는 모든 일들, 만나는 모든 사람은 당신에게 무언가를 가르쳐준다.

나는 좋은 사람이 될 것이다. 삶의 모든 경험과 내가 만나는 사람들이 모두 나를 좋은 사람으로 만들어줄 것이다.

행동과 감정에 책임을 지는 일

Sep. 27

감정적인 성숙이란 자신의 행동과 감정을 겸허하게 책임지는 것을 의미한다. 당신이 누군가에게 잘못을 했다면 당신의 책임을 인정해야 한다. 당신은 부족했을 수도 있고, 부주의했을 수도 있고, 심지어 의도적으로 해를 끼쳤을 수도 있다. 그것을 연민을 가지고 돌아보자. 당신은 언제든 수정할 수 있다. 따라서 잘못을 검토하고 용기 있게 책임을 져야 한다. 마음속으로, 또는 크게 소리 내어 다음과 같이 말하거나 일기에 쓸 수도 있다.

나는 책임이 있다.
나는 사람들을 다치게 했다.
나는 해를 끼쳤다.
나는 스스로에게 몰두해왔다.
나는 옹졸했다.
나는 온 힘을 다해 사랑하지 않았다.

나는 다른 사람들을 다치게 했을지도 모르는 상처에 대해 책임이 있다. 나는 나의 단점을 인정하고 나의 행동이 다른 사람들에게 어떤 영향을 미치는지 유념할 것이다.

잘못했다면 보상하라

당신은 누군가에게 해를 입히거나 방해했을 수 있다. 당신은 서두른 나머지 친구에게 신경질을 냈을 수 있다. 아니면 파트너에게 불친절한 발언을 했을 수도 있다. 어쩌면 당신은 가십거리를 말하거나 입버릇이 나쁜 사람일지도 모른다. 이에 대해 보상을 하자. 보상은 재정적인 빚을 상환해주거나, 곤란한 상황에 빠진 친구를 돕겠다고 제안하거나, 누군가의 소유물을 돌려주는 것이 포함될 수 있다. 하지만 이렇게 물질적인 것만이 보상은 아니다. 진심으로 "내가 너에게 상처를 주어서 미안해" 또는 "내가 재정적으로 무책임했던 것에 대해 미안해"라고 사과하는 것도 보상이다.

당신의 관계에 부정적인 감정이 남아 있다면, 이런 보상을 통해 바로잡을 수 있다. 빨리 하면 할수록 곪아가는 상처를 더 빨리 치유할 수 있다. 때로는 당신이 가한 상처를 되돌릴 수 없겠지만, 가능한 범위에서 상황을 수습할 수 있다. 잘못을 저질렀다면 최대한 빨리, 당신이 해야 할 어떠한 보상이든 생각해보라.

비록 나의 자존심이 저항할지라도, 내가 상처를 주었거나 둔감하게 대했던 사람들에게 보상할 것이다. 나는 겸손하게 그들에게 다가갈 것이다.

분노를 놓아주어라

Sep. 29

분노는 당신이 상처받거나 학대받은 후에 품게 되는 감정이다. 당신을 밀고한 동료부터 당신을 배신한 배우자까지, 당신을 화나게 한 모든 상황에 집착하기 쉽다. 만약 친구들에게 물어본다면 당신의 편을 드는 사람이 많을 것이다. 누군가 당신에게 잘못을 저질렀으니 당연한 반응이다. 당신은 얼마든지 화낼 자격이 있다. 하지만 당신이 되고 싶은 사람이 그런 사람인가?

부처는 분노를 지니고 있는 것은 '뜨거운 석탄을 다른 사람에게 던질 생각으로 쥐고 있는 것'과 같다고 했다. 그러나 화상을 입는 사람은 '바로 당신'이라고 했다. 분노는 당신에게 피해만 줄 뿐이고, 비참함이나 복수에 집착하게 한다. 그러니 분노를 풀고 마음을 정화해보자.

분노한 마음을 일기에 써보면 도움이 된다. 일단 그게 뭔지 알게 되면 그것을 방출하기가 쉬워진다. 분노를 놓아주면 안도감이 들 것이다. 당신은 과거에 갇혀 있거나 자꾸만 불만을 말하는 사람이 되지 않고 현재의 삶에 집중할 수 있게 된다.

나는 한 가지 분노를 골라 그것을 놓아줄 것이다. 나는 분노라는 방해물 없이 현재에 집중하고 앞으로 나아갈 것이다.

낡은 감정을 떨쳐버리자

마음속에 품고 있는 감정의 짐이 당신을 짓누를 수 있다. 그것을 풀어주는 것이 당신에게 도움이 될 것이다. 당신을 초라하게 만드는 후회와 분노와 낡은 생각들을 떨쳐버리자. 그렇게 하면 얼마나 홀가분할지 상상하라.

정체된 자신의 감정을 놓아주는 연습을 하면 당신은 세상의 부정성과 스트레스를 더 잘 비껴갈 수 있게 된다. 당신은 열정적인 존재감을 발산할 것이고, 다른 사람들을 끌어들이고 희망을 전달할 것이다.

나는 나를 초라하게 만드는 감정들을 놓아주고 정체된 감정을 흐르게 할 것이다. 나는 세상의 스트레스를 비껴갈 것이다.

얼마나 성취했는가

Oct. 01

가을은 추수의 계절이다. 마찬가지로 이 기간에 당신은 뿌린 것을 거두어들이면서 노력의 과실을 거둘 수 있다. 다음의 질문들을 생각해보라.

올해 내가 계획했던 목표는 무엇인가?
열심히 일한 결과 어떤 이점이 있었는가?
성공과 관련해서 어떤 분야를 더 확장하고 싶은가?
더 진정한 관계를 맺으려면 어떻게 해야 하는가?

어떻게 미완성된 일을 마무리할지 생각하자. 건강한 정신과 낙관주의로 무장하고 올해의 마지막 분기에 대비하자.

나는 그동안 일의 성취와 내면의 성장을 위해 들인 노력의 과실을 거둘 것이다.

고요한 시간을 방해받지 않으려면

Oct 02

혼자만의 고요한 시간을 위해 명상은 좋은 방법이다. 명상은 숨을 들이마시고 천천히 내쉬어 긴장을 풀고 호흡의 리듬에 맞출 수 있도록 돕는다. 나는 명상을 할 때는 전화기를 끄고 문을 닫고 주변 사람들에게 접근하지 말라고 부탁한다. 일상에서 벗어나 조용한 상태로 전환하려면 어느 정도 집중이 필요하다. 일단 어느 정도 고요한 상태에 진입하면 방해를 받고 싶지 않다. 그래서 명상을 할 때 나는 침실 문에 '방해하지 마시오'라는 팻말을 건다. 유일하게 예외가 있다면 비상사태일 때다.

당신이 명상을 처음 하는 것이라면 주변 사람들에게 어떻게 배려해야 하는지 가르쳐주어야 할 수도 있다. 당신의 사적인 시간을 보호하기 위해서다. 예를 들어 "당신은 이 일을 도와줄 수 있는 정말 사려 깊은 파트너야"라고 말하라. 그런 다음 자신을 위한 이 특별한 시간을 마련하는 데 도움을 청하라.

나는 조용하고 보호받는 시간을 만들어 명상할 것이다. 나는 다른 사람들이 어떻게 내 명상 시간을 배려할 수 있는지에 대해 소통할 것이다.

갈등을 자연스럽게 받아들여라

Oct. 03

갈등은 사람들과의 교류에서 발생하는 썰물과 밀물처럼 자연스러운 부분이다. 어떤 때는 직장이나 가정 등이 갈등으로 가득하기도 하고, 또 어떤 기간은 매끄럽게 흘러가기도 한다. 당신은 일시적인 불화에도 기분이 언짢을 수 있다. 다른 사람들을 기쁘게 하고 싶지만, 자신의 욕구도 주장해야 한다. 그래서 균형을 찾는 것이 중요하다.

갈등이 생기면 우선 호흡을 해서 침착함을 유지하라. 몸을 긴장시키거나 충동적으로 반응하거나 나중에 후회할 말을 하지 마라. 다른 사람을 적으로 만드는 짓은 피해야 한다. 그저 당신이 일시적인 교착 상태에 이르렀다는 사실을 깨닫기만 하면 된다. 인내심을 가지고 억지로 결정하지 말자. 상대방의 관점을 판단하지 않고 들으려고 노력하라. 그러면 그들이 어떻게 느끼는지 더 잘 이해하게 될 것이다.

성공적인 갈등 해결은 공감과 이해에서 나온다. 그러니 헛되이 머리로만 애쓰려 하지 말고 상황과 조화를 이루자. 타협에 마음을 열고, 항상 존중하는 마음을 가지고 다른 사람들에게 다가가라. 그래도 해결할 수 없는 경우, 서로의 의견 차이를 인정하고 싸우지 않기로 동의하거나 해결 방법이 제한적임을 받아들이자.

나는 편안하고 방어적이지 않은 방법으로 갈등에 접근할 것이다. 나는 어떤 극적인 감정에 빠져들지 않을 것이고, 결정을 강요하지도 않을 것이다.

질병은 당신의 잘못이 아니다

Oct 04

질병에 걸렸는가? 그러나 당신은 아무 잘못도 하지 않았다. 질병은 당신의 잘못이 아니다. 병은 몸의 지혜와 요구에 따라 조율하는 시간이다. 당신은 질병 때문에 고통을 참거나 불편할 수 있다. 계속해서 숨을 내쉬며 몸과 마음을 부드럽게 만들자. '왜 더 빨리 낫지 않는 거지?'라거나 '나는 절대 건강해지지 못할 거야'라는 식의 부정적이거나 두려운 생각이 들어도, 그런 생각에 빠져들지 마라. 부정적인 이야기를 스스로에게 속삭이거나 다른 사람에게서 듣거나 인터넷에서 읽지 말아야 한다. 대신 긍정적인 결과에 초점을 맞추고 '지금'에 머물러라. 가장 중요한 현실은 현재다.
자기 연민을 발휘할 시간이다. 병에 걸리거나 건강한 시기에도 항상 당신의 몸과 친구가 되어라. 낙천적인 사람들을 당신 주위에 두어라. 충분한 시간을 두고 휴식을 취하고 원기를 회복하라. 건강하고 튼튼하고 행복한 미래를 계속 상상해보라.

나는 병을 연민과 인내심을 가지고 바라볼 것이다. 자신을 사랑하고 자기 관리하는 기회로 삼을 것이다. 나는 지금 그리고 미래를 위해 병이 아닌 건강이라는 비전을 가질 것이다.

건강에 대한 불안이 건강을 해친다

Oct. 05

건강염려증에 걸린 사람이 있다. 건강에 이상이 생길까봐 지나치게 걱정하는 것이다. 사실 이것은 공포를 바탕으로 한 생각에 가깝다. 우리 몸이 보내는 신호를 귀담아듣는 것은 중요하지만 불안이 지나치면 일상의 행복마저 방해하고 만다. 건강을 위해 노력하되, 집착을 버리자. 당신은 건강한 음식을 먹고 적절한 운동을 하고 휴식을 취하고 있는가? 그렇다면 자신을 믿고 활기차게 살아가자. 활기차고 건강한 자신을 항상 시각화하자. 당신은 건강할 수 있고, 건강할 권리가 있다.

만약 내가 건강에 집착한다면 나는 마음을 바꾸어 활기차고 건강한 느낌을 시각화할 것이다. 몸의 신호가 보내는 지혜를 귀담아듣고 자기 관리를 최우선으로 할 것이다.

세상의 아름다움에 깨어 있기

당신은 길 위의 작은 꽃에 경탄하지 못할 만큼 바쁘거나, 자연과 놀이가 선사하는 선물을 즐기지 못할 만큼 피곤한가. 깨어 있으면 인생의 많은 열정을 경험할 수 있다. 규칙적인 명상 연습은 당신의 정신이 깨어 있도록 도와준다. 명상은 당신의 본질과 더 나아가 삶의 본질과 연결되도록 자신의 깊숙한 내면에 닿는 훈련이다. 의식적인 호흡을 연습하면서, 당신은 몸에서 스트레스와 감정의 쓰레기를 방출할 수 있다.

어떻게 하면 더 의식적인 상태를 유지할 수 있는가? 조심성 있게 천천히 숨을 들이쉬고 내쉬어라. 내면의 목소리를 들어라. 당신 주위에 있는 아름다움을 보기 위해 시간을 천천히 보내라.

나는 나 자신, 나와 관계를 맺고 있는 사람들 그리고 더 큰 세상을 향해 의식적으로 깨어 있을 것이다. 만약 내가 부정으로 빠져들게 되면 재빨리 그것을 감지하고 다시 떠오를 것이다.

롤모델에게서 배우라

Oct. 07

긍정적인 롤모델에게서 우리는 많은 것을 배울 수 있다. 당신이 존경하는 공감적이고 배려하는 사람들, 특히 마음챙김에 헌신하는 사람들을 잘 알아두어라. 그들이 어떻게 만족과 기쁨을 찾는지 보라. 그들이 자신을 버리지 않고 다른 사람들에게 어떻게 베푸는지를 관찰하라. 그들이 얼마나 많은 혼자만의 시간을 계획하는지 주목하라. 그들이 겪은 어려움과 이를 어떻게 극복해왔는지에 대해 말을 걸어보라.

만약 당신이 현실에서 닮고 싶은 사람이 없다면 공감과 자유와 관용을 모범으로 삼은 역사 속 인물을 찾아보라. 나는 마틴 루터 킹 주니어Martin Luther King, Jr., 엘리너 루스벨트Eleanor Roosevelt, 마하트마 간디Mahatma Gandhi 또는 정신의학에서 직관의 역할을 개척한 칼 융Carl Jung을 떠올린다. 그들에 대해 읽고 진실성과 배려와 공감 그리고 세상에 선한 일을 하고자 한 그들의 헌신을 본받는 것이다.

나는 공감할 수 있는 롤모델을 찾을 것이다. 그들로부터 공감 능력과 감수성을 더 현명하게 표현하며 성취하는 법에 대해 배울 것이다.

자아
길들이기

자아는 긍정적인 면에서 보면, 당신 꿈을 추구하는 데 필요한 자신감을 준다. 그러나 통제 불능의 자아는 자기에게만 몰두하고 실속 없이 거창하고 오만해질 수도 있다. 항상 자신이 중요하고 옳아야 하는 사람에게는 다가가기 꺼려진다. 당신은 지나치게 부풀려진 자아가 인생을 운영하게 두어서는 안 된다.

당신의 목표는 자아를 길들이는 것이다. 자아의 긍정적인 속성을 활용하지만, 자아가 지나치게 커졌을 때는 한걸음 뒤로 물러나봐야 한다. 자아가 부풀기 시작하면 뒤로 물러서도록 훈련하라. 자아 길들이기는 자아를 관찰하고, 무엇이 그것을 부풀리는지 알아차리고, 자기성찰을 통해 항상 마음속으로 되돌아가는 마음가짐이다. 기억하라, 자아는 머리에서 나오고 온갖 불안과 두려움을 갖고 있지만 겸손은 마음에서 나온다는 사실을.

나는 내 자아가 삶을 지배하게 놔두지 않을 것이다. 자아를 애정 어린 눈으로 지켜보며, 그것이 통제 불능이 되면 길들일 것이다.

진실성을 가진 사람

Oct. 09

진실성은 정직과 공감과 연민 같은 가치에 충실하다는 의미다. 당신이 어떤 선택에 직면했을 때, 우정이나 직업을 잃거나 다른 불미스러운 결과를 경험하게 되더라도 자신의 신념을 손상하지 않는 것이다. 거절이나 상실이 두려워서 자신의 가치관을 배반하지 않는 것이다.

진실성의 보상은 바로 진실성이다. 평생 자신이 진실함을 유지했다는 희열이 있으면 자신을 사랑할 수 있을 것이다. 대가를 치르는 한이 있어도, 자신의 행동을 돌아보아 자랑스러울 수 있다. 진실성을 가지면 당신은 자신의 능력을 잘 사용하면서도 자신의 재능에 대해 겸손할 수 있다. 진실성을 가진 사람은 다른 사람들의 관점을 더욱 잘 이해할 수 있다.

나는 내 삶에서 진실성을 실천할 것이다. 나의 진실성을 중시하고 나의 가치관을 손상하거나 그것에 어긋나는 방식으로 행동하지 않을 것이다.

받아들이는 연습

Oct
10

누군가의 행동이나 상황을 잘못되거나 시정이 필요한 것으로 판단한다면 당신은 항상 불행할 이유를 갖게 되는 셈이다. 그러나 당신이 다른 사람과 사건과 감정을 정확히 그 순간의 의미대로 받아들인다면 갈등은 줄어들고 에너지도 덜 고갈된다. 수용은 당신의 관계에서 보다 평화롭고 균형 잡힌 느낌을 주는 열쇠다.

다른 사람들의 결점을 찾는 데 집중하지 말고, 당신 자신이 어떤 태도를 바꿀 수 있는지에 집중하라. 친구의 행위에 경계를 정하거나, 관계를 끝내거나, 당신의 직업을 수정하는 등의 선택을 할 수 있다. 남을 비난하거나 사건에 관여하기보다는 있는 그대로 받아들이는 것을 바탕으로 현명한 결정을 내릴 수 있다. 상황을 바꿀 수는 없어도 당신 자신이 취하는 행동은 통제할 수 있다.

나는 싸우기보다는 받아들이는 것을 연습할 것이다. 다른 사람들에 대해 현실적인 기대를 할 것이다. 다른 사람이나 통제할 수 없는 상황을 바꾸려고 시도하지 않을 것이다.

상실에 대한 두려움

Oct. 11

사랑은 큰 모험이다. 깊이 사랑할 때는 상실과 슬픔의 고통을 포함한 모든 위험을 무릅쓴다. 누군가를 잃는다는 괴로움이 견딜 수 없을 것 같아 사랑을 포기하는 사람도 있다. 사랑하는 동물을 보내야 하는 아픔을 피하려는 마음에 보호소에서 동물을 구출하기를 거절한다. 나는 두려움을 이해한다. 하지만 사랑만이 우리의 마음과 세상을 비춘다는 사실도 알고 있다.

상실에 대한 두려움이 당신의 주된 동기가 될 필요는 없다. 나는 당신이 사랑을 선택했으면 좋겠다. 아무도 상실감이 쉬운 문제라고 말하지 않는다. 그러나 비통함은 벗어날 수 있는 것이고, 당신을 더 성숙하게 만들어줄 수도 있다. 삶에서 진행 중인 여러 관계들에 마음을 계속 열어두자.

나는 상실의 고통을 감당할 만큼 회복력이 있다. 나는 슬픔의 과정을 거치고 다시 사랑할 위험을 감수할 만큼 강하다.

관용을 베풀자

관용은 자신의 것과 다른 의견과 태도도 받아들여야 한다는 뜻이다. 그렇게 해서 '서로 자기 방식대로 잘 살아가자'는 철학이다. 관용은 사람들이 있는 그대로의 모습이 될 여지를 준다. 다양성을 위한 공간을 확보한다는 의미다. 우리 자신과 다른 사람의 인간적인 결점을 받아들이는 연습을 하는 것 또한 중요하다.

활동적인 차원에서도 관용을 길러라. 예를 들어 식당에서 큰 소리로 말하는 사람에게 기분 나쁜 분위기를 발산하지 마라. 이것은 그의 행동을 당신이 용납한다는 의미가 아니다. 다만 당신이 통제할 수 없는 것에 분노하면서 에너지를 낭비할 필요는 없다. 당신이 어떤 것에 동의할 필요도 없고 심지어 그것을 좋아할 필요도 없지만, 그들을 존중한다는 사실은 보여줄 수 있다.

나는 사람들에게 좀 더 관대해지고, 마음의 렌즈를 통해 그들을 볼 것이다. 대부분의 사람은 최선을 다하고 있다.

불시에 공격당할 때

Oct. 13

불안은 당신의 신체에 '투쟁, 도피 또는 경직 반응'을 유발한다. 위험에 직면했을 때 당신은 본능적으로 누군가와 싸우거나, 그 상황에서 도망치거나 얼어버릴 수도 있다. 당신은 정서적으로 마비되거나 겁에 질리거나 움직이기조차 벅찰 만큼 압도된다. 이런 충동은 생존에 도움을 줄 수 있지만, 항상 이런 상태에서 살고 있다면 몹시 피곤하고 건강하지 못할 것이다.

투쟁, 도피나 경직 반응 역시 보호 메커니즘일 수 있다. 당신의 연인이 당신에게 상처를 입히려 한다고 생각할 때 당신은 말로 몰아세운다. 또한 누군가가 공격적으로 나오면 당신도 같이 공격하거나 피하거나 얼어버린다.

당신은 불시에 공격당하길 원하지 않을 것이다. 그렇다면 당신에게 투쟁, 도피 또는 경직 반응을 유발하는 경우를 파악하자. 상사가 당신을 질책하는 순간인가? 애들이 소리를 지르는 순간인가? 붐비는 쇼핑몰에서 밀실 공포증이 느껴지는 순간인가? 방아쇠가 당겨지는 순간을 알면 자신의 민감성을 더 효과적으로 보호하고, 어떻게 반응할지 전략을 세울 수 있다.

나는 늘 내 몸이 스트레스를 받을 수 있는 상황을 염두에 둘 것이다. 그리고 그런 상황에서 중심을 되찾기 위해 빠르게 조치를 취할 것이다.

스킨십의 힘

Oct. 14

배려 깊고 따뜻한 스킨십은 당신에게 긍정적인 에너지를 전달할 수 있다. 친구의 포옹, 파트너와의 친밀감, 격려하는 동료의 등 두드림 등 좋은 분위기를 전달하는 적절한 스킨십 말이다.
또한 치료 목적의 마사지나 지압 등을 통해서도 스킨십의 힘을 체험할 수 있다. 당신의 취향에 따라 가볍거나 강한 마사지가 긴장을 풀어줄 수 있다. 마사지를 받는 동안 허리나 어깨 등 몸의 취약한 부위에 쌓여 있는 감정들을 풀어낼 수도 있다. 그러한 감정들이 흘러가게 놔두어라. 원치 않는 스트레스나 감정을 없애기 위해, 그리고 단순한 즐거움을 위해서라도 나는 규칙적인 마사지를 받을 것을 추천한다.

나는 살면서 스킨십의 필요를 충족시킬 것이다. 친구들과 사랑하는 사람들을 안아주거나 마사지를 받는 등 스킨십으로 스트레스와 긴장을 풀 것이다.

자연이 주는 힐링

Oct. 15

연구에 따르면 미국인들은 평균 90퍼센트 이상의 시간을 실내에서 보낸다고 한다. 그러나 재충전이 필요하거나 위로가 필요하거나 혹은 그저 고요해지고 싶다면 나무들이 있는 곳에 가자. 삼림욕을 경험해보자. 단순히 숲 속에 있는 것만으로도 다시 활력을 찾을 수 있다.
만약 당신이 숲이나 공원에 가까이 산다면 그곳에서 규칙적인 시간을 보내라. 시각, 청각, 후각, 촉각 등 감각을 활짝 열어라. 새들이 지저귀는 소리나 흐르는 물소리 같은 숲속의 무수한 소리를 들어라. 솔잎이나 유칼립투스의 향기, 나뭇잎의 다양한 색깔, 나뭇가지 사이로 춤추는 햇빛을 음미하라. 식물들이 그렇게 아낌없이 나눠주는 순수한 산소를 들이마셔라.

나는 숲의 힐링 분위기나 나무 한 그루에라도 흠뻑 빠져볼 것이다. 그것이 내가 긴장을 풀고 좀 더 명확하게 생각할 수 있도록 도울 것이다.

직장에서의 긴 하루를 마치고

당신이 하루 일을 마치고 집 현관문에 들어서자마자, 당신의 가족이나 룸메이트가 자신의 요구나 하루 동안 있었던 일을 가지고 당신에게 덤벼들지도 모른다. 직업에 열정을 갖고 있다 할지라도 피곤하지 않은 건 아니다. 당신의 몸은 휴식이 필요하고, 정신에는 약간의 공간과 평화가 필요하다.

해결책은 귀가할 때 자신을 보호할 몇 가지 원칙을 세우는 것이다. 당신이 어떤 문제를 말하거나 다루기 전에 10분의 시간을 확보하는 걸 추천한다. 물론 더 길어도 좋다. 당신 방으로 가서 문을 닫아라. 휴식을 취하거나, 음악을 듣거나, 명상을 하거나, 편안한 옷으로 갈아입거나, 아무것도 하지 않아도 된다. 그렇게 압축된 정신을 푼 다음, 중심을 잡은 상태가 되면 다른 사람들에게 다가가기가 더 쉬워진다.

나는 귀가 후 긴장을 푸는 시간을 정하고, 이 규칙을 사랑하는 사람들과 공유할 것이다. 가족 구성원과 교류하기 전에 잠시나마 조용한 나만의 시간을 가질 것이다.

거절당하는 아픔

Oct. 17

거절당하는 것을 좋아하는 사람은 없다. 거절당하면 아프고 인정받지 못했다거나 버림받은 것처럼 느끼게 된다. 많은 사람이 거절을 두려워하고, 거절당할까봐 피하기도 한다. 단지 거절당하기 싫어서 사람들의 비위를 맞추는 사람이 되어 자신의 진정한 욕구를 숨기기도 한다.

두려움에 사로잡혀 자신의 진정한 자아를 부정하지 말자. 스스로에게 물어보라. "이 거절이 주는 더 큰 의미는 무엇인가? 자존감을 강화하기 위한 것인가? 어려운 시기 동안 강해지라고? 아니면 위험을 피하기 위한 것인가?" 당신의 생각을 적어보라.

거절당한 것이 결과적으로 당신을 해악으로부터 보호했을지도 모른다. 비록 당신이 로맨틱한 관계나 특정한 일이 잘되기를 간절히 원할지라도, 장기적으로는 그것이 당신에게 최선이 아니었을 수도 있다. 이처럼 다른 시각으로 거절을 바라보는 것도 도움이 된다.

나는 거절의 더 큰 의미를 고려할 것이다. 거절을 두려워하지 않고 거절이 주는 의미에 대해 생각할 것이다.

모든 것에는 때가 있다

나는 성경의 이 구절을 좋아한다. "하늘 아래 모든 일에는 목적에 따라 때가 있다." 아직 준비가 되지 않은 일을 급히 서두르면 불가능한 기대에 깊은 좌절감을 불러일으킬 뿐이다. 인내심을 가지자. 행동할 때를 기다리며 충실히 살아가면 하루하루가 자연스럽게 펼쳐질 것이다.

당신의 삶의 시간표는 당신만의 것이다. 어쩌면 당신은 70세에 처음 결혼하거나 50세에 직업을 바꿀지도 모른다. 옳거나 그른 것이 아니다. 변화를 위한 당신의 내적 준비가 촉매제다. 흔히 말하듯이, 준비가 되면 사람이든 경험이든 어떤 형태로든 스승이 올 것이다. 모든 것에는 그만의 완벽한 시기가 있다.

나는 아직 열릴 준비가 되지 않은 문을 열려고 하지 않고, 인내심을 연습하면서 나의 직관에 따를 것이다. 내 인생의 목적이 적당한 시기에 스스로를 드러낼 것이라는 믿음을 가질 것이다.

저항을 누그러뜨려라

Oct. 19

흐르는 것은 기운이 넘치고 재미있고 즐거우며 심지어 힘들지도 않게 느껴진다. 반면 저항하는 것은 마치 거대한 바위를 가파른 언덕 위로 밀어 올리는 것처럼 긴장되고 팽팽하며 스트레스를 받는다.

당신은 자신의 내부에서 혹은 외부에서 저항에 맞닥뜨렸을 수도 있다. 어쩌면 당신은 어떤 프로젝트를 계속할 수 없다는 걸 알지만, 여전히 자신을 밀어붙이고 있을지도 모른다. 또는 친구들이 모두 열광하고 있는 사람이라는 이유로, 정작 당신은 별로 끌리지 않는데도 데이트를 하고 있을지도 모른다. 아니면 동료와 의견 충돌이 있을 수도 있다. 당신은 계속 주장을 펴지만 그들은 그 주장에 저항하고, 결국 당신은 아무것도 얻지 못한다.

자신이나 타인의 저항에 연민을 가지자. 경직되지 말고 그 주변을 부드럽게 하는 연습을 해야 한다. 신체적인 움직임 역시 저항을 줄여준다. 스트레칭, 호흡, 요가, 산책 등 여러 활동을 해보자. 관계가 고착된 느낌이라면 그 관계에 약간의 공백을 주면 도움이 될 수 있다. 이렇게 하면 현명하지 못한 방법으로 장애물을 제거하려는 시도를 막을 수 있다.

나의 다짐

나는 계속 호흡하면서 경직성과 완고함을 풀어주고, 저항을 경험할 때 나 자신을 부드럽게 대할 것이다.

믿을 수 있는 사람

친밀한 관계에는 신뢰가 있어야 당신이 더 취약한 부분을 드러내도 안전하다고 느낄 수 있다. 신뢰성은 그런 편안함을 만들어낸다. 내가 친구나 연인에게서 찾는 자질 중 하나는 그들의 행동이 그들의 말을 뒷받침하는가, 그리고 그들과 친밀하게 지낼 수 있는가 하는 것이다. 그것을 구별하는 좋은 방법은 그들이 계속해서 내 앞에 나타나느냐 아니냐다. 누군가 당신을 위해 나타나면 그들은 "나 신경 쓰고 있어" 그리고 "우리가 함께하는 시간을 소중하게 생각해"라고 말하고 있는 것이다. 당신의 생일을 축하해주든, 당신이 우울할 때 정신적인 지원을 해주든, 단순히 영화관에 함께 가든지 간에, 그들은 당신이 그들에게 의지해도 좋다는 것을 보여주고 있다.

사실 때때로 사람들은 자신의 삶에 급급하기도 하고, 단순히 당신 곁에 있을 수 없는 부득이한 이유가 있기도 하다. 그러나 대부분의 경우, 진정한 친구는 근처에 살면서 계속 약속을 취소하거나 "내 마음만은 그곳에 있을 거야" 따위의 말만 보내지는 않는다. 인생의 흥망성쇠마다 함께해주는 친구들은 신뢰를 더욱 깊게 한다.

나는 곁에 있어주는 사람들과의 관계를 이어갈 것이다. 나 또한 그들이 필요할 때 함께할 것이다. 시간 약속을 지키지 못하거나 약속을 자주 깨는 사람들을 피할 것이다.

작은 발걸음

Oct. 21

사람들은 다급하다. 성취도가 높은 나의 많은 환자는 그들의 노력에 대한 즉각적인 만족을 기대한다. 만족을 얻지 못하면 안절부절못하고 짜증을 내며 자기 비판적이 된다. 왜냐하면 자존감이 낮고 지쳤기 때문이다.

서두름은 나를 지치게 하고 실수하게 만들기도 한다. 나는 나의 속도에 편안함을 느끼는 것이 얼마나 멋진 일인지 알고 있다. 미래를 생각하는 작은 걸음이 모래 위에 금빛 발자국을 남긴다. 가장 행복하고 성공한 사람들은 긍정적인 선택을 해나가면서 자신의 목표를 점진적으로 달성했다고 말하는 경우가 많다. 작은 성공을 쌓아가면 훌륭하고 오래 지속되는 성과를 만들어낼 수 있다.

나는 내 인생에서 건강한 속도로 전진하며 서두르는 것을 삼갈 것이다. 매일 내딛는 작은 발걸음으로 계속해서 전진할 것이다.

나는 나로서 충분하다

누구나 자신을 의심하는 시기가 있다. 미국의 사회운동가 엘리너 루스벨트(Eleanor Roosevelt)는 말했다. "자기 자신 이외에는 누구도 열등감을 느끼게 할 수 없다." 자신이 충분히 매력적이거나 똑똑하거나 성공했다고 느끼지 않는 자기 의심의 시기가 닥쳤을 때는 다음 말을 반복하자.

나는 충분하다.
나는 누구에게도 내 가치를 증명할 필요가 없다.
나는 내가 아닌 사람이 될 필요가 없다.
나는 불행할 때 웃는 척할 필요가 없다.
나는 나 자신에게 만족한다.
나는 나 자신을 사랑한다.
나는 내 인생의 기회에 감사한다.

나는 나 자신을 누구보다 열등하다거나 우월하다고 여기지 않을 것이다. 나는 그냥 나로서 충분하다.

Oct.
23

행복하거나 옳거나

관계에서 우선순위를 정하라. 당신은 조화를 원하는가 아니면 드라마를 원하는가? 공감인가 아니면 비난인가? 당신은 타협할 수 있는가 아니면 항상 옳아야 하는가? 그리고 스스로에게 물어라. "나는 행복한 걸 원하는가 아니면 옳은 걸 원하는가?" 당신은 선택권이 있다. 옳은 것을 원한다면, 상대방이 당신 의견에 동의하지 않을 때 당신은 계속해서 상대방에게 퍼부을 수도 있다. 하지만 행복한 걸 원한다면, 적어도 일시적으로라도 그 문제를 내려놓거나 상대방이 동의하지 않는 것을 인정할 수도 있다.

사소한 논쟁에서 이기는 것에 중점을 두는 사람들이 있다. 나는 그들이 이기도록 내버려두는 것을 즐긴다. 예를 들어 친구가 '거기까지 한 시간이 걸린다'고 주장하지만, 나는 시간이 훨씬 더 짧게 걸린다는 사실을 안다. 하지만 나는 굳이 논쟁하지 않는다. 그런 사람들은 그들이 옳다고 내버려두면 매우 기뻐한다. 그건 당신이 그들에게 줄 수 있는 선물이다.

나는 관계에서 내가 원하는 것의 우선순위를 정할 것이다. 때때로 나는 사람들이 옳다고 믿게 놔두며, 그것이 그들을 얼마나 행복하게 만드는지 볼 것이다.

내 안의 어두운 면

모든 사람에게는 밝은 면과 어두운 면이 있다. 그러므로 당신의 어두운 면을 조심해서 다뤄야 하며, 당신의 선함과 연민에 힘을 실어줘야 한다. 당신이 깨어 있어야 선함을 의식적으로 선택할 수 있다. 그러나 때로 불안과 공포가 당신을 겹겹이 둘러싸서 시야를 가린다. 그럴 때는 당신이 되고 싶은 유형의 사람을 떠올려보자. 그런 사람이 된 자신을 그리면서 공포를 바탕으로 한 생각을 인내심 있게 벗겨내자. 당신 내면의 빛은 태양처럼 빛날 것이다.

나는 내게 있는 어두운 면을 신중히 다루고 밝은 면에 힘을 실어줄 것이다. 나는 내가 존경하는 선한 자질을 내 안에 기를 수 있다.

강하면서 유연한

Oct. 25

우리는 서로 다른 많은 자질을 동시에 가질 수 있다. 연약함과 강인함처럼 정반대로 보이는 자질도 동시에 가질 수 있다. 그렇기 때문에 문제를 해결하는 데는 한 가지 방법만 있는 게 아니다.
스트레스와 부정적 에너지를 막기 위한 보호 전략을 개발하는 건 좋다. 그렇지만 지나치게 방어적이 되지는 말자. 언제 다른 사람들에게 마음을 열어야 하는지 그리고 언제 자신을 보호해야 하는지 알아야 한다. 경험과 직관에서 배우고, 상황에 맞춰 유동적으로 행동하자. 당신은 강하면서도 유연한 사람이 될 수 있다.

나는 강하면서 유연하게 인간관계에 대처해나갈 것이다. 나는 언제 자신을 보호하고 언제 마음을 열어야 하는지 분별력 있게 결정할 것이다.

개성을 유지하기

그간 나를 찾아온 환자들이 자신을 너무 많이 내어주다가 개성을 잃는 경우를 많이 봐왔다. 그들은 다른 모든 사람, 즉 친구, 부모, 상사, 자식들을 기쁘게 하려고 노력함으로써 자신을 희생한다. 그들은 지나치게 친절하고 순응하며 심지어 수동적이 되기도 한다. 그들은 개성을 잃고 정체성마저 잃은 것처럼 느끼기도 한다.

그러나 당신은 언제든 개성을 되찾을 수 있다. 당신의 이런 면에 대해 무슨 말을 하고 싶은가? 무언가 당신을 억누른다고 느끼는가? 덜 제한받기를 원하는가? 당신은 자신을 어떻게 해방시킬 것인가? 친절한 사람이 되는 것은 괜찮지만 동시에 당신은 개성을 지킬 수도 있다.

나는 내 개성을 희생시키지 않을 것이며, 진정한 나 자신이 될 것이다. 나는 나의 내 진짜 모습과 자유로운 정신을 소중히 여길 것이다.

통증과 고통은 다르다

Oct. 27

통증은 불편한 신체적 또는 정서적 감각을 말한다. 그리고 고통은 통증에 대한 당신의 반응이다. 즉 고통은 통증에 대해 당신이 어떻게 생각하고 느끼는가를 말한다.
인생에 있어서 어느 정도의 통증은 피할 수 없지만 "고통은 선택이다"라는 말도 있다. 통증에 대해 스스로에게 어떤 말을 하느냐에 따라 고통은 강해지기도, 약해지기도 한다. 두려워하는 거짓된 생각은 최악의 적이 될 수 있다. 예를 들어 "내 허리 통증은 절대 나아지지 않을 거야"와 "이것은 일시적인 통증일 뿐, 회복되면 그 어느 때보다 좋아질 거야"를 비교해보라. 또한 고통은 통증에 저항함으로써 강화되기도 한다. 긴장하면 통증은 더 심해진다. 통증을 느끼면서도 긴장을 풀고 호흡하는 데 최선을 다하면 고통을 조금이나마 덜 수 있을 것이다. 그러므로 마음을 고요히 하자. 기억해야 할 공식은 다음과 같다.

과잉 통제 + 과잉 사고 = 육체적, 정서적 통증

당신이 경험하는 고통을 최소화하기 위해서는 그것에 대해 덜 생각하고, 그것을 놓아주자.

나는 통증을 느끼면 자신을 부드럽게 대할 것이다. 두려움에 초점을 맞추거나 최악의 상황을 상상하지 않을 것이다. 나의 고통을 제한하기 위해 평화로운 마음을 유지할 것이다.

세상만사와 거리두기

불교와 도교에서는 모두 '수만 가지 일'에 대해 이야기한다. 수만 가지 일이란 내면의 목소리를 듣지 못하도록 당신을 교란시키는 여러 가지 방법을 가리킨다. 해야 할 일에 대한 걱정에서부터 고통스러운 대화에 집착하고 삶의 고통을 주시하는 것에 이르기까지 다양하다. 당신의 마음이 세상만사의 한 가지에라도 집착해 있다면 명료함은 사라질 수 있다.

마음을 안정시키고 싶어도 강제로 시도하지 말고, 당신의 마음에 과제를 부여하라. 호흡을 세는 것이 효과가 있다. 방법은 다음과 같다.

4초를 세며 숨을 들이마시고 또 다시 4초를 셀 동안 숨을 참는다. 그 다음 4초를 세며 숨을 내쉰다. 그리고 이 호흡 운동을 한 자리에서 세 번 반복한다. 그런 다음 적어도 10분 동안 명상하라. 정신을 집중하는 동안 수만 가지 일에 관심을 쏟고 싶은 유혹이 사라질 것이다.

나는 마음을 진정시키기 위해 호흡을 셀 것이다. 어떤 일에도 마음이 산란해지지 않도록 할 것이다. 나는 열린 하늘처럼 고요하고 맑을 것이다.

트라우마 치유하기

Oct. 29

아이들은 성장하면서 다양한 수준의 트라우마를 경험할 수 있다. 부모나 형제자매들이 다투는 소리를 듣거나, 창피를 당하거나, 비난받거나, 학대받거나, 괴롭힘을 당하는 것 등이 원인이 될 수 있다. 극심한 가정 소음과 혼돈에 시달리는 것조차 트라우마가 될 수 있다. 특히 예민하고 공감 능력이 높은 아이는 이런 상황에서 다른 사람들보다 더 많은 스트레스를 흡수할 수 있다.

당신의 과거는 지금도 당신에게 영향을 미칠 수 있다. 동반자와의 의견 불일치 등 비슷한 자극에 노출되면 원래의 트라우마를 되짚고 있다는 느낌 때문에 과장된 감정적 반응이 나타날 수 있다. 외상 후 스트레스가 있으면 당신의 시스템은 그 충격이나 사건 이전의 더 평온한 상태로 완전히 되돌아갈 수는 없다. 당신은 결코 안심할 수 없으며, 더 이상 위협당하지 않고 자신을 보호하기 위해 경계심을 늦추지 않는다.

당신이 경험했던 초기 트라우마의 원인에 대해 일기를 써라. 아무리 사소한 것이라도 상관없다. 그런 다음 배우자나 직장 동료 혹은 다른 사람들에게 외상 후 스트레스 반응을 알려주어, 만약의 경우 당황하지 말고 거리를 유지할 수 있도록 하자. 또한 원래의 트라우마를 극복하기 위해 전문가의 도움을 구하자.

나는 나의 초기 트라우마를 확인할 것이다. 트라우마에 대한 나의 반응이 오늘 내 관계에서 어떻게 반복되고 있는지 주목할 것이다. 나는 이 상처에서 벗어나 치유할 수 있다.

수치심 놓아주기

수치심은 결함이나 열등감을 느끼는 데서 오는 고통스러운 굴욕감이다. 수치심은 어린 시절에 기인하는 경우가 많다. 당신의 부모님이나 선생님이 당신을 공공장소에서 꾸짖었을 수도 있고, 반 친구들에게서 학대나 괴롭힘을 당했을 수도 있다. 어쩌면 다른 사람들이 "그런 짓을 하다니 너는 어리석구나!" 또는 "너는 잘하는 게 하나도 없구나"라고 말했을지도 모른다. 내가 10대였을 때, 어머니는 친구들 앞에서 "그 옷과 흐트러진 머리만 아니라면 넌 참 예쁠 텐데"라고 말하곤 했다. 당연히 나는 무시당한 것 같고 창피한 기분이 들었다. 사람들 앞에서 받은 수치심은 지워지지 않는 흔적을 남긴다. 당신이 의식적으로 수치심의 집요한 영향을 연민으로 치유하지 않는 한, 그것은 당신의 의식 속에 달라붙어 성인이 된 당신의 선택과 관계를 더럽힐 수 있다.

외모나 지능이나 재정 상태 같이 당신이 수치심을 느낀 분야에 대한 일기를 써라. 당신을 모욕한 사람들을 알아내라. 그런 다음 상처 입은 자신에게 말하자. "이 중 어떤 것도 사실이 아니다. 그 사람들이 잔인하게 굴고 있는 거야." 애정 어린 친절함을 사용해서 유해한 수치심의 감정에 대항하라.

나는 모든 면에서 성공할 가치가 있다. 나 자신의 어떤 면에 대해 수치심을 느낄 때, 나는 그것을 친절한 생각으로 대체할 것이다. 과거의 수치심을 치유하고 풀어줄 것이다.

당신만의 독특한 매력을 찾아라

Oct. 31

자기만의 매력을 발견하지 못한 채 스스로를 매력 없는 사람이라고 생각하는 사람이 많다. 그러나 당신은 당신만의 매력을 가지고 있다. 우리는 누구나 매혹적이고 신비한 존재다. 당신 안의 경이로움을 발견하자. 평소에 입지 않던 옷이나 화장을 해보는 것도 좋다. 헤어스타일이나 안경도 바꿔보자. 다양한 시도를 해보면서 자신의 매력을 찾을 수 있다.

외적인 매력뿐 아니라 내적인 매력도 찾아보자. 자신의 내적 매력을 적어보자. 아무리 작은 것이라도 다른 누군가에게는 큰 매력으로 다가올 수도 있으니, 빠뜨리지 말고 모두 적어보자. 당신이 이토록 매력 있는 사람이라는 사실에 놀랄 것이다.

나의 다짐

나는 내가 매력 있는 존재라는 사실을 인식할 것이다. 나를 들여다보고 다양한 시도를 하면서 내적, 외적 매력을 발견할 것이다.

집 밖에 나가고 싶지 않다

날이 추워질수록 당신은 집에 틀어박혀 은둔자가 되고 싶을지도 모른다. 집 안은 안전하고 따뜻한 느낌이 든다. 좋아하는 음식, 책, 음악 등을 마음껏 즐길 수 있고 인터넷 연결도 가능하다. 평화롭게 지낼 수 있고 반려동물들과 함께 놀 수도 있다. 또한 원격으로 일할 수 있다면 출퇴근과 사내 정치의 스트레스도 면할 수 있다. 하지만 집에 있다는 장점과 함께 단점도 있을 수 있다. 사회적으로 고립되는 경향이 있을 수도 있고, 너무 오랫동안 나가지 않았다면 외로움을 느끼기 쉽다. 집에서는 자극 수준을 용이하게 조절할 수 있지만, 함께 사는 사람들을 제외하고는 사람과 접촉함으로써 얻을 수 있는 긍정적인 기운이 부족할 수 있다. 동굴에 무한정 있으면서 외로워진다면 균형을 찾아야 한다. 겨울잠을 자고 싶은 욕망을 존중하되 사람 사는 세상의 이점도 누리고, 삶의 강렬한 기운에 자극도 받아야 한다.

나는 나만의 시간을 확보하겠지만 극단으로 치우치지는 않을 것이다. 겨울잠을 자고 싶은 욕구와 사람들과 연결될 필요성 사이에서 균형을 맞출 것이다.

옷 따뜻하게 입기

Nov. 02

추운 날씨에는 따뜻하고 포근한 옷을 입을 수 있다. 후드 달린 코트, 스카프, 다운 조끼, 부드러운 플리스나 천연 섬유로 만든 장갑을 껴입게 된다. 밤에는 플란넬 잠옷을 입고 따뜻한 플란넬 시트 위에서 잠을 잘 수 있다. 눈보라가 치거나 얼음같이 찬 기온일 때는 다리와 발을 따뜻하게 유지하고 두꺼운 캐시미어나 면양말, 레깅스, 튼튼한 부츠로 중무장할 수 있다.

당신은 특정 직물을 견디기 힘들어할 수도 있다. 거친 털실로 긁히는 것 같은 느낌이나 목 주변을 조이는 빡빡한 터틀넥 스웨터의 느낌을 싫어할 수도 있다. 그러나 부드러운 면이나 캐시미어나 플란넬은 기분 좋게 느껴진다. 당신의 취향을 명확하게 알면 몸에 좋은 느낌을 주는 옷을 입을 수 있다.

나는 추위에서 나를 안전하게 지켜주는 따뜻한 옷 껴입기를 즐길 것이다. 쌀쌀한 기후에 포근한 옷으로 나를 감싸고 아늑하게 있을 것이다.

근거 없는 근거

Nov 03

인생은 유동적이고 변화로 가득 차 있다. 만약 너무 많은 것이 빨리 변한다면 압박감이 느껴질 수 있다. 어떤 날은 당신의 감정이 거칠고 격렬하게 소용돌이칠 수도 있다. 그렇다고 해도, 감당할 수 있는 것보다 더 많이 주어지는 일은 결코 없다. 당신은 불안한 마음에 "이걸 다 감당할 수는 없어!"라고 소리칠지도 모른다. 그럼에도 더 깊은 차원에서 본다면 당신은 경험하는 모든 어려운 감정과 상황에서 충실히 성장하고 있다.

불교에서 말하듯 언제나 당신을 받쳐주는 근거 없는 근거가 있다. 당신이 대단히 충격적인 사건의 한가운데나 지나친 자극이 밀어닥치는 상황에 있을 때도, 근거 없는 근거가 있다. 당신은 자신에게 있다고 생각지도 못한 내면의 힘을 발견할 수 있다. 우리의 생명은 유한하지만, 우리를 뒷받침해주는 근거 없는 근거는 무한하고 영원하다.

내가 도전에 맞닥뜨릴 때도 나를 받쳐주는 근거 없는 근거가 언제나 있다. 어떤 어려운 상황에서도 나는 성장하고 있다는 사실을 믿을 것이다.

Nov.
04

우울하다고 느낀다면

우울한 느낌은 때로 너무 심한 불안을 줄 수 있기 때문에 자주 '암흑'이라는 꼬리표가 붙는다. 그러나 나는 우울증이 '영혼의 어두운 밤'이라고 믿는다. 절망에서 희망으로 가는 정신적 여정인 것이다. 우울증은 당신의 정신적 발달에서 잠재적으로 드러나는 단계다.

일부 신경정신과 전문의들이 우울증을 '기분 장애'로 정의하지만, 당신은 단순히 신체의 자연 항우울제인 세로토닌의 생화학적 결핍을 경험하고 있는 것만은 아니다. 그것은 당신의 삶에서 원하는 변화를 시도해보라는 일종의 경종이다. 모든 것을 상실한 것처럼 보일 때조차도 자신에 대한 믿음을 가져야 하고, 어둠 속에서 빛을 찾아야 한다. 이것은 고되지만 가치 있는 도전이다.

만약 내가 우울하다고 느낀다면 나는 '지금'에 집중하면서 전문가와 친구들에게 도움을 구하고 마음챙김을 연습할 것이다. 내가 잘못한 것은 없으며 우울증도 내 잘못도 아니다. 나는 이러한 경험의 정신적 교훈을 마음을 열고 받아들일 것이다.

그 정도면 됐다

고통스러운 관계나 부정적인 감정으로 막다른 길에 다다랐을 때, 당신의 마음은 그 정도면 됐다는 것을 안다. 계속하기엔 너무 피곤하다면 이제 충분하다는 것을 마음으로 안다. 당신이 너무 많이 일하면서 자신을 밀어붙일 때, 당신의 마음은 그 정도면 됐다는 것을 안다. 마땅히 해야 할 승진을 못 했다고 계속해서 자책할 때 당신의 마음은 그 정도면 됐다는 것을 안다.

고통에 중독된 사람들이 있다. 건강하지 못한 습관 때문에, 혹은 사람을 놓아주느라 마음이 괴롭고 슬플 수 있다. 그러나 지금 멈추고 미래의 가능성을 기다리자고 결심할 필요가 있다. 당신이 이것을 받아들이지 못하고 계속해서 헛된 상황이나 마음가짐으로 되돌아간다면 더 큰 고통이나 좌절감을 경험하게 될 것이다.

나는 어떤 관계나 상황에 반드시 종지부를 찍어야 한다는 사실을 깨달을 것이다. 나 자신을 돌보고, 더 이상 내게 도움이 되지 않는 것을 놓아줄 것이다.

안식일을 가져라

Nov. 06

적어도 매주 하루는 쉬거나, 하루에 적어도 몇 시간은 쉬어라. 당신의 상황에서 가장 쉬기 좋을 시간을 계획하라. 온갖 걱정을 떨쳐버리고, 정신과 육체를 보충하는 데 집중하는 멈춤의 시간이다. 『창세기』에서는 7번째 날을 휴식 기간으로 정의하는데, 이는 신이 창조하는 일을 쉰 날이다. 십계명 가운데 이런 말이 있다. "안식일을 기억하고 거룩하게 지켜라. 엿새 동안은 수고하고 일을 하되, 일곱째 날은 안식일이다."

종교와 상관없이 안식일을 생활에 접목해보자. 이것은 당신이 기진맥진해지는 것을 막아줄 것이다. 지속적으로 바쁘거나 끊임없이 일을 하면 지친다. 스트레스 심한 활동이 아무리 당신을 끌어들이려고 하더라도, 일시적으로나마 스스로를 쉬게 해야 한다. 안식일은 크게 숨을 내쉬면서, 목표를 향해 더 나아가려는 모든 노력을 일시적으로 중단하는 시간이다.

나는 내 삶에서 안식일을 위한 규칙적인 기간을 만들어 자신을 회복하고 다시 나아갈 것이다. 그저 쉬고 명상하며 내 존재의 본질을 키워나갈 것이다.

시계 요가 자세

몸과 마음의 긴장을 풀기 위해, 몸을 시계처럼 만드는 부드러운 요가 자세를 연습해보자.

무릎을 가슴 쪽으로 당긴 채 오른편 옆구리를 바닥에 대고 눕는다. 두 팔을 앞으로 쭉 뻗고 왼팔을 오른팔 위에 얹는다. 두 팔은 아홉 시 방향을 향해야 한다. 그런 다음 오른팔은 앞으로 곧게 뻗은 채로 두고 왼팔을 시계 분침처럼 천천히 몸 주위로 돌리기 시작한다. 째깍, 째깍, 째깍. 서서히 열 시, 열한 시, 열두 시 정각으로 넘어가자. 한 시에 도착하면 뻗는 범위가 늘어나 자연스럽게 가슴과 심장 부위가 벌어지게 된다. 팔이 이끄는 대로 몸이 부드럽게 돌게 된다. 당신만의 속도로 움직여라. 다시 아홉 시의 위치에 도달할 때까지 왼쪽 팔을 시계의 숫자 방향을 따라 계속 움직인다. 이 루틴을 세 번 반복한다.

다 마쳤으면 왼쪽으로 누워 같은 동작을 반복하자. 이때는 두 팔을 세 시 쪽으로 향하게 하고 시작한다.

이 요가 자세를 하면 몸으로 시간 경과를 경험하는 셈이다. 또한 가슴과 어깨 부위를 열어 스트레스와 막힌 감정을 풀어준다.

나는 요가를 긴장을 푸는 마음챙김의 한 형태로 실험할 것이다. 나는 스트레칭과 이완을 위해 몸으로 시계를 만들 것이다.

공감지수를 고려하라

지능지수IQ가 있듯이, 누군가가 보여주는 공감의 정도를 나는 공감지수EQ라고 부른다. 동료나 친구 또는 사랑하는 사람의 공감지수가 궁금하다면 생각해보라. "그들은 진정으로 다른 사람을 배려하는가? 그들은 다른 사람을 이해하기 위해 그 사람의 입장이 되어볼 수 있는가? 그들은 머리만이 아니라 마음으로 듣는가? 다른 사람들이 감정을 표현할 수 있도록 해주는가?"

만약 어떤 사람이 이 모든 기준을 충족한다면 매우 높은 공감지수를 갖고 있는 것이다. 만약 조금 해당하거나 아예 해당 사항이 없다면 그 사람의 공감 능력은 제한적이거나 부족할 수도 있다. 물론 공감은 의식하고 경청함으로써 개발할 수 있지만, 지금 당장 누군가가 얼마나 공감할 수 있는지를 아는 것도 유용하다. 가까운 관계를 형성하고 비밀을 털어놓을 사람 선택할 때는 그 사람의 공감지수를 염두에 두어라.

어떤 일을 하든 공감 능력이 필요하다. 공감은 비록 동의하지는 않더라도 다른 사람이 왜 그랬는지를 이해할 수 있게 해준다. 그것은 차이점을 연결해서 서로 다른 사람들과 허심탄회하게 소통할 수 있게 해준다.

나는 공감할 수 있고 다정한 사람들을 선택할 것이다. 나는 사람들이 얼마나 배려하고 지지하는지 현실적으로 파악하기 위해 그들의 공감지수를 의식할 것이다.

면역력을 강화하라

면역력을 높이는 기본 전략은 충분한 휴식으로 스트레스를 줄이는 것이다. 과도한 자극을 경험하면 생화학적 스트레스 반응에 의해 면역 기능이 저하될 수 있다. 이것은 결국 부신에 부담을 주고 자가 면역 장애로 이어질 수 있다. 겨울로 가면서 감기와 독감에 걸리기 쉬운 만큼 비타민C는 물론 채소, 과일, 견과류, 씨앗 등이 포함된 건강한 식단을 따르는 것이 좋다. 내장 세균의 균형을 맞추기 위해 프로바이오틱스를 섭취할 수도 있다. 손을 자주 씻는 것도 세균에 대한 노출을 막아준다.

정신적인 부분도 중요하다. 규칙적인 명상이나 운동과 같은 자기관리와 마음챙김은 건강하고 행복하게 지낼 수 있게 도와준다. 생각을 진정시켜 스트레스 수준을 낮추고, 서두르지 말고, 진 빠지게 만드는 사람들과의 접촉을 최소화하면 질병과 싸우는 능력도 향상될 것이다.

나는 건강하고 긍정적인 활동에 참여함으로써 면역력을 높일 것이다. 병에 대한 두려움이나 불안이 내 마음을 지배하도록 두지 않을 것이다.

좋은 기분 느끼기

Nov. 10

오늘은 좋은 기분을 느끼는 데 집중하라. 걷고 보고 냄새 맡고 삶의 즐거움을 누려라. 신체의 통증이나 고통 또는 한계에 집착하기보다는 신체의 편한 부위에 초점을 두고 인식하라. 천천히 먹고 여러 다른 음식들의 풍미를 즐겨라. 정성껏 물 한 잔을 마셔라. 긍정적이고 희망적인 생각을 하고, 당신의 평온을 침해하는 어떤 부정적이거나 두려운 감정도 키우지 마라. 기분 좋은 것을 인식하는 것으로 의식을 전환함으로써, 당신은 건강하고 영감을 주며 행복해질 수 있다. 당신의 마음가짐이 그것을 선택할 수 있다.

내가 어떤 감각과 생각에 초점을 맞추는지는 내가 결정할 것이다. 기분 좋고 긍정적이고 방해받지 않는 행복을 경험할 수 있도록 자신에게 허락할 것이다.

하루 루틴을 만들어라

매일의 루틴을 만드는 건 당신의 삶에 안전한 컨테이너를 만들어 두는 것과 같다. 당신은 하루 동안 많은 감정과 생각 그리고 영감을 경험할 수 있으므로 안정된 환경을 갖추는 것이 중요하다. 예를 들어 특정 시간에 일어나 규칙적인 식사를 하고 매주 일과 놀이, 운동, 명상을 위한 시간을 할당하자. 구속을 느낄 필요가 없는 틀을 제공하는 것이다. 반면 스케줄이 혼란스럽거나, 사교 시간 또는 혼자만의 시간에 너무 많은 시간을 쓰면 내면의 혼란과 불안을 유발할 수 있다.

나는 거의 똑같은 일상적인 구조를 갖는 것을 선호한다. 일찍 자고, 같은 시간에 먹고, 같은 장소에서 일하는 것을 좋아한다. 이러한 구조를 가지면 산만함이 제한된다. 동시에 즉흥적으로 뭔가를 할 수 있는 여지도 열어두는 것이 좋다.

당신이 기분 좋게 느끼는 일상적인 구조에 대해 써보자. 당신은 일찍 자고 일찍 일어나는 사람인가? 식사 시간은 언제가 좋은가? 언제 가장 효율적으로 일을 하는가? 밤에 명상을 즐기는가, 아니면 오후나 아침에 명상을 즐기는가? 자신이 선호하는 사항들을 알아두면 편안함과 해방감을 동시에 느낄 수 있다.

나는 하루 일정을 너무 과도하게 잡지 않을 것이다. 틀의 필요성을 충족시키면서도 즉흥성 역시 허용하는 매일의 루틴을 만들 것이다.

함께 사는 이들과 행복하자

함께 사는 사람들과 행복하게 지내는 데 초점을 맞추자. 우애와 웃음과 사람들과의 교제가 주는 선물에 감사자. 어떤 사람이나 어떤 것도 당연하게 여기지 마라. 식사를 나누고 서로의 하루를 이야기하고, 심지어 특별히 중요하지 않은 것에 대해 이야기하는 것조차 소중하다. 인생을 돌이켜보면 그런 작은 순간들이 큰 의미가 있을 것이다. 하루라는 직물은 빛나는 실들을 한데 엮어 만든다. 당신의 가족이 미소를 지을 때마다, "잘 자" 또는 "일 끝나고 올게"라고 말할 때마다 사랑과 만족을 느껴라.

또한 스스로를 행복하게 여겨라. 당신이 움직이는 방식, 먹는 방식, 보이는 방식, 타인과 관계를 맺는 방식 등을 인정하라. 자기비판에 빠져들거나 자신의 단점에 초점을 맞추기는 너무 쉽다. 부정적인 태도를 선택하지 말고 자신이 받은 복을 인정하자. 인생은 정말 놀랍고 아름답다. 감사하는 마음의 눈을 통해 자신과 다른 사람을 보면 자신에 대해서도, 가정생활에 대해서도 만족감이 솟아난다.

나는 오늘 내 집과 나를 포함한 동거인들과 함께 행복하게 지낼 것이다. 감사하는 눈으로 나 자신과 가족을 바라볼 것이다.

뒤돌아보지 마라

과거는 당신의 개인적인 역사다. 그것은 당신의 현재 모습을 형성하는 데 도움을 주었다. 그러나 현재가 당신의 현실이다. 너무 많은 사람이 파도에 빨려 들어가듯 과거에 갇혀버린다. 그런 일이 일어나지 않도록 조심하자.

계속 앞으로 나아가며 당신의 삶을 살아야 한다. 이전의 실망과 고통과 배신과 역경에 집착하지 마라. 과거와 똑같은 실수를 반복하지 말고 계속 전진하자. 또한 이전의 연인들이나 멘토들 또는 친구들을 필요 이상으로 미화하지 말자. 현재의 어느 누구도 추억으로 미화된 사람들을 이길 수는 없기 때문이다. 사랑하는 사람들이 당신을 보고 웃고 있는 것을 보아라. 이런 것이 행복이다. 그들의 눈과 마음에서부터 빛나는 빛을 느껴라.

당신의 미래는 아직 펼쳐지지 않았다. 과거의 행복과 고통의 가르침을 인정하면서 계속 살고 배우자.

나는 과거의 고통이나 쾌락에 현혹되지 않을 것이다. 나는 순간이라는 보물에 계속 집중할 것이다.

어떤 길을 택할 것인가

Nov. 14

항상 사랑과 빛이 있는 곳으로 가라. 당신의 직관으로 쉽게 찾아낼 수 있다. 그들은 당신이 긍정적으로 느끼고 영혼을 살찌우는 환경이다. 그들은 당신을 배려하고 사려 깊으며, 닿을 수 없는 사람이 아닌 당신을 위해 옆에 있어주는 사람들이다.
때로는 갈림길에 서게 될 것이다. 사랑이 있는 길이 아닌, 고통과 투쟁의 길을 선택할 수 있다. 문제는 후자가 더 흥미진진하고 더 섹시하고 심지어 더 위험해 보일 수 있다는 점이다. 그래서 당신은 더 단순하면서도 종종 더 미묘한 사랑의 길보다는 어렵고 거친 길을 택한다. 나쁜 남자나 나쁜 여자 타입은 때때로 매력적으로 보일 수 있지만, 결국 당신은 그들의 한계와 상처 때문에 충격을 받을 것이다. 어떤 선택이 더 고통스러울 수는 있지만, 어떤 길이 다른 길보다 더 나은 길이라고 할 수는 없다. 당신은 당신의 결정에 책임을 져야 한다. 어떤 길을 선택하든 고통을 포함한 모든 것에서 배우라. 사랑은 당신이 준비가 되면 언제나 곁에 있다.

나는 내 운명의 주인이다. 내가 가는 길은 내게 달려 있다. 나는 빛을 향해 나아가는 것을 선택할 것이다.

작은 좌절을 최소화하라

NOV 15

작은 좌절들, 특히 당신이 고칠 수 없는 좌절들을 가볍게 여기는 기술이 있다. 완벽한 사람은 없다. 사람들은 의도하지 않은 실수를 하고, 일을 더 복잡하게 만들기도 한다. 그래도 어떻게 대처하느냐는 당신에게 달려 있다. 당신은 주차장에서 차 문이 왜 찌그러졌는지, 가족이 마트에 들르는 것을 왜 깜빡했는지 화를 내면서 당신의 활력을 정말 다 쓰고 싶은가?

당신의 에너지를 쓸 만한 정말 중요하고 가치 있는 것을 우선순위로 정해야 한다. 그러면 매사 어떻게 대응해야 하는지를 더 똑똑하게 알게 될 것이다. 일상생활에는 짜증 나는 일들이 지속적으로 있다. 당신은 그것에 대항해 싸울 수도 있고, 감당하며 지낼 수도 있다. 그러나 절망스러운 10분을 절망스러운 날로 바꾸고 싶지는 않을 것이다. 작은 짜증은 최소화하고, 더 큰 문제를 처리하는 법을 배워라.

나는 어떤 것에 화를 낼 것인지 선택할 수 있다. 나는 사소한 좌절들이 나의 에너지를 손상하거나 중심에서 벗어나게 하거나 내 하루의 즐거움을 훔치게 하지 않을 것이다.

감정의
날씨

Nov.
16

당신은 다양한 감정을 경험한다. 그런 감정들과 자연스럽게 지내는 것이 중요하다. 핵심은 당신 감정의 날씨, 즉 불안에서 행복까지의 변동에 적절히 대응하는 것이다.

지상 조건과 마찬가지로 당신의 감정적 날씨는 햇빛에서 비로, 어둠으로, 차갑고 고요한 안개로, 구름 사이를 내다보는 빛으로 바뀐다. 기분이 냉랭할 수도 있고 열이 나 있을 수도 있다. 내 파트너는 종종 나에게 "오늘 당신의 감정적 날씨는 어때?"라고 묻고, 나는 그와 감정을 공유한다. 내 감정은 종종 미묘하게, 때로는 극적으로 변하기 때문에, 내가 어떤 상태인지를 파트너에게 잘 설명해준다. 그는 내 감정을 소중하게 여기기 때문에 이 정보를 소중하게 여긴다. 당신도 당신의 관계에서 이와 같은 것을 할 수 있다.

기분의 유기적인 흐름을 당신이라는 미묘한 존재의 일부로 받아들이면, 그런 기분들은 자연스럽게 느껴질 것이다. 강한 감정이 당신을 휩쌀 때마다, 당신의 초점을 마음의 중심으로 되돌려놓아라.

나는 나의 감정과 기분을 계속 의식할 것이다. 나의 감정적 날씨를 추적하고, 가까운 사람들에게 나의 감정적 변화를 얘기할 것이다.

공감 능력이 부족한 사람들

어떤 사람들은 공감 능력이 부족하다. 전형적인 나르시시스트, 소시오패스, 사이코패스 등이 이 범주에 속한다. 슬프게도 그들은 동정심은 발달하지 않았거나, 학대와 같은 초기 트라우마나 나르시시즘적인 부모에 의해 양육된 탓에 동정심이 전혀 개발되지 못했다. 연구에 따르면 그들의 신경계는 공감 기능이 있는 여느 사람들과 다르다고 한다.

비록 이들이 처음에는 매력적이거나 자상하게 보일 수는 있지만, 이것은 당신이 그들의 뜻에 반할 경우 곧 무너질 한 측면일 뿐이다. 이해하기 힘들겠지만, 공감 결핍 장애를 가진 사람들은 비양심적인 행동을 해도 거의 후회하지 않는다.

당신의 삶에서 공감이 부족한 사람들을 식별하기 위해 당신이 맺고 있는 관계들을 정직하게 고려하라. 그런 다음 기대치를 낮추거나 접촉을 줄이자. 그들에게 당신의 깊은 감정을 털어놓지 마라. 대신 당신의 공감에 친절하게 보답할 수 있는 사람들에게서 친밀함을 구하라.

나는 나르시시즘적인 성향을 가진 사람들에게 헛된 기대를 하지 않을 것이다. 첫 만남에서 그가 아무리 매혹적인 이해심을 보여주었다 하더라도, 공감이 부족한 사람에게는 마음을 열지 않을 것이다.

Nov. 18

건강한 관계를 위한 신호를 만들어라

가족이나 동료 또는 친구들과 원활하게 의사소통하는 방법은 뭘까? 대화 중에 상대의 기분이 상하게 않게 메시지를 전달하는 '안전한' 단어나 신호를 미리 정해놓는 것이다. 예를 들어 당신의 연인이 직장 등에서 있었던 일에 관해 너무 길게 이야기하는 경향이 있다고 해보자. 그러면 얘기를 그만 마무리했으면 좋겠다고 느낄 때 왼쪽 귀를 만지거나 손 신호를 보내기로 정해놓는 것이다. 또는 사교 모임에서 떠나고 싶을 때 친구에게 신호를 보내는 단어를 정해놓을 수도 있다. 이런 전략을 미리 정해놓으면 난처한 순간을 예방하고 건강한 관계를 유지할 수 있다.

나는 다른 사람들과 함께 사용할 안전한 단어나 신호를 선택해, 서투르거나 상처를 주는 의사소통을 방지할 것이다. 이 방법이 비생산적인 갈등이나 오해를 막아줄 것이다.

할 일 목록 관리하기

해야 할 일에 대한 당신의 태도는 스트레스에 큰 영향을 미칠 수 있다. 매일의 요구는 끝이 없다는 것을 깨닫자. 물론 모든 일을 끝까지 마칠 때도 있겠지만, 할 일은 다시 계속해서 증가할 것이다. 잠에서 깨어나자마자 생각나는 것이 할 일 목록이라면 하루를 스트레스로 시작하는 확실한 방법인 셈이다. 관점을 전환해보자. 당신은 심장이 두근거리거나 정신이 온통 완수해야 하는 일에 사로잡힌 채 잠에서 깨길 원하지 않을 것이다. 마음 편히 천천히 깨어나기를 원한다. 당신이 그것을 다 할 수 있다는 생각을 버려라. 당신은 그럴 수 없다. 우리 중 아무도 그럴 수 없다. 그러니 안심하라. 당신이 살아 있는 하루하루가 축복이다. 한 번에 한 가지 과제를 충실하게 완수하라. 필수 항목들의 우선순위를 정하고, 나머지는 나중을 위해 남겨두어라. 누구에게나 벅찬 일을 당신이 반드시 성취해야 한다는 부담을 덜자.

나는 할 일이 많다고 화내지 않을 것이다. 일을 완수해야 한다고 자신을 계속 압박하지 않을 것이다. 나는 할 일 목록을 계속 만들어서 실행할 것이고, 그것으로 충분하다.

눈의 긴장을 풀어라

Nov. 20

눈은 당신에게 시각적 경이로움을 제공한다. 당신은 그런 눈을 잘 돌보고 싶지 않은가. 장시간 컴퓨터 작업을 하거나 문자 메시지와 전화기의 작은 활자를 읽느라 눈을 과도하게 긴장시키지 않도록 주의하자. 피곤한 눈을 진정시키기 위해, 하루에 한두 번 정도 다음 운동을 실천해보자.

잠시 몇 분 동안 조용히 머물자. 편안한 자세로 앉은 다음 눈을 감고, 손바닥을 컵 모양으로 해서 눈 위에 부드럽게 얹는다. 빛과 움직임을 차단해 눈을 자연스럽게 쉴 수 있게 한다. 이렇게 하는 동안, 가슴 한가운데 있는 심장 에너지로 초점을 돌린다. 행복감이 당신의 팔을 타고 흘러 눈 위에 얹은 손바닥까지 확장된다. 이것은 위안이 되며 당신의 눈 부위에 모인 모든 스트레스를 해소해줄 것이다.

나는 눈을 건강하게 유지하기 위해 적극적으로 행동할 것이다. 나는 주기적으로 눈을 쉬게 하여 스트레스를 해소하고 눈을 보호할 것이다.

How 21

명절에도 조용히 지내고 싶다

연휴나 명절에도 당신은 대규모 모임에 참석하기보다는 소수의 친구와 함께 있는 것을 선호할 수 있다. 만약 당신이 한두 명의 사람들하고 있을 때 더욱 편안함을 느낀다면 그러한 욕구를 존중하라. 홀로 틀어박혀 있기를 더 좋아한다면 그것도 괜찮다. 내 친구 중 한 명은 남편의 동의를 얻어 명절 동안 침묵의 시간을 갖는다. 만약 대규모 모임에 참석하게 된다면 좋아하는 사람 옆에 앉아 몇 번의 짧은 휴식을 취해서 중심을 잃지 않도록 하라. 함께 웃고 공감할 수 있는 참석자를 찾아보라. 당신만의 재미를 만들어라. 만약 당신이 외향적이라면 대규모 모임에서 교제하는 것을 좋아할 수도 있다. 그런 경우라면 나중에 긴장을 풀 한가한 시간을 가져도 좋다.

나는 큰 모임에 참석하라는 사회적 압력에 굴복하지 않을 것이다. 내가 좋아서 가거나 피할 수 없는 경우가 아니라면 말이다. 나는 내가 필요로 하는 것이면 몇 사람과 함께 있거나 혼자 있는 것을 허락한다.

무리한 약속을 하지 마라

Nov. 22

당신이 사람들의 비위를 맞추는 경향이 있다면 싫다고 말하기가 힘들어서 지칠 수도 있다. 결국 직장 모임, 가족 저녁 식사 또는 다른 행사들까지 다 참석하겠다고 약속하게 되고, 그래서 과도하게 스케줄이 잡혔다는 불안감을 느끼기 시작한다.

너무 많은 행사를 계획하지 않도록 스케줄을 꼼꼼히 살펴라. 모임에 가더라도 몇 시간 동안 머무르기보다는 잠깐 모습을 보이는 것이 타협안이 될 수도 있겠다. 거절하는 것에 대해 죄책감을 느끼거나 때로는 다른 사람들을 실망시킬 수 있다는 현실을 받아들이지 못한다면, 더 많은 시간을 들여 이러한 진실을 심사숙고하자. 다른 사람의 요구를 끊임없이 충족시키는 것은 당신의 일이 아니다. 무리하게 약속을 잡지 않겠다고 스스로에게 허락을 구하라.

나는 사회적인 행사나 모임에 무리하게 가거나 지나치게 약속을 잡지 않을 것이다. 좀 더 여유를 갖고 자기 성찰을 할 시간을 남겨둘 것이다.

에너지를 빼앗아가는 사람들

관계의 질은 행복에 영향을 미친다. 어떤 사람들은 당신의 에너지를 더해주는 반면, 내가 '에너지 뱀파이어'라고 부르는 사람들은 당신의 에너지를 빼앗아갈 것이다. 당신의 기를 빨아먹는 사람들을 항상 염두에 두어야 쓸데없이 에너지를 낭비하지 않는다.

에너지 뱀파이어와 마주쳤다는 걸 어떻게 알까? 당신의 기분이 급강하한다. 눈꺼풀이 무거워지고 갑자기 피로를 느낀다. 전에는 괜찮았는데 동요하거나 우울해지거나 화가 나기도 한다. 아니면 공격받거나 비판받거나 비난받았다고 느낀다. 이러한 신호에 주의하도록 스스로를 훈련하라.

에너지 뱀파이어에 대비하자. 명절 저녁 식사 때 만성적인 불평꾼이나 쉬지 않고 지껄이는 사람 옆에 앉는 것을 피하라. 친구의 비판적인 논평에 자극받지 않도록 하라. 혼자만의 공간에 잠시 숨어 휴식을 취하면서 긴장을 풀고 중심을 잡아라. 당신의 삶에서 접한 에너지 뱀파이어들을 떠올리고 그들을 다루는 전략을 생각해보는 것도 도움이 된다.

나는 내 주변의 에너지 뱀파이어에 대해 유의할 것이고, 그들에게 나의 에너지를 빼앗기지 않을 것이다. 나는 만족스럽고 활기찬 관계를 가질 자격이 있다.

내가 가진 모든 것에 감사하자

Nov. 24

사랑하는 사람들과 동료들에게 감사하다는 메시지를 보내자. 삶이 부족하다고 느낄지라도 오늘만은 겸손하게 축복에 집중하자. 자신에게 물어보라. "나는 무엇에 대해 감사하고 있는가? 내 건강? 신체적 활동? 정신의 맑음? 아니면 그 모든 어려움을 겪었으면서도 사랑할 수 있는 능력?" 당신의 친구들과 가족 그리고 반려동물들은 어떤가? 아니면 당신의 집, 자동차, 직장, 건강식품은? 그런 다음 속으로 선언하라. "내 생명에게 감사한다. 나를 사랑하는 모든 사람과 내가 사랑하는 모든 사람에게 감사한다. 그리고 지구, 새, 하늘, 바다에게 감사한다." 감사할 목록에 자유롭게 추가해도 좋다. 다른 사람들에게 직접 감사 인사를 건넬 수도 있다. "내 인생에 있어줘서 감사해요." 단순한 감사의 표현이라도 커다란 의미가 있다.

내가 감사해야 할 모든 것에 집중하고, 내 마음이 만족스럽고 충만함을 느낄 수 있도록 할 것이다. 나는 인생을 사랑할 것이다.

회복을 위한
시간을 갖자

장기간 사회 모임이나 공공장소에서 지낸 후, 회복할 수 있는 약간의 휴지기를 자신에게 주자. 사람들과 접촉하며 자극이 증가해 재미있었다고 해도, 그날 늦게 또는 그다음 날에는 감정적 숙취에 시달릴 수 있다. 또한 다른 사람들에게서 원하지 않는 감정을 흡수했다는 사실을 알아차릴 수도 있다.

회복하는 시간을 거치지 않고 한 활동에서 다른 활동으로 넘어가는 것을 힘들어하는 사람들이 있다. 그렇다면 지금 당장은 다른 계획을 세우지 마라. 시간을 내서 조용히 쉬면서 감정적 숙취를 떨쳐내라. 자신이 흡수했을지도 모르는 스트레스를 내쉬어라. 목욕을 하거나 명상을 해도 좋다. 아니면 일찍 잠자리에 들어라. 말을 적게 하고 휴식을 취하며 조용한 회복 시간을 보내면서 당신의 중심으로 돌아가라.

나는 쉼이 없는 계속적인 활동은 계획하지 않을 것이다. 사회적 접촉의 높은 자극을 받은 후에는 반드시 회복 시간을 가질 것이다.

우리는 모두 연결되어 있다

Nov. 26

비록 우리 각자가 별개의 존재라고 해도, 우리 모두는 연결되어 있다. 당신의 삶은 내게 중요하다. 비록 우리가 만난 적은 없지만 당신의 행복에 나는 기쁨을 느낀다. 나의 소원은 당신이 건강하고 번창하는 것이다. 그리고 당신이 슬퍼하면 나의 마음이 당신을 향해 갈 것이다.

우리는 모두 복잡한 존재의 거미줄을 통해 연결되어 있다. 그런 정신으로 나는 나의 모든 관계와 삶 전체 그리고 알 수 없는 무한한 것들을 포용한다. 이 세상에게 고통받는 모든 사람에게 마음을 쓴다. 비록 내가 그들의 고통을 떠안지는 못하지만 다른 존재를 인정하고 사랑한다.

나는 지각 있는 모든 존재와 연결되어 있다는 사실을 계속 인식할 것이다. 비록 다른 사람의 고통을 떠안지는 못하지만 다른 존재를 인정할 것이다.

지구와 자연은 끊임없이 말한다

우리는 하루 종일 많은 소음에 시달린다. 전자 기기와 자동차와 다른 사람들에 둘러싸여 그들이 내는 불규칙하고 불편한 소리에 노출된다. 잠시나마 그런 소음에서 벗어나 당신을 진정시켜주는 소리로 피신할 필요가 있다.
자연의 소리는 그 무엇보다 강력한 위로가 된다. 물이 흐르는 소리, 모닥불이 타는 소리, 잔잔한 파도 소리, 바람과 비의 소리…. 숲속이나 공원으로 가도 좋고, 조용한 새벽에 창문을 열어 새 소리에 귀를 기울여도 좋다. 이 모든 것이 살아 있다는 느낌을 준다.

나는 생활 속 소음을 떠나 자연의 소리를 듣기 위해 짬을 낼 것이다. 긴장과 스트레스를 풀고 마음을 진정시킨 후 다시 일상으로 돌아올 것이다.

나는 에너지를 빼앗는 사람인가

Nov. 28

우리 모두 지칠 때가 있다. 다른 사람들을 고갈시키려는 의도는 없을지 모르지만, 심하게 불평하거나 비판적인 존재가 되는 때가 있다. 만약 그렇다면 자신을 나무랄 필요 없다. 그러나 자신의 행동에 대해 정직하고 방어적이지 않게 책임을 질 필요가 있다.

당신의 행동을 점검해서 재빨리 바꾸어야 한다. 당신은 실수를 인정하고 외부의 반응 없이도 자체 수정을 할 수 있을 것이다. 만약 다른 사람들이 친절하게 당신의 행동을 지적해준다면 받아들이자. "오, 지적해줘서 고마워요. 앞으로는 좀 더 신경 쓸게요"라고 대답하자. 자신의 행동을 의식하지 않고 계속해서 다른 사람들의 에너지를 뺏는 행동을 하는 게 문제다. 다른 사람을 배려하고 애정 어린 의사소통을 하고 싶다면 자신의 잘못된 행동을 자각하고 유지하는 게 중요하다. 진정으로 강하고 안전한 사람들은 자신의 행동을 인식하고 책임질 수 있다.

내가 다른 사람의 에너지를 뺏는 행동을 한다면 나는 내 행동에 대한 다른 사람들의 사려 깊은 피드백에 마음을 열 것이다. 나는 내 행동을 더 잘 알고 더 긍정적인 상태로 전환하기 위해 노력할 것이다.

사람과 세상을 돕는 사람이 되자

주는 것은 사랑의 언어다. 다른 사람들과 세상에 도움이 된다는 것은 흥미진진하다. 주는 행위는 결국 천 배로 돌려받는 행위다. 많은 기회가 당신 앞에 나타날 것이다. 당신이 아무리 급한 상황이어도, 몸이 불편한 노인이나 어린아이를 안고 어찌할 바를 모르는 엄마에게는 엘리베이터 문을 잡아주자. 시간에 쫓기는 사람이 당신 앞에 끼어들게 놔두자. 길에서 쓰레기를 줍자. 당신의 주변 사람에게 "오늘 당신 정말 근사하게 보이는군요"라고 말하자.

과도하게 하지 말고 건강한 방식으로 매일 봉사하는 삶을 지향하자. 당신이 너무 적게 봉사하고 있다고 걱정하지 마라. 사소한 봉사 행위, 서로에게 도움의 손길을 빌려준 낯선 사람들 사이의 미소로 충분하다. 당신이 감당할 수 있을 만큼 줄 때 당신은 자신에 대해 기분 좋게 느낄 것이다.

행동은 말보다 울림이 더 강하다. 나는 다른 사람에게 봉사하는 기쁨을 경험할 것이다. 사랑하는 사람의 부담이나 책임감을 덜어주는 데 도움이 되는 일을 할 것이다.

자신에게 충분한 시간을 주자

Nov. 30

때로 당신은 목표를 더 발전시키는 데 지나치게 매달리느라 비전이나 관계 또는 프로젝트가 배양될 수 있는 충분한 시간을 허용하지 않는다. 그러나 『역경』에서 말하기를, 어두운 계절은 겨울잠과 잉태로부터 스스로 배워 봄의 갱신을 준비한다고 했다. 낮이 짧고 밤이 긴 기간은 깊은 명상을 실천하고 자신의 중심을 찾기 좋은 시간이다.

내면에서 성장과 발전을 하는 창조적인 기간을 갖자. 답을 찾기 위해 내면으로 들어가자. 말을 적게 하고 침묵의 소리에 귀를 더 기울인다. 당신은 어떤 것도 드러내려고 할 필요가 없다. 어둠이 쌓이면서 자연스레 내면의 빛을 발견하듯 당신의 창조성이 표면에 드러날 것이다.

나는 고요한 시간 속에서 영감이 형태를 잡도록 시간을 허락할 것이다. 나의 창조성이 드러나기를 차분히 기다릴 것이다.

첫눈이 내려앉듯

첫눈이 내리면 하늘에 떠다니는 순백의 눈꽃을 볼 수 있다. 작은 솜뭉치와 깃털처럼 가벼운 눈이 세상에 변화를 준다. 조용히 내리는 눈이 황홀하게 빛나면서, 헐벗은 나무와 초원과 삭막한 콘크리트 도시의 부족함을 장식해준다. 날이 더 추워지면 눈은 물 원소의 놀라운 변화인 고드름으로 변한다.

첫눈은 또 다른 종류의 새로운 시작을 보여준다. 그것은 이렇게 말하는 듯하다. "다른 국면에서 다시 시작하라. 신선해지고, 새로워져라." 눈이 많이 내려 발자국이 모두 사라져 당신의 새로운 길은 완전히 깨끗하다. 창밖으로 내리는 첫눈을 보든, 뉴스에서 보든, 잠시만 멈추고 눈이 주변을 정화하는 모습을 보자. 그 섬세한 아름다움을 감상하라. 또한 눈이 내려 당신 내면의 거친 모서리와 우거진 가지들을 부드럽게 만드는 모습을 상상해보라.

나는 첫눈에 주의를 기울이고 마음을 부드럽게 가꿀 것이다. 변화하는 날씨와 함께 또 다른 주기로 접어드는 것처럼 나도 나의 변화를 준비할 것이다.

빠르게 흐르는 시간 속에서

Dec. 02

시간이 너무 빠르게 지나가는 것 같은가? 하루, 한 주, 한 해가 순식간에 지나가는가? 활동적인 삶을 살 때 시간은 빨라진다. 또한 너무 서두르고 지나치게 생각하고 너무 바쁘게 살면, 차분하고 더욱 유기적인 삶의 리듬에서 떨어져 나가게 된다.

아무리 시간이 빨리 흘러도 슬로 모션 처럼 생활해보자. 마음을 여러 방면으로 떠돌게 하지 말고 당신이 하고 있는 일에 충실하라. 아침 식사를 준비하거나 개를 산책시키는 등 매일의 행사에 세심한 주의를 기울여라. 이러한 순간들이 얼마나 활기가 넘치는지 느껴보자. 뭔가를 덜 하기로 마음먹으면 그 순간을 충실히 사는 데 도움이 된다. 한 송이 장미를 그냥 지나치지 말고 5초 동안 바라보라. 시간의 흐름이 주는 축복의 순간들을 사랑하라.

나는 빠르게 흐르는 시간에 쓸려나가지 않을 것이다. 나는 단순히 관찰자로서 세상을 바라보지 않을 것이다. 나는 매 순간에 충실할 것이다.

따뜻한 것이 주는 위안

추운 겨울 따뜻한 물을 넣은 주머니, 즉 보온 팩을 껴안고 자면 포근하고 안정된다. 이런 찜질 팩이나 보온 팩은 아픈 허리 근육의 긴장을 풀어주기도 한다. 손이나 발을 넣을 수 있는 보온 패드도 좋고, 간단하게 쥐고 있을 수 있는 핫팩도 좋다. 이 모든 것이 따뜻한 친구이자 진통제가 될 수 있다. 이것들은 또한 잠자기 전의 아이들과 어른들이 더욱 평화롭게 잠에 빠져들도록 긴장을 풀어준다. 자신에게 따뜻한 것을 선물하라. 따뜻한 것이 주는 지속적인 편의를 누리자.

나는 따뜻한 팩이나 패드를 통해 불편함을 해소하고 긴장을 풀며 편안하게 잠들 것이다. 나는 그것들의 따뜻함과 친근함에 위안을 느낄 것이다.

동물과 시간을 보내자

Dec. 04

반려동물들과 껴안고 뒹굴면서 행복한 하루를 보내라. 동물들은 여러분의 몸에서 위로와 치유가 필요한 적절한 장소를 찾으려는 본능을 가지고 있다. 당신의 개는 당신을 변함없이 사랑스러운 눈으로 바라본다. 또는 당신의 고양이가 당신의 품속에서 몸을 웅크리고 있을 수도 있다. 그들이 그렇게 쉽게, 기꺼이 보내는 긍정적인 에너지를 느껴라. 그들이 주는 위안과 보살핌을 받아들이자. 동물들은 무조건적인 사랑을 준다. 그들은 항상 같이 있음으로써 당신의 슬픔을 진정시킨다. 집에 동물이 없다면 친구의 개나 고양이를 방문해서 그들의 장난기와 그들이 제공하는 애정을 즐겨도 좋다.

나는 동물들과 함께 좋은 시간을 보내면서 그들이 주는 위안과 행복을 느낄 것이다. 동물과 유대감을 느끼면서 슬픔을 녹일 것이다.

Dec.
05

단호하지만 경직되지 않게

당신은 육체적 또는 감정적으로 위협을 받을 때 자신을 보호하기 위한 방편으로 긴장하고 경직될 수 있다. 본질적으로 경직성은 긍정적인 기능이 있다. 예를 들어 얼음은 단순히 고체 상태로 얼어붙은 물이고, 극지방의 만년설은 우리의 기후를 안정되게 유지해 준다. 또 북극곰은 살아남기 위해 단단한 얼음 위에서 사냥을 해야 한다. 마찬가지로 우리는 언제 굴복하지 말아야 하는지, 또 언제 단호하고 확실해야 하는지 알아야 한다.

그러나 지나친 경직은 에너지와 행복의 흐름을 차단한다. 그러므로 언제 부드럽고 유연해져야 하는지도 알아야 한다. 무엇이 당신의 경직성을 유발하는지, 그리고 어떻게 그러한 두려움을 치유할 수 있는지 생각하라. 두려움이 적어질수록 경직도 줄어들게 될 것이다. 당신의 긴장되고 수축된 부분을 서서히 풀어라.

나는 단호하지만 경직되지는 않을 것이다. 나는 부드럽게 흐를 것이지만 나의 한계가 어디인지 알 것이다. 내가 경직되는 때를 유념해서 좀 더 유연해질 수 있도록 할 것이다.

오로라를 떠올려보라

Dec. 06

북반구에서 나타나는 오로라, 즉 북극광은 하늘에 펼쳐지는 환각적인 빛의 향연이다. 남반구에서는 오로라를 '남극광'이라고 부른다. 오로라는 겨울에 볼 가능성이 더 크다. 어린 시절부터 나는 오로라 사진에 매료되었다. 하늘에서 물결치는 오로라의 다색 광채는 경이로워 보였다.

당신의 몸을 둘러싸고 있는 오로라를 상상해보라. 당신이 끊임없이 변화하는 무지개라고 상상해보라. 아무리 혹독한 환경에서도 당신의 빛은 존재하고 있다. 따라서 생생하게 살아 있다는 사실을 꾸준히 인식하기 위해, 오로라를 떠올리자. 당신은 오로라가 보이는 아이슬란드나 알래스카 같은 지역을 여행할 수도 있다. 언젠가 내가 성취하고픈 꿈이기도 하다.

나는 오로라의 아름다운 빛을 떠올릴 것이다. 내 안에도 그런 광채가 있다는 사실을 믿을 것이다.

나만 빼고 행복해 보일 때

연말에는 경쾌함과 즐거움이 있다. 가게 창문을 장식하는 양초와 축제 장식은 매혹적일 수 있다. 계피, 휘핑크림을 얹은 핫 초콜릿, 쿠키, 소나무 등의 향긋한 향들이 허공을 떠다닌다. 하지만 이런 기간은 군중, 소음, 음주, 사회적 요구, 기대감에 압도될 수 있는 민감한 사람들에게는 스트레스가 될 수도 있다. 나는 독신이었을 때 모든 '행복한' 가족이나 커플들을 보고 소외감을 느끼곤 했다. 연말이 다가오면 외로워지기 쉽다. 그래서 나는 친한 친구 한 명 이상과 꼭 붙어 있으면서 이런 위기에 대처했다. 만약 당신이 그때의 나와 같은 처지에 있다면 같은 전략을 한번 써보기 바란다. 만약 당신이 괜찮다고만 느낀다면 봉사 활동을 하는 것도 도움이 될 수 있다. 아니면 친구에게 점심 식사를 사는 것도 좋다. 베푸는 것도 기분 좋아질 수 있는 방법이다. 사랑과 베풂, 내면의 힘에 초점을 맞추면 오히려 상승하는 에너지를 느낄 수 있을 것이다.

나는 스스로 행복을 찾고 내가 받은 축복에 감사할 것이다. 어디를 가든 나만의 재미를 만들 것이다.

수많은 사람들 사이에서 나를 지키다

Dec. 08

연말에는 세상이 특히 붐빈다. 많은 사람 사이에서 마음챙김을 수련하기 위해 특별한 예방 조치를 취하라. 군중 속에서 압도당하지 않도록 주의하자. 군중에 섞이는 행위를 자제하는 것을 고려해보자.

쇼핑몰, 대형 마트나 다른 번화한 곳을 방문하면 반드시 휴식을 취하고 자신을 다잡기 위해 미리 단백질을 섭취하는 게 좋다. 원치 않는 에너지를 몸 밖으로 순환시키기 위해 계속해서 심호흡을 하고 벤치나 화장실에 앉아서 휴식을 취하자. 원기를 보충하기 위해 주기적으로 미니 휴식을 취하면 집중력을 더 잘 유지할 수 있고 진이 덜 빠지는 경향이 있다. 그러면 당신은 에너지를 보호하면서 이러한 시즌의 축제 분위기에서 더 쉽게 즐거움을 찾을 수 있다.

나는 다른 사람의 스트레스를 떠안거나 과부하를 느끼지 않도록 혼잡한 장소에서 휴식을 취할 것이다. 내가 그 과제를 할 마음의 준비가 되었다고 느끼지 않는 한 붐비는 환경에 가지 않을 것이다.

Dec. 09

삶에는 다 계획이 있다

하늘이 깜깜하고 하루하루가 힘든 오르막길처럼 느껴질 때, 삶에는 계획이 있다는 사실을 기억하자. 당신이 행복하고 성취감을 느끼고 당신의 가장 간절한 소망이 이뤄질 때도 삶에는 다 계획이 있다는 것을 기억하자. 완벽하게 조율된 당신 삶의 타이밍에서 질서에 어긋나는 것은 없다. 어떤 것도 무작위이거나 무의미한 것은 없다.

당신은 절대 혼자가 아니다. 장애물을 극복하기 위해 자신의 역할을 다해야 하지만 보이지 않는 도움의 손길은 항상 있기 마련이다. 당신이 외롭거나 우울하다고 느낄 때, 당신을 가로막고 있는 것을 치울 해결책을 찾을 수 없을 때조차도 해답이 올 것이라는 사실을 알아야 한다. 거기서 자신에 대한 믿음이 생긴다.

내가 마주치는 모든 일에는 의미가 있다는 사실을 받아들일 것이다. 순탄하거나 거칠거나, 내가 바른 길을 가고 있다는 믿음을 버리지 않을 것이다.

오래된 것에 감사하기

Dec. 10

장수長壽는 오래 사는 것을 뜻한다. 우리는 생명이 오래 가길 원할 뿐 아니라 관계나 경력 또는 믿음 또한 지속되길 원한다. 장기적인 관계나 경력 또는 영원한 믿음을 누구나 희망한다. 그런 것이 이미 있다면 감사할 일이다. 나는 수십 년 동안 나를 알고 나의 변화를 목격한 친구들과 가족 그리고 나의 독자들을 매우 소중하게 생각한다.

당신이 경험한 장수에는 어떤 것이 있는지 돌아보라. 당신에게 오랫동안 위안을 준 관계나 가치는 무엇인가? 나이 들어가는 것에는 어떤 이점이 있는가? 당신이 활기차고 낙천적인 상태를 유지하는 데 도움을 주는 긍정적인 믿음을 어떻게 갖게 되었는가? 마음을 활짝 연 채 순수하게 머물러 있다면 당신은 어떤 나이에도 빛을 발할 수 있다.

나는 노화를 포함한 내 삶의 다양한 형태의 장수를 고맙게 여길 것이다. 그동안 세월의 시험대에 섰던 만족스러운 관계와 상황을 새삼 감사한 마음으로 바라볼 것이다.

인생이라는 여정

우리는 인생이라는 여정을 걸어가고 있다. 때가 되면 이 여정은 끝이 나겠지만, 살아 있는 동안 조금 더 많은 천국을 만들 수 있다. 현실을 천국으로 만들기 위해서 당신에게는 좋은 동료나 동반자가 필요하다. 때론 지치고 힘든 여정을 함께 걸어가는 사람들을 소중히 여기자. 그들이 위안을 가져다주고 당신의 여정에서 교감을 나눌 사람들이다.

함께 걷는 사람들에게 좋은 동반자가 되자. 그들의 존재에 감사하고, 그들이 당신의 짐을 나누듯 당신도 그들의 짐을 나눠 들자. 모든 사랑과 웃음을 함께하자.

나는 겸손과 경외심을 가지고 한 걸음씩 나아갈 것이다. 내 짐을 가볍게 해주고, 가는 동안 사랑과 웃음을 함께 나누는 모든 동료 여행자들에게 감사할 것이다.

차오르는 달빛을 즐기자

Dec. 12

달이 그믐달에서 초승달을 거쳐 보름달로 변하듯, 당신의 감정도 요동치지는 않는가. 극도로 활발하고 감정적이거나 때로는 불균형하게 느낄 수도 있다. 때로는 더 차분하고 고요하게 느낄 수도 있다.

달이 가득 차 있는 보름달일 때 달빛에 몸을 씻는 월광욕을 즐겨보자. 달이 보이는 곳을 찾아 달빛에 집중하라. 밖으로 걸어가라. 달을 보며 진짜 목욕을 즐길 수 있다면 더 좋다. 하지만 단순히 달을 지켜보는 것으로도 마음이 안정되는 것을 느낄 것이다.

나는 부정과 스트레스를 해소하기 위해 월광욕을 실천할 것이다. 달빛의 섬세한 아름다움에 마음을 열고, 그것에서 위안을 얻을 것이다.

Dec. 13

고요한 시간을 계획하라

과학은 침묵과 고요가 두뇌에 좋고 과도한 소음은 수명을 단축시킬 수 있다는 것을 보여주었다. 그러나 디지털 세계의 강렬한 입력으로 당신의 뇌는 스위치를 꺼두는 시간이 줄어든다. 끊임없이 엄청난 양의 정보를 처리하고 있다.

스스로 과부하가 걸릴 것 같은 징후를 재빨리 포착하자. 침묵 속에서 혼자 시간을 보내면 마음이 편안해지고 그 끊임없는 집중을 풀 수 있다. 서두르지 않고 일정이 지나치게 많지 않을 때, 몸은 안도의 한숨을 쉬면서 고요해질 수 있다.

고요는 넓게 열린 공간, 무위와 정적의 공간이다. 마음속의 재잘거림이 잠잠해지고 몸과 마음이 안정되면 영감이 떠오를 것이다. 시끄러운 세상은 창의력을 떠내려 보낼 수 있지만, 고요한 정적은 당신의 삶을 더 잘 이해하도록 도울 것이다.

나는 지나친 소음과 활동이 과도하게 자극적일 수 있다는 사실을 알고 있다. 나는 고요한 시간을 계획해 내 뇌가 소음과 정보의 과부하로부터 생리적으로 회복할 수 있도록 할 것이다.

자신을 믿고 기도하기

Dec. 14

당신이 혼란스럽거나 피곤할 때, 낙관주의는 멀리 달아나는 것처럼 보일 수 있다. 그럴 때면, 당신이 종교를 가지고 있든 아니든 기도할 수 있다. 당신 자신에게 기도할 수 있고, 세상을 향해 기도할 수 있다. 이때의 기도는 자기 자신을 위로하고 힘을 북돋는 말이다. 또 자기 자신을 신뢰하는 방법이다. 자신에게 쓰는 일기 역시 기도의 한 형태일 수 있다.

기도는 마음의 태도다. 겸손하고 수용적인 상태에서 기도를 하면 당신에게 다시 희망을 줄 것이다. 당신이 바라는 바를 구체적으로 말하기보다는 자기 자신이나 다른 사람들을 위해 가장 높은 선을 위해 기도하라.

나는 혼란스럽고 비관적이 될 때면 기도할 것이다. 어떤 상황에서도 나 자신을 위로하고 힘을 주기 위해 기도할 것이다.

고통은 언젠가 끝난다

Dec. 15

너무 힘들고 세상에 혼자라고 느낄 때, 지금 상황이 너무 어려울 때 이 추운 겨울이 언젠가 끝날 거라는 사실을 믿자. 끝이 있다는 걸 알면 견디기가 더 쉬워진다. 당신은 어쩌면 지금의 고통이 영원히 끝나지 않을 것처럼 느낄 수도 있다. 당신의 침울한 마음이 언제까지고 계속될 것 같은 암담함에 숨이 막힐 수도 있다. 하지만 밤이 지나고 아침이 오듯, 겨울이 끝나고 봄이 온다. 인간도 자연의 일부이므로, 이런 흐름과 주기가 우리에게도 있다고 믿자.

당신에게도 운이 좋을 때가 있었을 것이다. 어쩌면 당신은 끔찍한 자동차 사고를 가까스로 피했을 수도 있다. 또는 치열한 경쟁을 뚫고 당신이 꿈에 그리던 직장에 고용되었을 수도 있다. 아니면 당신이 식료품을 모두 떨어뜨렸을 때 낯선 사람이 도와주었을 수도 있다. 나쁜 순간에도 좋은 일이 있을 수 있다. 당신 인생이 영원히 나쁘기만 할 수는 없다.

나는 힘든 순간이 영원하지 않음을 기억할 것이다. 고통은 언젠가 지나가고 행복이 올 것이라는 사실을 믿을 것이다.

겨울이 되면 우울해지는 사람

Dec. 16

계절성 정서 장애Seasonal Affective Disorder(이하 SAD)라는 게 있다. 해가 짧아질 때 시작되어 봄이 될 때까지 무기력, 사회적 고립, 낮은 동기, 집중의 어려움, 과식 등의 증상이 나타난다. 쉽게 말해 겨울철 우울증인 것이다.

SAD를 앓고 있다면 빛을 많이 보는 것이 좋다. 매일 한 시간씩 햇볕을 쬐자. 또한 비타민 D 수치가 낮으면 SAD가 생길 수 있기 때문에 일부 의사들은 매일 보충제를 섭취하는 걸 권한다. 심리치료나 항우울제 또한 추천한다.

SAD는 혼자만의 시간과 낮은 자극을 원하는 욕구를 더 강하게 할 수 있다. 그렇기 때문에 명상과 운동을 늘리는 것 또한 신체의 천연 항우울제인 세로토닌의 증가를 가져올 수 있다. 사회적으로 고립되고 싶을 수도 있지만, 사랑하는 사람들과 함께하는 활동을 늘리기 위해 최선을 다하라. 인간과의 올바른 접촉은 치유력이 있다. 우리는 서로에게 좋은 약이 될 수 있다.

만약 내가 계절성 정서 장애를 겪는다면 나는 자신에게 더 많은 사랑을 주고 사람들과 함께하는 시간도 가질 것이다. 나는 이런 경험을 통해 더 깊은 자기 연민을 함양할 것이다.

남겨두지 마라

Dec 17

이번 달은 한 해를 마감하는 달이다. 당신이 성취한 것을 돌아보고 아직 끝내지 못한 일은 완수하라. 당신의 관계와 일과 재정을 고려하라. 여전히 친구나 직장 동료에게 보상해야 하는가? 표현하지 못했거나 해결되지 않은 감정이 있는가? 직장에서 완수하고 싶은 프로젝트나 완료하고 싶은 결정이 있는가? 빚이나 금전적 의무 또는 남은 서류를 정리할 수 있는가? 어쩌면 올해 끝난 우정이나 친밀한 관계가 있을지도 모른다. 아니면 당신이 사랑했던 누군가가 저 세상으로 갔거나. 그렇다면 충분히 슬퍼하고 작별 인사를 하라. 상실감을 억누르기보다는 발산해야 의식적인 결심이 가능하다.

한쪽 문이 닫히면 다른 문이 열린다. 마감이 있으면 당신은 해결책이나 결론을 찾게 된다. 그것은 당신이 사람들이나 상황을 정확히 있는 그대로 받아들였으며, 그들과 함께 충만한 관계를 이룬다는 것을 의미한다. 미완성된 일은 방치해둘 수 없다. 원망하지 마라. 분노를 남겨두어서는 안 된다. 그러고 나서 계속해서 새로운 것을 하자.

마감이 필요한 내 삶의 측면을 파악하고, 이를 달성하기 위한 조치를 취할 것이다. 이런 식으로 어떤 문제나 상황이 완성되면 나는 확실한 상태에서 나아갈 수 있을 것이다.

속도를 늦추는 지혜

Dec. 18

당신의 몸과 영혼이 쉬어야 할 때가 온다. 동지에 가까워지면서 최대치의 어둠이 평온하고 조용하게 우리를 감싼다. 당신의 마음은 안으로 들어가기를 갈망할지도 모른다. 걱정과 노력에서 벗어나 쉬어야 할 때다. 당신은 공상에 잠겨 사물 사이의 공간을 응시하고 싶어진다.

자신을 그렇게 심하게 몰아붙이지 않는 것은 매우 지혜롭다는 의미다. 당신은 휴식을 취할 자격이 있다. 비록 연휴 동안은 더 많은 사람과 어울릴 수 있지만, 당신의 마음과 몸을 위해서 휴식처를 남겨야 한다. 아무것도 침입할 수 없도록 스케줄 사이에 빈 기간을 표시해두어라. 몸과 마음이 느긋해지고 스트레스가 줄어들도록 일에서 손을 떼고 쉬어라.

나는 속도를 늦추는 지혜를 실천할 것이다. 밀어붙이고 애쓰는 것을 멈출 것이다. 속도를 줄이고 휴식과 성찰을 위해 잠시 정지할 시간을 마련할 것이다.

평화는 내 안에서 시작된다

자기 자신과의 화해는 가정에서의 만족으로 이어진다. 함께 사는 사람들과의 화합을 도모해보자. 원망과 나쁜 감정에 매달려서 얻을 것은 없다. 자신이 옳다고 생각하는 일을 밀어붙이려는 마음, 복수심에 불타는 마음에서 시선을 돌리자. 당신을 짜증 나게 하거나 화나게 한 사람을 보고도 마음의 평안을 만들자. 주변 사람들이 단점이 있더라도 그들을 존중하고 사이좋게 지내기 위해 당신의 마음을 확장시켜라.

나비 효과에 대해 들어본 적 있을 것이다. 중국에 있는 나비의 날갯짓 한 번이 궁극적으로 북아메리카에 토네이도를 일으킬 수 있다. 마찬가지로 당신 내면의 평화는 주변의 환경과 더 큰 세계로 잔물결을 이루며 퍼져나갈 수 있다.

나는 평화를 이룰 책임을 지고 아직도 전쟁 중인 나 자신을 치유할 것을 맹세할 것이다. 평화는 내 안에서 시작된다는 사실을 명심할 것이다.

Dec.
20

감정이입은 세상에 필요한 약이다

정신과 의사로서 나는 사람들이 상처를 입었을 때 '상처받음'의 한 증상으로 그들이 불친절해질 수 있다는 사실을 알고 있다. 나는 '상처받은 사람은 다른 사람에게 상처를 준다'는 말에 동의한다. 자기 자신에 대해 긍정적으로 느끼는 사람은 굳이 불친절하게 굴지 않기 때문이다.

이런 사람들에게 감정이입을 할 수 있다면 비난하기보다 이해할 수 있을 것이다. 감정이입은 다른 사람의 눈을 통해 세상을 볼 수 있게 해준다. 당신이 그것에 동의하지 않더라도 말이다. 누군가가 그렇게 행동하는 원인을 당신이 공감한다고 해서 항상 그들과 말이 통하는 건 아니다. 그러나 평화를 원한다면 극단적인 판단을 지양하고 다른 사람을 이해하려고 해보자. 공감을 선택하면 당신의 삶과 세상에 진정한 평화가 올 것이다.

나는 내 감정적 상처를 뛰어넘어 다른 이들에게 감정이입하고 공감할 것이다. 대립하기보다는 나의 마음으로 사람들을 설득하기 위해 계속 노력할 것이다.

그림자의 선물

Dec. 21

융의 심리학에서 그림자는 우리 성격의 어두운 부분을 가리킨다. 누구나 그림자 같은 면을 갖고 있다. 두렵거나 화가 나거나 심지어 악랄하고 비열할 수도 있는 부분을 애정을 갖고 다루면 당신은 그것들을 길들이고 치유할 수 있다.

1년 중 가장 밤이 긴 동지 무렵, 당신이 그림자로부터 얻은 교훈을 되새겨보라. 우울증을 앓는 중에 희망을 찾았는가? 불안함을 느꼈을 때 자신에게 친절했는가? 학대적인 관계에 대해 싫다고 말했는가? 당신의 그림자를 마주하고 진전을 이뤄가는 당신의 용기를 긍정하라.

겨울의 차가운 분위기는 당신 내면의 깊이 있는 여행을 촉발할 수 있다. 어둡다고 해서 빛이 사라진 것은 아니다. 알베르 카뮈(Albert Camus)가 썼던 대로 "겨울의 한가운데서, 나는 내 안에 무적의 여름이 있다는 것을 알았다." 새로운 새벽의 첫 광선이 곧 다가온다.

나는 내 안의 그림자를 두려워하거나 피하지 않을 것이다. 그림자를 탐구해서 그것의 교훈을 통해 더욱 성장할 것이다.

내면의 빛을 밝혀라

Dec. 22

어둠을 밝히는 것이 이 계절의 재미다. 당신은 내면의 불꽃을 다시 점화할 수 있다. 일시적으로 불이 꺼지든, 당신이 삶이나 자신에게 믿음을 잃었든, 그것은 중요하지 않다. 어둠과 싸우겠다고 맹세함으로써 이제 다시 불꽃을 피울 수 있다.

오늘은 빛에 경의를 표하기 위해 특별한 일을 하자. 난로에 활활 타오르는 불을 지펴도 좋고 촛불을 켜도 좋다. 태양 빛에 감사하자. 또는 환경을 정화하기 위해 향을 태울 수도 있다. 당신 내면의 광채에 관해 생각하고, 그 따뜻함을 느끼고, 그 빛을 쬐어라. 내면의 밝기에는 한계가 없다. 당신의 마음이 그것에 연결되어 더 강하게 자라도록 하라.

만약 내면의 불꽃이 희미해진다면 나는 언제든 다시 불을 붙일 수 있다. 나 자신의 빛과 나의 강점에 초점을 맞출 것이다. 나는 내 인생에 풍부한 빛을 창조할 것이다.

나누고 선물하라

Dec. 23

나눔을 하면 기분이 좋다. 나눔을 할 수 있는 만족스러운 방법들이 많이 있다. 당신의 시간이나 마음이나 물질적인 선물을 하자. 기념일이나 전혀 특별하지 않은 날에도 선물할 수 있다. 가치 있는 대의를 위해 익명으로 기부할 수도 있다.

내게는 소박하고 진심 어린 선물이 사치스러운 선물보다 더 큰 의미를 준다. 일기장, 작은 식물, 양초, 카드, 감동적인 음악…. 다른 사람들에게 지나치게 돈을 쓰거나 과도하게 줄 필요는 없다. 선물을 받는 사람이 정말 기뻐하는지만 생각하라. 마음이 담긴 선물은 더 큰 기쁨으로 돌아온다.

나는 다른 사람 또는 대의를 위해 나눔이나 선물을 할 것이다. 이것을 사랑과 긍정의 에너지를 나누는 기회로 보고, 항상 진정한 마음으로 줄 것이다.

기적에 마음을 열어라

Dec. 24

당신이 볼 수만 있다면 기적은 바로 눈앞에 있다. 기적은 당신의 커다란 소망이 실현될 때뿐만 아니라 일상의 작은 경이로움 속에도 존재한다. 당신이 정류장에 도착하자마자 버스가 오는 것도 기적이다. 무심코 들른 식당에서 먹은 음식이 너무나 맛있는 것도 기적이다. 이처럼 기적은 도처에 있다. 너무 어른스러워지거나 지나치게 '분별 있는' 사람이 되어 순수함을 잃지 말기 바란다. 더 많이 믿을수록 기적은 더욱 많이 드러나게 될 것이다. 눈을 크게 뜨고, 모든 감각을 열고 당신 주변의 기적들을 발견하라.

나는 내 인생에서 일어나는 기적들에 마음을 활짝 열 것이다. 그리고 언제든 기적이 일어날 수 있다고 믿을 것이다.

Day 25

마음속의 사랑을 일깨워라

모든 것이 허물어질 때 사랑이 나온다. 슬픔이 가슴을 스칠 때 희미한 희망의 빛이 다시 나타난다. 모든 것을 잃은 것은 아니다. 사랑은 증오나 원한이나 우울함보다 강력하다. 사랑에 대한 믿음은 막을 수 없다. 사랑은 마음속이나 세상에서 벌어지는 모든 전쟁에 대한 해독제다.

마음속의 사랑을 일깨워라. 원한을 풀고 더 나은 날을 위해 희망을 품기로 선택하라. 뒤돌아보지 마라. 오히려 당신의 미래에 비칠 빛을 보라. 항상 다시 시작하라. 스스로에게 단언하자. "나는 나 자신을 사랑하고 세상에 사랑을 전파할 것을 맹세한다. 나는 나의 두려움과 불안감을 극복할 수 있다. 내 사랑은 중단되지 않을 것이다."

나는 마음속의 사랑을 일깨울 것이다. 모든 것이 무너질 때도 사랑의 힘으로 두려움과 불안감을 극복할 것이다.

용서는 미래를 바꾼다

Dec. 26

당신이 분노를 느끼는 대상이나 당신에게 해를 끼친 사람이 있는가? 그것은 당신 자신일 수도 있다. 그렇다면 규명하는 것으로 용서를 시작하라. 지름길은 없다. 용서는 강요하거나 흉내 낼 수 있는 게 아니다. 당신의 진실한 감정에 대해 일기를 써라. 당신의 고통이나 분노나 실망감을 검열하지 마라. 당신의 감정을 다 털어놔라. 그런 다음 다른 사람이 아닌 자신을 위해서 용서하자. 비난과 고통을 참기만 하는 일은 당신을 지치게 하고 중심을 잡지 못하게 할 뿐이다.

당신이 누군가의 야비한 행위를 봐줘야 할 필요는 없지만, 그 행위를 저지른 사람의 손상되고 무분별한 부분을 용서하는 것을 목표로 삼을 수는 있다. 이것은 원한의 부담을 견디는 고통에서 당신을 해방시키고, 앞으로 나아갈 수 있게 한다. 용서한다고 해서 과거를 바꿀 수는 없다. 그러나 미래는 바꿀 수 있다.

나는 분한 마음에 자신이 짓눌리도록 용납하지 않을 것이다. 마음에서 우러나온 용서를 딛고 앞으로 나아갈 것이다.

Dec. 27

올 한 해를 뒤돌아보다

올해 당신의 경험을 살펴보자. 당신이 진전을 이룬 것에 관해 생각해보라. 감정적으로 극단에 달했던 일은 무엇이었는가? 당신은 낮은 자존감을 극복할 수 있었는가? 동료와의 사이에 친절하지만 확고한 경계를 정했는가? 당신은 새로운 친구를 사귀거나 이국적인 장소로 여행을 갔는가? 이러한 진전에 감사하라.

그런 다음 당신의 난제를 검토하라. 어떤 상실이나 실연을 경험했는가? 언제 두려움에 굴복했는가? 당신이 약속을 어겼는데 여전히 사과할 필요가 있는가? 누구나 실수를 하지만 그 실수에 책임을 느껴야 한다. 그래야 잘못을 반복하지 않고, 고칠 수도 있었던 실수를 저지르는 일을 막을 수 있다. 당신이 겪었던 모든 것을 평가하고 새해에 긍정적인 목표를 세워라.

나는 지난 한 해의 인생을 뒤돌아볼 것이다. 나는 완벽하지 않고 완벽할 필요가 없다. 실수를 통해 배우고 성공으로 성장할 것이다.

당신은 변화를 만들 수 있다

Dec. 28

공감하는 능력이 뛰어난 사람은 예민하면서도 강하다. 확고한 신념이 있지만 정당한 요구에는 양보한다. 수많은 목소리가 당신에게 다른 방향으로 가거나 자신을 믿지 말라고 압박할 때도 당신은 자신만의 길을 용감하게 구축한다. 당신은 사람들의 나쁜 충고에 주의를 기울이지 않고 오히려 자신의 진실에 충실하다.

당신에게는 세상을 바꿀 힘이 있다. 그러니 당신의 이런 재능에 믿음과 자부심을 가지자. 당신의 신념에 귀 기울이고 세상을 더 나은 곳으로 만드는 데 공헌하자. 겸손과 친절이 궁극적으로 승리할 것이다.

나는 나의 공감하는 재능에 믿음을 가질 것이다. 내가 보고 싶은 변화를 구현해나갈 것이다.

Day 29

괜찮아,
다 잘될 거야

"모든 것이 괜찮고 점점 더 나아지고 있어." 당신은 이 주문으로 걱정과 두려움을 놓아줄 수 있다. 조용한 순간에 속으로 반복하거나 몇 번 부드럽게 말하자.
걱정할 필요도 두려워할 필요도 없다. 걱정과 불안의 층을 계속해서 벗겨내자. 장애물과 두려움에 맞닥뜨릴 때, 그 가운데서도 계속 호흡하라. 그들에게 어떤 힘도 주지 마라. 지도를 받기 위해 당신의 직관과 공감 능력에 마음의 문을 열고 있어라. 당신은 성장하고 있다. 당신의 운명과 삶에 행복을 느껴라. 모든 것이 괜찮고 모든 차원에서 점점 나아진다.

나는 내 삶이 무엇을 가져다줄지 기대되며, 지속적인 배움에 대해 설렘을 느낀다. 나는 내 미래의 희망에 초점을 맞출 것이다.

새해의 꿈

Dec. 30

당신은 다가오는 해에 어떤 꿈을 꾸는가? 나는 평화와 고요를 꿈꾼다. 나는 모험은 물론 집에 머무는 것도 꿈꾼다. 혼자 있는 것도 좋고 누군가와 함께 있는 것도 좋다. 이 모든 것은 내가 나의 진정한 욕구를 표현할 때 합쳐질 수 있다. 나는 무너질 때 행복한 척하는 것은 꿈도 꾸지 않는다. 또한 내 직관이 들리지 않을 만큼 시끄럽고 정신 없는 세상에 있는 것도 꿈꾸지 않는다. 걱정과 부담 없이, 속 편하게 있는 것을 꿈꾼다.

당신이 꿈꾸고 있지만 아직 이루지 못한 가장 좋아하는 꿈은 무엇인가? 가능한 모든 것을 상상해보라. 당신이 꿈꾸지 않는 것도 고려하라. 무엇을 피하고 싶은가? 되풀이하고 싶지 않은 습관은 무엇인가? 당신의 마음과 모든 그리움을 표현하라. 당신의 미래는 활짝 열려 있다. 새로운 가능성이 곧 펼쳐질 것이다. 희망과 상상과 기쁨이 가득한 새해를 맞이하는 꿈을 꾸자.

나는 항상 꿈꾸도록 자신을 허락할 것이다. 내 꿈은 진짜다. 나는 그 꿈들을 실현할 것이다.

계속 배워나가자

Day 31

당신은 여기까지 마음챙김의 여정을 끝냈다. 당신의 삶이 어떻게 바뀌었는지 살펴보자. 더 강해지고 더 확신에 가득찬 사람이 되었을 것이다. 당신은 감수성 풍부한 내면의 힘을 구현할 수 있다. 더 이상 당신의 재능을 숨길 필요가 없다.

당신의 직관적인 목소리를 듣고, 공감을 표현하고 마음챙김을 실천할 때마다 당신의 성장에 박수를 보내라. 당신의 감수성을 배양하고 보호하는 방법을 계속 확장하라. 사람들의 세계를 항해할 때 더욱 확고하게 중심을 잡고 자신감을 가지는 방법을 계속 배워나가자. 마음챙김은 평생에 걸쳐 계속 다듬어나가야 하는 과정이다.

나는 내가 지닌 힘과 가능성을 받아들인다. 나는 계속해서 마음을 다듬고 다지고 성장해갈 것이다.

감사의 말

나의 글과 감수성을 지지해주신 여러분께 영원히 감사드린다. 내 꿈의 대리인인 리처드 파인Richard Pine, 매우 숙련되고 헌신적인 편집자인 수전 골런트Susan Golant, 내 믿을만한 조수이자 친구인 론다 브라이언트Rhonda Bryant, 나를 지지하고 수많은 방식으로 나를 사랑하는 다재다능한 나의 파트너 코리 폴섬Corey Folsom, 내가 성장하도록 내 마음을 확장시켜주는 베레니케 글래스Berenice Glass, 로린 로시Lorin Roche와 카미유 모린Camille Maurine, 바다에 대한 나의 열정과 보편적인 미스터리를 공유하는 영혼의 친구이자 선생님들에게 감사를 전한다.

사운드 트루Sounds True 출판사의 비범하고 창의적인 팀에게 특별한 감사를 드린다. 타미 사이먼Tami Simon, 제니퍼 브라운Jennifer Brown, 레슬리 브라운Leslie Brown, 웬디 가드너Wendy Gardner, 키라 로아크Kira Roark, 리사 케런스Lisa Kerans, 미첼 클루트Mitchell Clute.

또한 나의 친구와 가족 그리고 지원팀의 영감과 헌신에 깊은 인사를 드린다. 로널드 알렉산더Ronald Alexander 박사, 바바라 베어드Barbara Baird, 바바라 비지우Barbara Bizou, 찰스 블룸Charles

, 앤 벅 , 로리 수 브록웨이 , 커크 커리 , 에릭 돌긴 박사, 릴리 와 데이비드 둘란 , 펠리스 뒤나스 , 베레니케 글라스 , 수잔 폭슬리 , 빅터 푸어만 , 패멀라 카플란 , 캐시 루이스 , 레지 조던 , 달린 랜서 , 리처드 메츠너 박사, 다싱 니 , 리즈 올슨 , 딘 올로프 , 스콧 올로프 , 맥신 올로프 , 멕 매클로플린-웡 , 랍비 돈 싱어 , 렁 탄 , 조시 튜버 , 메리 윌리엄스 .

그리고 나의 환자들과 워크숍 참가자 그리고 내가 많이 배우고 있는 독자들에게 깊은 감사를 드린다. 그들의 사례를 인용할 때는 사생활을 보호하기 위해 식별 가능한 특징은 최대한 덜어내었음을 밝힌다.

옮긴이 **이은경**

광운대학교 영문학과를 졸업하였으며, 저작권에이전시에서 에이전트로 근무하였다. 현재 번역에이전시 엔터스코리아에서 출판 기획 및 전문 번역가로 활동하고 있다. 주요 역서로는 『마음을 흔드는 한 문장 : 2200개 이상의 광고 카피 분석』『엄마의 감정수업 : 조언보다 공감이 필요한 여성들을 위한 책』 등 다수가 있다.

하루 한 페이지 마음챙김

초판 1쇄 발행 2021년 11월 30일
초판 4쇄 발행 2024년 3월 25일

지은이 주디스 올로프 **옮긴이** 이은경

발행인 이봉주 **단행본사업본부장** 신동해
편집 윤지윤 **교정교열** 조창원 **디자인** mallybook
마케팅 최혜진 이인국 **홍보** 반여진 허지호 정지연 송임선
국제업무 김은정 김지민 **제작** 정석훈

브랜드 갤리온
주소 경기도 파주시 회동길 20
문의전화 031-956-7356 (편집) 031-956-7089 (마케팅)
홈페이지 www.wjbooks.co.kr
인스타그램 www.instagram.com/woongjin_readers
페이스북 www.facebook.com/woongjinreaders
블로그 blog.naver.com/wj_booking

발행처 ㈜웅진씽크빅
출판신고 1980년 3월 29일 제406-2007-000046호

ISBN 978-89-01-25463-0 03180